अपने नए
करियर को दिशा
कैसे दें

अपने नए करियर को दिशा कैसे दें

डेल कारनेगी

अनुवाद : डॉ. सुधीर दीक्षित

MANJUL

मंजुल पब्लिशिंग हाउस

MANJUL
मंजुल पब्लिशिंग हाउस
कॉरपोरेट एवं संपादकीय कार्यालय
• द्वितीय तल, उषा प्रीत कॉम्प्लेक्स, 42 मालवीय नगर, भोपाल-462 003
विक्रय एवं विपणन कार्यालय
• सी-16, सेक्टर 3, नोएडा, उत्तर प्रदेश - 201301, इंडिया
वेबसाइट : www.manjulindia.com
वितरण केन्द्र
अहमदाबाद, बेंगलुरू, भोपाल, कोलकाता, चेन्नई,
हैदराबाद, मुम्बई, नई दिल्ली, पुणे

डेल कारनेगी द्वारा लिखित मूल अंग्रेजी पुस्तक
हाउ टु जम्प-स्टार्ट यॉर (नेक्स्ट) करियर का हिन्दी अनुवाद

यह हिन्दी संस्करण 2018 में पहली बार प्रकाशित

ISBN 978-93-87383-95-1

अनुवाद : डॉ. सुधीर दीक्षित
कवर डिज़ाइन : तृणांकुर बैनर्जी

मुद्रण व जिल्दसाज़ी : रेप्रो इंडिया लिमिटेड

अनुक्रम

प्रस्तावना

हममें से ज़्यादातर लोगों के लिए परिवार ज़िंदगी का सबसे महत्त्वपूर्ण हिस्सा होता है। परिवार के बाद काम-धंधा हमारे जीवन का सबसे अहम हिस्सा होता है। चाहे हम किसी फ़ैक्ट्री में असेंबलिंग करते हों, किसी ऑफ़िस में क्लर्क हों, सेल्समैन हों, चिकित्सक हों, छोटे व्यवसाय के मालिक हों, इंजीनियर हों या कॉलेज प्रोफ़ेसर हों, हम अपने काम-धंधे में जितना ज़्यादा समय बिताते हैं, उतना ज़िंदगी के बाक़ी हिस्सों में शायद ही बिताते हैं।

हममें से कुछ लोगों ने काफ़ी जानकारी हासिल करने के बाद अपना करियर चुना है। कुछ लोग गहन शिक्षण-प्रशिक्षण लेने के बाद अपने पद के योग्य बने हैं; बाक़ी संयोग से अपने करियर में पहुँच गए हैं। कुछ लोग अपने चुने हुए काम से प्रेम करते हैं, कुछ इससे नफ़रत करते हैं, बाक़ी इसे मन मारकर करते हैं और इससे उन्हें कोई ख़ुशी नहीं मिलती है।

हममें से कई लोग अपने वर्तमान पद को करियर की सीढ़ी का पायदान मानते हैं - हर पायदान हमें ज़्यादा ऊँचाई पर ले जाता है। हम प्रमोशन हेतु आवश्यक योग्यताएँ और ज्ञान हासिल करने के लिए कड़ी मेहनत तथा हर संभव प्रयास करते हैं। लेकिन हममें से कुछ लोग ऐसे भी हैं, जो अपनी नौकरी से पूरी तरह संतुष्ट हैं, इसलिए वे प्रमोशन पाने या तरक़्क़ी करने की कोई कोशिश नहीं करते हैं। हालाँकि यह पुस्तक पहले वाली श्रेणी के स्त्री-पुरुषों के लिए लिखी गई है, लेकिन इसमें कोई शर्म की बात नहीं है कि इंसान रिटायरमेंट तक अपने वर्तमान पद से ही संतुष्ट रहे।

कुछ नौकरियों में प्रमोशन का परिणाम उलटा होता है। इसके बाद वह चीज़ ही चली जाती है, जिससे हमें प्रेम होता है। मार्सी न्यू यॉर्क सिटी

पब्लिक स्कूल में समाज शास्त्र पढ़ाती थी। 2010 में उसे शहर के सर्वश्रेष्ठ शिक्षक का पुरस्कार मिला। लोगों ने उससे कहा कि वह सहायक प्राचार्य पद पर प्रमोशन के लिए आवेदन करे, लेकिन उसने इनकार कर दिया। मार्सी का कहना था, "मेरी विशेष योग्यता विद्यार्थियों के मामले में है। मुझे इसी काम में आनंद मिलता है। प्रशासनिक पद पर जाने की मेरी कोई इच्छा नहीं है।" मार्सी को अपने निर्णय पर कभी अफ़सोस नहीं हुआ। उसे हर दिन अपने विद्यार्थियों को पढ़ाने और जुड़ने में आनंद मिलता है।

हममें से कुछ लोगों को प्रमोशन तो अच्छा लगता है, लेकिन प्रबंधक बनने के बाद हम ख़ुश नहीं रहते हैं। हमें अपनी विशेषज्ञता के क्षेत्र से सच्चा प्रेम होता है, इसलिए प्रमोशन के बाद हमें उसकी कमी अखरती है। इलेक्ट्रिक इग्नीशन सिस्टम और दर्जनों अन्य प्रॉडक्ट्स का आविष्कार करने वाले चार्ल्स केटरिंग को जनरल मोटर्स का वाइस प्रेसिडेंट बना दिया गया, लेकिन इस पद पर उन्हें ज़रा भी संतुष्टि नहीं मिली। अंततः उन्होंने दोबारा ऐसा पद माँगा, जहाँ वे अपनी सृजनात्मक योग्यताओं पर ध्यान केंद्रित कर सकें।

लेकिन अगर हम उन लोगों में से हैं, जो अपने करियर में वाक़ई तरक़्क़ी करना चाहते हैं, तो हमें अच्छी तरह जाँच-पड़ताल करनी चाहिए कि करियर की सीढ़ी पर चढ़ते समय हम किन पदों पर काम करेंगे। कारोबारी संसार में दो मार्ग होते हैं, जिन पर चलकर हम अपने करियर में तरक़्क़ी कर सकते हैं। पहला है प्रबंधक का मार्ग, जिसमें हमें कर्मचारियों और प्रक्रियाओं का निरीक्षण करना होता है। दूसरा है कर्मचारी का मार्ग, जिसमें हमारे पास सुपरवाइज़र की ज़िम्मेदारी भले ही नहीं रहती, लेकिन हम प्रशासकीय मसले सँभालते हैं।

इस पुस्तक के पहले अध्याय में हम इस बारे में बात करेंगे कि तरक़्क़ी के क़ाबिल बनने के लिए हमें कैसे तैयारी करनी चाहिए। चाहे काम सुपरवाइज़र का हो या प्रशासकीय प्रबंधक का, उसमें सफल होने के लिए हमें पेशेवर व्यवहार करना चाहिए। अपने अधिकारियों, अधीनस्थों और सहकर्मियों के सामने हमारी छवि पेशेवर होनी चाहिए। इसके अलावा, हमें ख़ुद का ब्रांड भी बनाना चाहिए - हम बाक़ी कर्मचारियों से कैसे अलग हैं (और उनसे श्रेष्ठ हैं), जो प्रमोशन के लिए हमारे प्रतिस्पर्धी हो सकते हैं।

इस संक्षिप्त विवरण के बाद हम इस बारे में विस्तार से चर्चा करेंगे कि हम प्रबंधक के पद के कुछ सबसे महत्त्वपूर्ण कामों में कैसे योग्य बन सकते हैं :

- बुनियादी प्रबंधन प्रक्रियाओं में हमारी योग्यता :

  नियोजन, काम सौंपना और समय प्रबंधन

- कर्मचारियों के प्रबंधन की योग्यताओं को बढ़ाना :

  अपने स्टाफ़ को जानना और प्रेरित करना

- सार्वजनिक संभाषण की योग्यताओं को आदर्श बनाना :

  प्रभावी मौखिक प्रस्तुतियाँ तैयार करना और देना

- लेखन योग्यताओं को बढ़ाना :

  पेशेवर पत्र, मेमो, रिपोर्ट और ई-मेल संदेश

तरक़्क़ी की तैयारी कैसे करें, यह बताने के बाद हम इस बारे में चर्चा करेंगे कि अपने करियर को आगे बढ़ाने के लिए हमें कौन से क़दम उठाने चाहिए। इन क़दमों में ये शामिल हैं :

- वर्तमान कंपनी के भीतर तरक़्क़ी करना :

  अवसरों का विश्लेषण करना

  नज़रों में आना

  दूसरे पद पर तबादला लेना

  प्रमोशन

- नई नौकरी खोजने के स्रोत :

  रोज़गार संस्थाएँ

  अधिकारी नियुक्तिकर्ता

  रोज़गार परामर्शदाता

  नेटवर्किंग

- नौकरी खोजने के साधन :

    आत्म-परिचय लिखना और इसका इस्तेमाल करना

    इंटरव्यू में प्रभावित करना

- करियर बदलना :

    निर्णय लेना

    नया करियर चुनना

अपने करियर में तरक़्क़ी करना बहुत पुरस्कारदायक और रोमांचक अनुभव होता है। इससे न सिर्फ़ हमें आर्थिक लाभ होता है, बल्कि संगठन और समुदाय में हमारा क़द भी बढ़ता है। सबसे अहम बात, काम में हमारी संतुष्टि भी बढ़ जाती है। करियर में तरक़्क़ी करना कोई आसान काम नहीं है, लेकिन अगर हमारे मन में अपने चुनिंदा क्षेत्र में आगे बढ़ने की सच्ची इच्छा हो और हम मेहनत करने को तैयार हों, तो सब कुछ सार्थक हो जाता है।

1

पेशेवर व्यवहार अपनाएँ

इससे कोई फ़र्क़ नहीं पड़ता कि दरवाज़ा कितना सँकरा है,
ताड़पत्र पर कितने दंड लिखे हैं,
मैं अपनी तक़दीर का स्वामी हूँ :
मैं अपनी आत्मा का कप्तान हूँ।

—*विलियम ई. हेनली*

शेक्सपियर के कथन को इस तरह भी कहा जा सकता है कि कुछ लोग सफल पैदा होते हैं, कुछ सफलता हासिल करते हैं और कुछ पर सफलता थोप दी जाती है। हममें से ज़्यादातर लोग न तो सफल पैदा होते हैं, न ही सफलता हम पर थोपी जाती है। हमें इसे हासिल करना होता है। हमें अच्छी योजना बनाकर, कड़ी मेहनत करके और सबसे अहम बात, सफल करियर के प्रति समर्पित होकर इसे हासिल करना होता है। इस काम के लिए हम दूसरों के भरोसे नहीं रह सकते। यह काम हमें ख़ुद करना होगा। हमें शुरुआत से ही अपने करियर की बागडोर थाम लेनी चाहिए और इसे कभी नहीं छोड़ना चाहिए।

सफलता की राह पर पहला क़दम है एक व्यक्तिगत छवि बनाना, जिससे करियर के प्रति हमारा समर्पण सबको नज़र आ जाए। हमारी व्यक्तिगत छवि हमारा भेजा गया संदेश है; यह वह संदेश है, जो दूसरे हमारे बारे में ग्रहण करते हैं। व्यक्तिगत छवि उन संकेतों में झलकती है, जो

11

हम अपने शब्दों और कार्यों के ज़रिये दूसरों तक पहुँचाते हैं। हम चाहते हैं कि हम भीड़ से अलग हटकर दिखें और लोग हमें याद रखें। हम चाह सकते हैं कि लोग हमें समस्या सुलझाने वाला, असाधारण टीम खिलाड़ी और कूटनीतिक परिवर्तन का कारक मानें। हमारे मन में सुसंस्कृत, पेशेवर और दोस्ताना छवि बनाने की इच्छा हो सकती है। इस छवि का नाटक करने में कोई तुक नहीं है। यह सच्ची होनी चाहिए।

आत्मविश्वास बढ़ाना

आत्मविश्वास प्रबल व्यक्तिगत छवि बनाने और बनाए रखने का अहम घटक है। आत्मविश्वास बढ़ाने वाले तत्वों में ये शामिल हैं :

स्व-स्वीकृति

स्व-स्वीकृति का मतलब है इंसान के रूप में खुद को स्वीकार करने की क़ाबिलियत। इसमें हम अपने सकारात्मक पहलुओं पर ध्यान केंद्रित करते हैं – हमारी शक्तियाँ, सकारात्मक गुण और विशेषताएँ, जो हमें वैसा बनाती हैं, जैसे हम हैं। जब हमारा ध्यान इन सकारात्मक क्षेत्रों पर केंद्रित होता है, तो आत्मविश्वास और आत्म-गौरव दोनों पर ही सकारात्मक असर होता है। आम तौर पर लोग अपनी शक्तियों के बजाय अपनी कमज़ोरियों पर ध्यान केंद्रित करते हैं। इससे फ़ायदा कम, नुक़सान ज़्यादा होता है। हमें सकारात्मक गुणों पर अपना ध्यान केंद्रित करना चाहिए और ऐसा करने में दूसरों की भी मदद करनी चाहिए।

> *अपनी सफलता का मानसिक चित्र अपने मस्तिष्क पटल पर अमिट रूप से अंकित कर लें। इस चित्र को लगातार देखते रहें। इसे कभी धुँधला न होने दें। आपका मन इस चित्र को साकार कर देगा... कल्पना में बाधाएँ नहीं बनाएँ।*
>
> *—नॉर्मन विन्सेंट पील*

आत्म-सम्मान

आत्म-सम्मान बढ़ाने की कुंजी यह है कि हम अपनी पिछली सफलताओं और

उपलब्धियों पर ध्यान केंद्रित करें। हमें अपने अच्छे कामों के लिए ख़ुद का सम्मान करना चाहिए। अपनी असफलताओं पर ध्यान केंद्रित करना ज़्यादा आसान होता है; बाक़ी लोग हमें उनकी याद दिलाने के लिए बेताब रहते हैं। जब हम अपनी सफलताओं के बारे में सोचते हैं और उन्हें याद करते हैं, तो हमारा दृष्टिकोण बदल जाता है और हमारा आत्मविश्वास भी बढ़ जाता है।

अपनी "सफलताओं की सूची" बनाएँ। यह एक मूल्यवान अभ्यास है। इस सूची में हम उन सारी सफलताओं और उपलब्धियों को लिखते हैं, जो हमें जीवन में अब तक मिली हैं। इस तरह की सूची बनाना पहलेपहल तो मुश्किल लगता है, लेकिन लगन रखकर हम अपनी सूची को बढ़ा सकते हैं। सूची बढ़ने के साथ-साथ हमारा आत्मविश्वास भी बढ़ता जाएगा। आज ही एक फ़ाइल फ़ोल्डर बनाकर इस दिशा में काम शुरू करें। इसमें अपनी सफलता के रिकॉर्ड और सकारात्मक प्रतीक रखें, जैसे स्कूल में शिक्षकों से मिले प्रशंसा-पत्र, कंपनी के अधिकारियों की प्रशस्ति/सम्मान, ग्राहकों के धन्यवाद-पत्र या प्रशंसा-पत्र या ग़ैर-लाभकारी संगठनों के धन्यवाद-पत्र, जहाँ हमने समय और प्रयास का योगदान दिया था। इसके अलावा एक लॉग बनाकर अपनी उपलब्धियों और ऐसी चीज़ों को दर्ज करें, जिन पर हमें विशेष गर्व है। जब भी हम किसी वर्तमान स्थिति के बारे में निराश या अक्षम महसूस करेंगे, हम इस फ़ाइल को पढ़ सकते हैं और ख़ुद को याद दिला सकते हैं कि हम पहले भी सफल हुए थे और हम दोबारा भी सफल हो सकते हैं।

आत्म-चर्चा

हम सभी "आत्म-चर्चा" करते हैं। यानी हम अपने बारे में कुछ बातें मन ही मन दोहराते हैं। जब हम ऊपर बताई गई सकारात्मक चीज़ों पर ध्यान केंद्रित करते हैं, तो हमारी आत्म-चर्चा सकारात्मक होती है, जिसके समर्थन में पुख़्ता सबूत होते हैं। यह एक ऐसा तर्क बन जाती है, जो जाँच में खरा उतरा है। सबूत जितना ज़्यादा शक्तिशाली और विश्वसनीय होता है, संदेश भी उतना ही ज़्यादा विश्वसनीय और शक्तिशाली होता है। यह सकारात्मक आत्म-चर्चा उस एकमात्र चीज़ को नियंत्रित करने का साधन है, जिस पर हमारा हमेशा पूरा नियंत्रण होना चाहिए - हमारी सोच।

जोखिम लेना

जोखिम लेने से भी आत्मविश्वास बढ़ता है। नए अनुभवों को जीत या हार के अवसर न मानें। इन्हें सीखने का अवसर मानें। इससे हम नई संभावनाओं का द्वार खोल लेते हैं और हमारे आत्मगौरव का अहसास बढ़ सकता है। ऐसा न करने पर व्यक्तिगत विकास में बाधा आ सकती है और हमारे मन में यह ग़लत धारणा मज़बूत हो सकती है कि नई संभावना असफलता का अवसर है।

पहली छवि

पहली छवि काफ़ी लंबे समय तक क़ायम रहती है। इंसान बहुत दृश्यात्मक होता है, इसलिए हमारी छोड़ी गई आधी से ज़्यादा छवि लोगों को दिखने वाली चीज़ों से तय होती है।

पोशाक

लोग किसी पुस्तक का मूल्यांकन कवर देखकर करते हैं। इसी तरह लोग काफ़ी कुछ हमारे दिखने के आधार पर ही हमारी छवि तय करते हैं। इसका मतलब यह नहीं है कि दूसरों को प्रभावित करने के लिए हमें हीरो-हीरोइन जैसा दिखना चाहिए, लेकिन हम साफ़-सुथरे, अच्छी तरह तैयार और सही पोशाक में तो दिख ही सकते हैं।

जब हम पहली बार उन अधिकारियों से मिलने जा रहे हों, जो कंपनी में हमारा भविष्य तय कर सकते हैं या जब हम किसी नई नौकरी का इंटरव्यू देने जा रहे हों, तो हुलिया बहुत मायने रखता है। हम कैसे दिखते हैं, इससे हमारी सफलता की संभावनाएँ बढ़ या घट सकती हैं। पोशाक, बाल काढ़ने की शैली, साफ़-सफ़ाई और मुद्राओं का पहली छवि पर ख़ास प्रभाव पड़ता है। यहाँ कुछ तरीक़े बताए जा रहे हैं, जिनसे पहली मुलाक़ात में हाथ मिलाने से पहले ही हुलिए से अच्छी छाप छोड़ी जा सकती है :

औपचारिक पोशाक चुनें : एक आसान नियम यह है कि आम तौर पर औपचारिक पोशाक का चयन सबसे अच्छा रहता है। असामान्य पोशाक पहनने से बचें, क्योंकि इससे आप पर कम, पोशाक पर ज़्यादा ध्यान जाता है। पोशाक नई होनी चाहिए। यह कभी नहीं भूलें कि अच्छी तरह कढ़े हुए

बाल, चमचमाते जूते, सही मेकअप और अच्छी तैयारी के बाक़ी आसानी से दिखने वाले संकेत लोग हमसे मिलते ही देख लेते हैं (चेतन रूप से या अचेतन रूप से)।

अरुचिकर वेश से बचें : गंदे नाख़ून, दाग़ वाली काँख, घिसे कलाई-बंद, गंदे बाल, उलझी दाढ़ी और घिसे जूते लापरवाही तथा ख़राब चुनाव का संकेत देते हैं।

व्यवसाय के अनुरूप पोशाक पहनें : एक युवती ने कुछ समय पहले ही कॉलेज की पढ़ाई पूरी की थी। वह पिछले वसंत में एक अस्पताल की प्रयोगशाला में शोध सहायक का इंटरव्यू देने गई। इंटरव्यू में वह बैकलेस सैंडल पहनकर गई थी। सुपरवाइज़र ने उसे नौकरी पर नहीं रखा। कारण पूछने पर उन्होंने बताया कि उन्हें डर था कि युवती अपने काम को पर्याप्त गंभीरता से नहीं लेगी और यह अनुमान उन्होंने उसके अनौपचारिक बैकलेस सैंडल को देखकर लगाया था।

अपने गुण-दोषों की समीक्षा ख़ुद करें : अपना आलोचनात्मक मूल्यांकन ख़ुद करके आप चूकों या ग़लतियों को दुरुस्त कर सकते हैं। नए लोगों से मिलने से पहले आईने में अपने हुलिए की जाँच कर लें। अपने हुलिए के गुण-दोषों की समीक्षा के लिए सफल लोगों से भी राय लें। कई लोग हमें सलाह देने को उत्सुक होते हैं कि हम अपने हुलिए को बेहतर कैसे बनाएँ और हम जिस व्यक्ति से मिलने जा रहे हैं, उसके या कंपनी के लिहाज़ से कौन सी पोशाक उचित होगी।

ग़ौर करें कि उस कंपनी के सफल लोग कैसी पोशाक पहनते हैं : कौन सी पोशाक या बालों की शैली सही है, यह पद, कंपनी या उद्योग के हिसाब से तय होता है। मिसाल के तौर पर, फ़ैशन उद्योग में स्त्री-पुरुष नवीनतम फ़ैशन प्रवृत्तियों के बारे में जागरूक होते हैं और उन्हें इसी अनुरूप पोशाक चुननी चाहिए।

मनोरंजन उद्योग में काम करने वाले ज़्यादातर लोग अनौपचारिक पोशाक पहनते हैं और बालों की नवीनतम शैलियाँ रखते हैं। अगर कोई ग्राफ़िक डिज़ाइनर स्पोर्ट्स पोशाक पहनकर कारोबारी मीटिंग में आता है,

तो इस पर भौंहें उतनी नहीं चढ़ेंगी, जितनी किसी बैंकर की अनौपचारिक पोशाक पर चढ़ेंगी।

मिलनसार बनें

जब हम अधिकारियों, ग्राहकों या सहयोगियों से भरे कमरे में दाख़िल होते हैं, तो उनमें से हर व्यक्ति मन ही मन यह प्रश्न पूछता है कि क्या हम मिलनसार दिखते हैं। यदि जवाब हाँ में होता है, तो हमारी बातचीत आराम से और आसानी से होगी। हम नए मित्र बना लेंगे। हमारे नए संपर्क बन जाएँगे। लेकिन अगर जवाब नहीं में हुआ, तो कोई अर्थपूर्ण बातचीत नहीं होगी। इस वजह से हम संबंध जोड़ने और नेटवर्क बनाने का अवसर गँवा देंगे।

> *कल्पना करें कि हमसे मिलने वाले हर शख़्स की गर्दन पर एक तख़्ती टँगी है, जिस पर लिखा है, "मुझे महत्त्वपूर्ण महसूस कराओ।" सामने वाले को महत्त्वपूर्ण बनाने से हम न सिर्फ़ बिक्री में, बल्कि ज़िंदगी में भी सफल होंगे।*
>
> *—मैरी के ऐश,*
> *मैरी के कॉस्मेटिक्स की संस्थापक*

फ़ोन पर पहली छवि

अक्सर किसी के साथ हमारा पहला संपर्क फ़ोन पर होता है। यह ग्राहक हो सकता है, संभावित नियोक्ता हो सकता है, हमारे विभाग या टीम में किसी पद का आवेदक हो सकता है या किसी शासकीय संस्था का सदस्य हो सकता है। हम फ़ोन पर जैसी छवि छोड़ते हैं, कमोबेश उसी से यह तय होता है कि सामने वाला हमारे या कंपनी के बारे में कैसा नज़रिया रखेगा।

जेनिफ़र नाराज़ थी। उसने जो वॉशिंग मशीन पिछले ही महीने ख़रीदी थी, वह ख़राब हो गई थी। उसने स्टोर फ़ोन लगाया और मैनेजर से बात कराने को कहा। छह घंटियाँ बजने के बाद जवाब मिला, "जोन्स एप्लाएंसेस, कृपया इंतज़ार करें।" वह इंतज़ार करती रही, करती रही और उसे ऐसा

लग रहा था कि उसे अनंत काल तक इंतज़ार करना पड़ेगा। जब जेनिफ़र फ़ोन रखकर दोबारा डायल करने वाली थी, तो आख़िरकार ऑपरेटर लाइन पर आ गई :

"जोन्स एप्लाएंसेस, मैं आपकी क्या मदद कर सकती हूँ?"

"क्या मैं मैनेजर से बात कर सकती हूँ?"

"किसलिए?"

"मैंने पिछले महीने एक वॉशिंग मशीन ख़रीदी थी और यह ख़राब हो गई है।"

"आपको मैनेजर से बात करने की ज़रूरत नहीं है। मैं सर्विसिंग विभाग वालों से बात करा देती हूँ।"

आख़िरकार एक और लंबे इंतज़ार के बाद सर्विसिंग प्रतिनिधि ने प्रतिक्रिया की। जेनिफ़र की आधी शिकायत सुनने के बाद ही उसने उसकी बात काट दी, "माफ़ कीजिए, हम आपकी मदद नहीं कर सकते। आपको निर्माता से संपर्क करना होगा। आपको उसका पता अपनी वॉरंटी पर मिल जाएगा।" फिर जेनिफ़र को बोलने का कोई मौक़ा दिए बिना ही उसने फ़ोन रख दिया। इस बात की बहुत कम संभावना है कि जेनिफ़र उस स्टोर से दोबारा कभी कोई सामान ख़रीदेगी।

अगर आप फ़ोन करने वालों पर अच्छा प्रभाव डालना चाहते हैं, तो फ़ोन का जवाब तुरंत दें। अगर हम जानते हैं कि उस व्यक्ति को कुछ देर इंतज़ार करना होगा, तो उसे बता दें कि उसे लगभग कितना इंतज़ार करना होगा और सुझाव दें कि हम उसे फ़ोन लगाने में ख़ुशी महसूस करेंगे। अगर वह व्यक्ति इंतज़ार करने का चुनाव करता है, तो उसे बता दें कि हम अब भी लाइन पर हैं, इसलिए उसके पास इंतज़ार करने या हमारे दोबारा फ़ोन करने के विकल्प अब भी मौजूद हैं।

फ़ोन करने वाले को हमेशा तब तक बोलने दें, जब तक कि वह अपनी शिकायत या संदेश पूरा नहीं कर ले। बीच में बात नहीं काटें। अगर हम मदद नहीं कर सकते, तो उस व्यक्ति को ज़्यादा से ज़्यादा जानकारी दें कि उसे कहाँ से मदद मिल सकती है। फ़ोन रखने से पहले सामने वाले से पूछें कि क्या उसे सारी मनचाही जानकारी मिल गई है या हम उसकी समस्या

दूर करने के लिए कुछ और कर सकते हैं। फ़ोन रखने से पहले "आपको धन्यवाद" कहना नहीं भूलें।

हमारे पत्र भी पहली छवि बनाते हैं

जब वॉरेन ने टाइम मैनेजमेंट के एक सेमिनार में हिस्सा लिया, तो उसे बताया गया कि कारोबारी पत्र लिखने में लगने वाले समय को बहुत घटाया जा सकता है, अगर आने वाले पत्र के नीचे ही जवाब लिख दिया जाए और सामने वाले को लौटा दिया जाए। वॉरेन ने तुरंत इस विचार पर अमल किया। इससे उसका समय तो बच गया, लेकिन उसकी कंपनी की छवि धूमिल हो गई। एक सेल्स लीडर ने उसे बताया कि संभावित ग्राहक ने वॉरेन की कंपनी के साथ कारोबार नहीं करने का निर्णय इसलिए लिया था, क्योंकि उसे अपने प्रश्न पर वॉरेन का जवाब "ग़ैर-पेशेवर" लगा था।

हमारा पत्र लोगों के सामने हमारा प्रतिनिधि होता है। हमारा लेटरहेड ऐसा होना चाहिए कि यह हमारी वही छवि पेश करे, जो हम पेश करना चाहते हैं। वर्तनी और टंकन त्रुटियों को लापरवाही या अकुशलता का प्रतीक माना जा सकता है। समझदार पाठक शब्दों के ख़राब चयन या ग़लत व्याकरण को तुरंत पकड़ लेता है। किसी भी पत्र को भेजने से पहले उसे दोबारा पढ़ें। यह सुनिश्चित करें कि सभी पत्र त्रुटिरहित हों। अपने कंप्यूटर के स्पेल चेक प्रोग्राम के भरोसे नहीं बैठें। यह अनुचित शब्दों को नहीं पकड़ पाएगा (मिसाल के तौर पर, अगर आप "में" की जगह "मैं" टाइप कर दें, तो यह इसे नहीं पकड़ पाएगा)। हमेशा पत्र पर हस्ताक्षर करने और उसे भेजने से पहले अच्छी तरह प्रूफ़रीडिंग कर लें। आपका पत्र आपके लेखन की विषय-वस्तु और शैली का पुख़्ता रिकॉर्ड होता है।

अगर पहली छवि ख़राब छूट जाए, तो उससे उबरना मुश्किल होता है। यदि पहले संपर्क में नकारात्मक या अनचाही छवि बन जाती है, तो यह कई वर्षों तक संबंधों को प्रभावित कर सकती है। अच्छी छवि बनाने में थोड़े विचार और कोशिश की ज़रूरत होती है, लेकिन यह कोशिश करनी चाहिए।

वर्तमान युग प्रौद्योगिकी का है, इसलिए किसी से हमारा पहला संपर्क प्रायः ईमेल, सोशल नेटवर्किंग साइट या हमारी कंपनी की अथवा अपनी निजी वेबसाइट के ज़रिये होता है। हम आने वाले अध्याय में इस बारे में

ज़्यादा बात करेंगे कि हम प्रौद्योगिकी का इस्तेमाल करके अपने करियर को कैसे बढ़ा सकते हैं।

व्यक्तिगत ब्रांड कथन

जब हम किसी नए व्यक्ति से मिलते हैं, तो ज़्यादातर लोग अक्सर शुरुआत में ही यह पूछते हैं, "आप क्या करते हैं?" यह हमारे "व्यक्तिगत ब्रांड कथन" के इस्तेमाल का समय है।

हमारा व्यक्तिगत ब्रांड कथन हमारी योग्यताओं और शक्तियों को प्रकट करता है। यह हमारी रुचियाँ बताता है। यह बताता है कि सामने वाले के लिए हमारा अनूठा महत्त्व क्यों है, चाहे वे ग्राहक हों, कर्मचारी हों, सहकर्मी हों, संभावित नियोक्ता हों या अन्य महत्त्वपूर्ण संपर्क हों। अपना व्यक्तिगत ब्रांड कथन तैयार करने के लिए खुद से नीचे दिए सवाल पूछें :

- हममें ऐसे कौन से गुण या विशेषताएँ हैं, जिनकी वजह से हम अपने क्षेत्र में दूसरों से अलग हैं?

- हमारे सहकर्मियों या ग्राहकों की नज़रों में हमारी सबसे बड़ी शक्ति क्या है?

- हम ऐसा क्या करते हैं, जो दूसरे लोगों और संगठनों के प्रति उल्लेखनीय, नापने योग्य, स्पष्ट रूप से महत्त्वपूर्ण है?

> *हमारी उम्र, पद या कारोबार चाहे जो हो, हम सभी को ब्रांड बनाने का महत्त्व समझना चाहिए। हम अपनी कंपनी के सीईओ हैं। कारोबार में बने रहने के लिए हमारा सबसे महत्त्वपूर्ण काम "मैं" ब्रांड का मुख्य प्रचारक बनना है।*
>
> *—टॉम पीटर्स*

संबंध बनाने की कड़ियाँ

छुटपुट चर्चा का उद्देश्य परिचय करना और तालमेल बनाना है। तालमेल बनाना संबंध बनाने की बुनियाद है। यह लक्ष्य रखें कि हम अपना 80

प्रतिशत समय सुनने में और 20 प्रतिशत बोलने में लगाएँगे। जैसा डेल कारनेगी ने लिखा था, "सामने वाले में सच्ची रुचि लें। अच्छे श्रोता बनें और दूसरों को उनके ख़ुद के बारे में बोलने के लिए प्रोत्साहित करें।"

नीचे कुछ सलाहें दी गई हैं, जिन पर अमल करके आप किसी नए कारोबारी सहयोगी से सफल बातचीत कर सकते हैं।

हाथ मिलाना

परिचय के समय हाथ मिलाना उचित होता है। दृढ़तापूर्वक हाथ मिलाने से अच्छा प्रभाव पड़ता है। बस इतना ध्यान रखें कि सामने वाले की हड्डी चकनाचूर करने की कोशिश न की जाए। मुस्कराएँ। सामने वाले से सीधे नज़रें मिलाएँ। उसका नाम दोहराएँ और उसकी बातों में सच्ची रुचि लें।

सकारात्मक अवलोकन करें

घटना या आस-पास के माहौल के बारे में प्रश्न पूछें। "वक्ता कितना ज़बर्दस्त था?" "आपको आज की मीटिंग कैसी लगी?"

समानता खोजें

पूछें, "आप यहाँ क्यों आए?" अक्सर कार्यक्रम में सामने वाला भी उसी कारण आता है, जिस कारण हम आए थे।

व्यवसाय के बारे में पूछें

यदि हमें यह पता नहीं है कि सामने वाला किस व्यवसाय में है, तो पूछ लें। सच्ची रुचि दिखाएँ और उसके व्यवसाय के किसी विशेष रुचिकर पहलू के बारे में प्रश्न पूछें, जिनका जवाब हाँ या नहीं में नहीं दिया जा सके।

अपना परिचय दें

थोड़ी सी छुटपुट चर्चा के बाद उसे अपने बारे में बताएँ। यहाँ हम अपने व्यक्तिगत ब्रांड कथन और "स्व-विज्ञापन" का इस्तेमाल कर सकते हैं, जिनके बारे में आगे आने वाले अध्याय में विस्तार से बताया जाएगा।

कार्ड का आदान-प्रदान करें

अपनी बातचीत ख़त्म करते वक़्त व्यावसायिक कार्ड का आदान-प्रदान करें। अगर उचित हो, तो उस व्यक्ति से अपने ऑनलाइन व्यावसायिक नेटवर्क में जुड़ने का आग्रह करें।

याद रखें, हमारा बिज़नेस कार्ड भी हमारे व्यक्तिगत ब्रांड का हिस्सा होता है। पारंपरिक बिज़नेस कार्ड से भी हम व्यक्तिगत छवि छोड़ सकते हैं और यादगार बन सकते हैं। जब तक हम विज्ञापन जैसे क्षेत्र में नहीं हों, विचित्र बिज़नेस कार्ड से बचना ही बेहतर होता है।

बिज़नेस कार्ड देते समय :

- तैयार रहें। बिज़नेस कार्ड इस तरह रखें कि उन्हें आसानी से निकाला जा सके।
- कार्ड इस तरह दें, जिससे उसके मूल्यवान होने का अहसास हो।
- प्राइवेट नंबर, निकनेम आदि व्यक्तिगत विवरण जोड़ें।
- कार्ड पर छपे हुए शब्द ऊपर और सामने वाले की तरफ़ रहने चाहिए।

जब कोई हमें बिज़नेस कार्ड दे, तो :

- रुकें और कार्ड को ग़ौर से पढ़ें।
- उस व्यक्ति के पदनाम पर ग़ौर करें और उस पर टिप्पणी करें।
- इसके अनूठे या सृजनात्मक डिज़ाइन पर टिप्पणी करें।
- कोई ऐसा प्रश्न पूछें, जिससे हमारी रुचि प्रकट होती हो।
- यह देखें कि क्या इस पर मोबाइल नंबर लिखा है। अगर नहीं है, तो पूछ लें।
- देखें कि क्या इसमें ईमेल एड्रेस लिखा है। यदि नहीं है, तो पूछ लें।
- याददाश्त के लिए कार्ड के पीछे मुलाक़ात की तारीख़, जगह और संक्षिप्त विवरण लिख लें।
- जानकारी को अपनी संपर्क प्रबंधन प्रणाली में दर्ज करें।

- दोबारा संपर्क करें और उस व्यक्ति को अपने नेटवर्क में शामिल होने की जानकारी भेजें।

सकारात्मक अंदाज़ में विदा लें :

बातचीत को शालीन तरीक़े से ख़त्म करने के लिए बस इतना कहना ही काफ़ी होता है : "आपसे मिलकर बहुत ख़ुशी हुई (उसका नाम लें); शायद हम जल्द ही दोबारा मिलेंगे," या "आपसे मिलना बेहतरीन रहा (नाम); मैं आपको कल फ़ोन करके अपने ऑनलाइन बिज़नेस नेटवर्क की लिंक बता दूँगा।"

अच्छे संबंध क़ायम रखना

पहली छवि अच्छी छोड़ना पेशेवर छवि का सिर्फ़ पहला क़दम है, जिससे यह तय होता है कि दूसरे लोग हमें किस तरह देखते हैं। हमें हमेशा इस बारे में सजग रहना चाहिए कि हम अपने संपर्क में आने वाले हर व्यक्ति के सामने कैसे दिखते हैं, कैसे काम करते हैं और कैसे व्यवहार करते हैं। इसके अलावा हममें यह देखने-समझने की क़ाबिलियत भी होनी चाहिए कि दूसरे हमारे सामने कैसी छवि पेश कर रहे हैं।

पेशेवर छवि बनाने और बनाए रखने के लिए इन दिशानिर्देशों से मदद मिलेगी :

आगे बढ़ाने वाले सात सृजनात्मक व्यवहार

1. विश्वसनीय बनें और गोपनीयता बनाए रखें। हमेशा ध्यान रखें कि वरिष्ठ प्रबंधन की चर्चाओं और रणनीतियों के बारे में कौन सी बातें बताना उचित है और कौन सी बातें बताना उचित नहीं है।
2. "खुले दरवाज़े" की नीति रखें। दूसरों के बोलते समय उन पर पूरा ध्यान दें। उन्हें उनकी रुचियों और शौक़ के बारे में बोलने के लिए प्रोत्साहित करें। साथ ही उन बाधाओं व चिंताओं के बारे में बताने के लिए भी प्रोत्साहित करें, जो उन्हें सफल होने से रोक रही हैं। बीच-बीच में प्रोत्साहन और प्रशंसा देते रहें।
3. हमेशा अच्छे शिष्टाचार, सुनने की योग्यताओं और उचित भाषा का इस्तेमाल करें। शब्दों व कार्यों के बीच एकरूपता दिखाएँ।

4. आंतरिक और बाहरी ग्राहकों व सप्लायरों से अच्छे संबंध बनाएँ।
5. आत्मविश्वासी, ऊर्जावान और स्व-प्रेरित बनें। चुनौतियों और उनसे उबरने के विकल्पों को भाँपें। आजकल कर्मचारियों को दो श्रेणियों में रखा जाता है : "पर-प्रेरित कर्मचारी" और "स्व-प्रेरित कर्मचारी।" हम चाहते हैं कि लोग हमें बाद वाली श्रेणी में रखें। हमें ख़ुद को इस तरह ढालना चाहिए कि हम अपनी पूरी ज़िम्मेदारी लें और असाधारण परिस्थिति के बिना समस्याएँ उत्पन्न नहीं करें।
6. मुद्दे पर केंद्रित और कार्यकुशल बैठकें रखें। सभी शामिल लोगों को विस्तृत विवरण दें।
7. विश्वसनीय, एकरूप और जवाबदेह बनें।

पीछे करने वाली सात विनाशकारी आदतें

1. हम पर सहकर्मियों, समकक्षों और अधीनस्थों का विश्वास नहीं होना।
2. बार-बार घड़ी देखना, बहुत ज़्यादा व अनुचित छुट्टियाँ लेना, अत्यावश्यक कामों को अधूरा छोड़ना व संदेशों का जवाब नहीं देना।
3. निर्णय होने से पहले वरिष्ठ प्रबंधन को अपना दृष्टिकोण नहीं बताना।
4. निर्णय होने के बाद अपना दृष्टिकोण लगातार बताने की ज़िद पकड़ना।
5. अनुचित पोशाक, भाषा और भिन्नता के मामले में संवेदनहीनता।
6. वरिष्ठ प्रबंधन और स्टाफ़ के साथ चर्चाओं में शामिल नहीं होना।
7. असफलता के बाद तुरंत नहीं सँभल पाना या कुंठाजनक अथवा मुश्किल समय के बाद संतुलन हासिल नहीं कर पाना।

दूसरों की बॉडी लैंग्वेज को पढ़ना

हम सभी सिर्फ़ शब्दों से ही अभिव्यक्ति नहीं करते हैं। हमारे शरीर की मुद्राएँ अक्सर हमारे शब्दों के मतलब को बदल सकती हैं। हमारे चेहरे के हाव-भाव, हमारी मुद्राएँ, हमारे बैठने या खड़े होने का अंदाज़ हर चीज़ सामने वाले को कुछ न कुछ बताती है। कितना अच्छा होता, अगर हम बॉडी लैंग्वेज की एक डिक्शनरी ख़रीद सकते, जो हमें बताती कि हर मुद्रा या

अभिव्यक्ति का क्या अर्थ होता है? फिर हम यह समझ जाते कि हर व्यक्ति सचमुच क्या कह रहा है।

कुछ लोगों ने ऐसी "डिक्शनरी" लिखने की कोशिश की है, जिसमें अलग-अलग "संकेतों" के अर्थ बताए गए हैं। मिसाल के तौर पर, सामने वाले के ठुड्डी थपथपाने का क्या मतलब हो सकता है? "ओह! मैं समझ गया, वह स्थिति पर विचार कर रहा है।" देखिए हो सकता है वह विचार कर रहा हो, लेकिन इसका यह मतलब भी हो सकता है कि उसने आज सुबह दाढ़ी नहीं बनाई है, जिस वजह से उसकी ठुड्डी में खुजली हो रही है।

हमारे सामने एक युवती हाथ बाँधकर बैठी है। कुछ "विशेषज्ञ" इसकी व्याख्या यह करते हैं कि वह खुद को असुरक्षित समझ रही है, हमें दूर रख रही है या हमें अस्वीकार कर रही है। बकवास! किसी क्लास, लेक्चर या नाटक में बैठे लोगों को देखें। आपको बहुत सारे लोग हाथ बाँधकर बैठे दिख जाएँगे। क्या इसका मतलब यह है कि वे खुद को असुरक्षित समझ रहे हैं या शिक्षकों अथवा अभिनेताओं को अस्वीकार कर रहे हैं? ज़ाहिर है, नहीं। यह बैठने का आरामदेह तरीक़ा है और इससे ठंड के मौसम में हम गरम रहते हैं। दूसरी ओर, अगर बातचीत के दौरान सामने वाला अचानक अपनी बाँहें बाँध ले, तो इसका मतलब यह हो सकता है कि उस बिंदु पर वह हमसे सहमत नहीं है।

कोई बॉडी लैंग्वेज सर्वव्यापी नहीं होती

कोई बॉडी लैंग्वेज सर्वव्यापी नहीं होती है, जिसकी शत-प्रतिशत सटीक व्याख्या की जा सके। लेकिन इसका यह मतलब नहीं है कि हम बॉडी लैंग्वेज को समझ ही नहीं सकते। विचारों और भावनाओं को व्यक्त करने का हर एक का अपना एक ख़ास अंदाज़ होता है। ऐसा क्यों? क्योंकि बॉडी लैंग्वेज का ज़्यादातर हिस्सा हम दूसरों से सीखते हैं। हममें दूसरों की नक़ल करने की प्रवृत्ति होती है और हम आम तौर पर अपने माता-पिता से बॉडी लैंग्वेज सीखते हैं। हमारी बॉडी लैंग्वेज अक्सर हमारी प्रजातीय पृष्ठभूमि से भी जुड़ी होती है। मिसाल के तौर पर, दो लड़के डेट्रॉयट, मिशिगन में पैदा हुए; लेकिन उनके माता-पिता दो अलग-अलग देशों से अमेरिका में आकर बसे थे। एक परिवार उस देश से आया था, जहाँ भाव-भंगिमाओं के साथ

अभिव्यक्ति आम थी। वहाँ लोग अपने हाथों का इस्तेमाल किए बिना भाषा नहीं बोल सकते थे। दूसरा परिवार एक ऐसे देश से आया था, जहाँ बहुत भावुक होने की स्थिति में ही भाव-भंगिमाओं का इस्तेमाल किया जाता था, अन्यथा उनसे परहेज़ किया जाता था। ये दोनों लड़के हाई स्कूल में पहली बार मिले। पहला लड़का अपने सामान्य तरीक़े से स्थिति पर चर्चा कर रहा था। उसके हाथ लगातार हिल रहे थे। यह देखकर दूसरे लड़के ने सोचा, "हे भगवान, वह इस बारे में बहुत रोमांचित है।" फिर उसने अपने सामान्य शांत तरीक़े से प्रतिक्रिया की, जिसे देखकर पहले लड़के ने सोचा, "इसकी तो रुचि भी नहीं है।"

अगली कहानी में बताया गया है कि सांस्कृतिक भिन्नताएँ किस तरह हमारे ग़ैर-शाब्दिक संप्रेषण को प्रभावित करती हैं। न्यू यॉर्क सिटी में किसी ने एक हाई स्कूल के कैफ़ेटेरिया से पैसे चुरा लिए। प्राचार्य ने सभी विद्यार्थियों से बात की, जो कैश रजिस्टर तक पहुँच सकते थे। बातचीत के बाद वे इस नतीजे पर पहुँचे कि चोरी एक लैटिन अमेरिकी लड़की ने की थी। उन्होंने उसे निलंबित कर दिया। इस मामले में एक सामाजिक कार्यकर्ता ने प्राचार्य से संपर्क किया और पूछा कि उन्हें वह चोर क्यों लगी। प्राचार्य ने कहा, "सभी दूसरे विद्यार्थियों ने मुझसे नज़रें मिलाकर कहा कि उन्होंने चोरी नहीं की। इस लड़की ने मुझसे निगाह नहीं मिलाई। वह पूरी बातचीत में अपने पैरों की तरफ़ देखती रही। वह स्पष्ट रूप से अपराधी है।" सामाजिक कार्यकर्ता ने उन्हें बताया कि हर सभ्य लैटिन अमेरिकी लड़की को बचपन से ही यह सिखाया जाता है कि वह प्राचार्य जैसे उच्च पदस्थ व्यक्ति से कभी निगाहें नहीं मिलाए, बल्कि उनसे बात करते समय ज़मीन की तरफ़ देखे। लड़की का व्यवहार उसकी सांस्कृतिक परवरिश का परिणाम था, लेकिन प्राचार्य ने उसकी ग़लत व्याख्या कर ली।

इसी तरह बॉडी लैंग्वेज की आदतें पारिवारिक आदतों से भी तय हो सकती हैं। निकोल के परिवार का हर सदस्य बात करते वक़्त बार-बार सिर हिलाता है। हममें से ज़्यादातर इसकी व्याख्या करके यह मतलब निकालेंगे कि सिर हिलाने वाला व्यक्ति हमारी बात से सहमत हो रहा है। लेकिन जैसा निकोल ने बताया, इसका मतलब तो बस यह बताना था कि उन्होंने सामने वाले की बात सुन ली है।

हर व्यक्ति के ग़ैर-शाब्दिक संकेतों का अध्ययन करें

यदि बॉडी लैंग्वेज संप्रेषण का एक महत्त्वपूर्ण पहलू है, तो क्या इसे पढ़ने या समझने का कोई तरीक़ा है? बॉडी लैंग्वेज को पढ़ने की कोई सौ फ़ीसदी सटीक नीति तो नहीं है, लेकिन किसी व्यक्ति को जानने के बाद हम उसकी ग़ैर-शाब्दिक क्रियाओं और प्रतिक्रियाओं की अच्छी व्याख्या कर सकते हैं। जब हम उन्हीं लोगों से बार-बार मिलते हैं, तो उनके हाव-भाव पर ग़ौर करके हम उनकी बॉडी लैंग्वेज को समझ सकते हैं। हम इस बात पर ग़ौर करते हैं कि जब क्लॉडिया हमारी बात से सहमत होती है, तो वह आगे की तरफ़ झुक जाती है और जब पॉल सहमत होता है, तो वह अपना सिर दाईं तरफ़ झुका लेता है। हम देखते हैं कि निकोल हमारी कही हर बात पर सिर हिलाती है, लेकिन जब वह संशय में होती है, तो सिर हिलाने के साथ-साथ उसके चेहरे पर उलझन का भाव भी आ जाता है।

हम जिन लोगों से बातचीत करते हैं, उनमें से प्रत्येक की आदतों को याद रखें। इससे हम उनके ग़ैर-शाब्दिक संकेतों को समझ सकेंगे और उनकी सही व्याख्या करने में सक्षम होंगे। कुछ समय बाद हम यह ग़ौर कर सकते हैं कि जिन लोगों के साथ हम बातचीत कर सकते हैं, उनमें कुछ मुद्राएँ या अभिव्यक्तियाँ ज़्यादा आम हैं। नए लोगों से मिलने पर हम अपने परिचितों की बॉडी लैंग्वेज के आधार पर कुछ सामान्य निष्कर्ष निकाल सकते हैं, लेकिन हमें सावधान रहना चाहिए कि हम अपनी व्याख्या पर ज़रूरत से ज़्यादा भरोसा नहीं करें - सबसे अच्छा यह रहता है कि किसी से बातचीत का अच्छा अनुभव होने के बाद ही कोई मान्यता बनाई जाए कि उसकी बॉडी लैंग्वेज क्या कहती है।

जब बॉडी लैंग्वेज शब्दों के अर्थ के विरोध में नज़र आती है या विपरीत दिखती है या हमें यक़ीन नहीं होता है कि जो संकेत भेजा जा रहा है, उसका सचमुच क्या अर्थ है, तो सवाल पूछ लें। उस व्यक्ति से पूछें कि उसका सच्चा आशय क्या है। अच्छे सवाल पूछकर हम ग़ैर-शाब्दिक हरकतों से उत्पन्न होने वाली शंकाओं से उबर और निबट सकते हैं।

अंत में, हमें अपनी बॉडी लैंग्वेज के बारे में भी जागरूक रहना चाहिए। संयम ही नियम है। सकारात्मक बॉडी लैंग्वेज के अति इस्तेमाल का प्रभाव भी नकारात्मक हो सकता है, क्योंकि सामने वाला हमें नाटकबाज़ मान सकता है।

सुनने की योग्यता

उपयोगी बातचीत के लिए दोनों पक्षों का सुनना अनिवार्य होता है। हमें सामने वाले की बात पर पूरा ध्यान देना चाहिए, लेकिन हमें इस बारे में भी जागरूक रहना चाहिए कि क्या सामने वाला हमारी बात सुन रहा है। यहाँ पर सुनने की कुछ सबसे आम समस्याएँ हैं, जो बार-बार सामने आती हैं। सबसे पहले तो हमें ख़ुद से यह पूछना चाहिए कि क्या हम इनमें से किसी एक या अधिक श्रेणियों में आते हैं। यदि ऐसा है, तो दिए गए सुझावों पर अमल करके इसे सुधार लें। इसके बाद यह तय करें कि क्या सामने वाला व्यक्ति किसी एक या अधिक श्रेणियों में आता है। यदि ऐसा है, तो दी गई सलाहों पर अमल करें, ताकि सामने वाला सचमुच हमारी बात सुन सके।

> *अच्छे श्रोता बनें। आपके कान आपको कभी मुश्किल में नहीं डालेंगे।*
>
> ***—फ्रैंक टायगर,***
> ***संपादकीय टिप्पणीकार***

सात प्रकार के श्रोता

सुनने की कई शैलियाँ होती हैं, जिनके आधार पर श्रोताओं को श्रेणीबद्ध किया जा सकता है। यह सूची पढ़ते समय यह तय करें कि क्या हम या जिसके साथ हम संप्रेषण कर रहे हैं, वह आगे दी गई श्रेणी में आता है :

1. *"बेचैन"* - ये लोग हड़बड़ी में नज़र आते हैं, लगातार आस-पास देखते हैं या कोई दूसरी चीज़ करते रहते हैं। वे स्थिर बैठकर नहीं सुन सकते। सलाह : यदि हम बेचैन श्रोता हैं, तो हमें यह संकल्प लेना चाहिए कि जब कोई हमसे बात कर रहा हो, तो हम अपने काम को अलग रख दें। सलाह : यदि हमारे सामने कोई बेचैन श्रोता है, तो हम यह पूछ सकते हैं, "क्या यह अच्छा समय है?" या कहें, "मुझे एक पल के लिए आपका पूरा ध्यान चाहिए।" ऐसे कथन से शुरुआत करें, जो उस व्यक्ति का ध्यान आकर्षित कर ले, संक्षिप्त रहें और फटाफट बात ख़त्म कर दें, क्योंकि इस श्रोता के ध्यान की अवधि कम होती है।

2. *"खोए हुए श्रोता"* – "खोए हुए श्रोता" शारीरिक दृष्टि से तो मौजूद होते हैं, लेकिन मानसिक रूप से नहीं होते। उनके चेहरे पर सूनेपन का भाव साफ़ नज़र आता है। वे हमारी कही बात सुनने के बजाय या तो दिवास्वप्न देख रहे हैं या किसी दूसरी चीज़ के बारे में सोच रहे हैं। सलाह : यदि हम "खोए हुए श्रोता" की श्रेणी में आते हैं, तो जागरूक बनें कि हम कब सुनना छोड़ देते हैं। सतर्क रहें। आँखों का संपर्क बनाएँ। आगे झुककर और प्रश्न पूछकर रुचि दिखाएँ। यदि हमसे बात करने वाला व्यक्ति "खोए हुए श्रोता" की श्रेणी में आता है, तो हम उससे कभी-कभार यह पूछ सकते हैं कि क्या वह हमारी बात का मतलब समझ गया है। जैसा "बेचैन" के साथ होता है, ऐसे कथन से शुरुआत करें, जो उसका ध्यान आकर्षित कर ले। संक्षिप्त और बिंदुवार रहें, क्योंकि इस श्रोता के ध्यान की अवधि कम होती है।

3. *"टोकने वाले श्रोता"* – "टोकने वाले श्रोता" किसी भी समय पर बीच में कूदने को तैयार रहते हैं। वे उकड़ूँ बैठे रहते हैं और ज़रा सा भी मौक़ा मिलते ही हमारी तरफ़ से हमारा वाक्य पूरा करने की फिराक में रहते हैं। वे हमारी बात नहीं सुन रहे हैं। उनका पूरा ध्यान तो इस बात पर केंद्रित है कि वे क्या कहना चाहते हैं। सलाह : यदि हम "टोकने वाले श्रोता" हैं, तो हमें ध्यान रखना चाहिए कि हम जब भी किसी की बात काटें, तो हर बार क्षमा माँग लें। इससे हम इसके बारे में ज़्यादा चेतन और जागरूक बनेंगे। सलाह : यदि हम "टोकने वाले श्रोता" से बात कर रहे हैं, तो उसके बीच में कूदने पर तुरंत रुक जाएँ और उसे बोलने दें, वरना वह हमारी बात कभी सुनेगा ही नहीं। जब उसकी बात पूरी हो जाए, तो हम यह कह सकते हैं, "जैसा मैं पहले कह रहा था..." ताकि उसका ध्यान इस तरफ़ चला जाए कि उसने हमारी बात काट दी थी। फिर हमें अपनी बात वहीं से शुरू करनी चाहिए, जहाँ हमने छोड़ी थी।

4. *"भावहीन"* – "भावहीन" लोग एकाकी रहते हैं और सुनते समय बहुत कम भाव दिखाते हैं। वे यह आभास देते हैं कि हम जो बोल रहे हैं, उसकी उन्हें रत्ती भर भी परवाह नहीं है। सलाह : यदि हम "भावहीन" हैं, तो सिर्फ़ शब्दों पर नहीं, बल्कि पूरे व्यक्ति पर ध्यान केंद्रित करें। आँख-कान और हृदय से सुनना नहीं भूलें। सलाह : यदि सामने वाला "भावहीन"

श्रोता की श्रेणी में आता है, तो अपने विचारों का नाटकीयकरण करें और उसे बातचीत में शामिल करने के लिए सवाल पूछें।

5. *"लड़ाकू"* - लड़ाकू श्रोता हथियारबंद होते हैं और लड़ाई के लिए तत्पर रहते हैं। उन्हें असहमत होने और दूसरों को दोष देने में मज़ा आता है। सलाह : अगर हम "लड़ाकू" श्रोता हैं, तो हमें ख़ुद को वक्ता की जगह पर रखने की कोशिश करनी चाहिए। हमें उसके दृष्टिकोण को समझना और स्वीकार करना चाहिए तथा उसमें अच्छी चीज़ खोजनी चाहिए। सलाह : "लड़ाकू" श्रोता जब किसी से असहमत हों या किसी को दोष दें, तो पीछे के बजाय आगे देखें। इस बारे में बात करें कि हम असहमत होने के लिए कैसे सहमत हो सकते हैं या अगली बार किस तरह भिन्न किया जा सकता है।

6. *"विश्लेषक"* - "विश्लेषक" लगातार परामर्शदाता या मनोचिकित्सक की भूमिका निभाते हैं। वे हमेशा जवाब देने के लिए तैयार रहते हैं, भले ही हमने उनकी राय नहीं माँगी हो। वे सोचते हैं कि वे बेहतरीन श्रोता हैं। उन्हें मदद करना अच्छा लगता है। वे लगातार विश्लेषणात्मक मानसिकता में "इसे सही करो" अवस्था में रहते हैं। सलाह : यदि हम "विश्लेषक" हैं, तो हमें आरामदेह रहना चाहिए और यह समझ लेना चाहिए कि हर व्यक्ति जवाब, समाधान या सलाह की तलाश नहीं कर रहा है। कुछ लोग तो बस अपने विचारों को यूँ ही उछाल रहे हैं, ताकि वे ख़ुद जवाबों को ज़्यादा स्पष्टता से देख सकें। सलाह : यदि हमारे सामने "विश्लेषक" श्रोता हैं, तो हम यह कहकर शुरुआत कर सकते हैं, "मुझे बस अपने दिल से कुछ गुबार निकालना है। मैं किसी सलाह की तलाश नहीं कर रहा हूँ।"

7. *"रुचिवान श्रोता"* -"रुचिवान श्रोता" चेतन रूप से जागरूक श्रोता होते हैं। वे अपनी आँखों, कानों और हृदय से सुनते हैं। वे ख़ुद को वक्ता की जगह पर रखने की कोशिश करते हैं। यह सुनने का सर्वोच्च स्तर है। उनकी सुनने की योग्यताएँ हमें बोलने के लिए प्रोत्साहित करती हैं। वे हमें अपने ख़ुद के समाधान खोजने और अपने विचारों को प्रकट करने का अवसर देते हैं। हमें रुचिवान श्रोता बनने का लक्ष्य रखना चाहिए।

सुनने के सिद्धांत

अपनी सुनने की योग्यताएँ बढ़ाने के लिए :

1. बोलने वाले व्यक्ति से आँखों का संपर्क बनाएँ।

2. जो नहीं कहा जा रहा है, उसके प्रति संवेदनशील बनें।

3. असंगत संदेशों के लिए बॉडी लैंग्वेज पर ग़ौर करें।

4. धैर्य रखें; सामने वाले की बात पूरी होने पर ही बोलें।

5. हस्तक्षेप नहीं करें, वक्ता का वाक्य पूरा नहीं करें, विषय नहीं बदलें।

6. सुनना सीखें; कल्पना करें कि बातचीत के अंत में आपसे प्रश्न पूछे जाएँगे।

7. जब सामने वाला अपनी बात पूरी कर ले, तो किसी भी तरह के संशय की स्थिति में स्पष्ट करने को कहें।

8. हमने जो सुना है, उसे अपने शब्दों में दोहराकर यह सुनिश्चित करें कि हम कही गई बात का पूरा मतलब समझ गए हैं।

9. निष्कर्षों पर नहीं कूदें; मान्यताएँ नहीं रखें।

10. सचमुच सुनने का अभ्यास करें; सारे व्यवधान हटा दें।

11. बोलते वक़्त चीज़ों को श्रोताओं के दृष्टिकोण से देखने की कोशिश करें।

> *हमारे पास दो कान और एक मुँह इसलिए है, ताकि हम जितना बोलते हैं, उससे दोगुना सुन सकें।*
>
> —एपिक्टेटस

सृजनात्मक फ़ीडबैक देना और लेना

हममें से कई लोगों के लिए एक तरह का संप्रेषण बहुत चुनौतीपूर्ण होता है। यह है आलोचना करना और आलोचना ग्रहण करना। चूँकि आलोचना ख़ास उपयोगी नहीं होती है, इसलिए हम सृजनात्मक फ़ीडबैक पर ध्यान केंद्रित करेंगे। इसका मतलब है वह व्यावहारिक जानकारी, जो बेहतर सेवा देने

या बेहतर प्रदर्शन करने में किसी की मदद के लिए दी जाए। यह दोतरफ़ा प्रक्रिया है। हम सामने वाले को निर्देश, राय, विचार या समालोचना दे रहे हैं; या सामने वाला हमें यही सब दे रहा है। हम यह सुनिश्चित कैसे कर सकते हैं कि हमने सामने वाले का या उसने हमारा संदेश पूरी तरह ग्रहण कर लिया है? प्रभावी ढंग से और शालीनता से सृजनात्मक फ़ीडबैक देने के बारे में कुछ सलाहों पर ग़ौर करें :

सृजनात्मक फ़ीडबैक देना

1. सारे तथ्य हासिल करें।

2. स्थिति पर तुरंत और अकेले में चर्चा करें।

3. व्यक्ति पर नहीं, कार्य या व्यवहार पर ध्यान केंद्रित करें।

4. सुधार के क्षेत्र पर बातचीत करने से पहले सामने वाले को वास्तविक बधाई या प्रशंसा दें।

5. पहले परानुभूति रखें और फिर आलोचना करें। अपनी ख़ुद की वैसी ही ग़लतियों का उल्लेख करें और सामने वाले को बताएँ कि हमने उन्हें ठीक करने के लिए क्या किया।

6. अपने इरादों की जाँच करें कि हम फ़ीडबैक क्यों दे रहे हैं। पूरी पुष्टि कर लें कि हम सामने वाले की सचमुच मदद करना चाहते हैं।

7. अपनी लोक-व्यवहार संबंधी योग्यताओं का इस्तेमाल करें। आदेश नहीं दें; इसके बजाय सुझाव दें।

8. व्यवहार बदलने के लाभ बताएँ।

9. चर्चा को दोस्ताना अंदाज़ में ख़त्म करें और इस बारे में सहमति बनाएँ कि आगे कैसे बढ़ना है।

सृजनात्मक फ़ीडबैक स्वीकार करना

1. शांत रहें और सामने वाले की बात पूरी सुनें।

2. पुष्टि करें कि आप स्थिति को पूरी तरह समझ रहे हैं।

3. स्व-सुधार व परिवर्तन के प्रति खुली मानसिकता रखें।

4. विश्वास करें कि सामने वाला अच्छे इरादे से फ़ीडबैक दे रहा है।

5. रक्षात्मक अंदाज़ में प्रतिक्रिया नहीं करें।

6. बहाने नहीं बनाएँ; बस तथ्य बताएँ।

7. फ़ीडबैक देने के लिए सामने वाले को धन्यवाद दें।

8. इस बारे में सहमत हों कि आगे कैसे बढ़ना है।

सार

*   दूसरों के साथ व्यवहार में हम संकेत भेजते हैं। इन संकेतों को किस तरह ग्रहण किया जाता है, उसी से यह तय होता है कि हमारी कैसी छाप छूटती है और लोग हमें किस तरह याद रखते हैं।

*   प्रबल व्यावहारिक संकेत बनाने और क़ायम रखने में आत्मविश्वास मुख्य घटक है।

*   पहली छाप सबसे ज़्यादा स्थायी होती है। चूँकि इंसान दृश्यात्मक होते हैं, इसलिए हमारी आधी से ज़्यादा छवि उन चीज़ों के आधार पर बनती है, जिन्हें लोग देखते हैं।

*   हमारा व्यक्तिगत ब्रांड कथन हमारी योग्यताओं और शक्तियों को प्रकट करता है। यह हमारी रुचियाँ बताता है। यह बताता है कि सामने वाले के लिए हमारा अनूठा महत्त्व क्यों है, चाहे वे ग्राहक हों, कर्मचारी हों, सहकर्मी हों, संभावित नियोक्ता हों या अन्य महत्त्वपूर्ण संपर्क हों।

*   हमारा बिज़नेस कार्ड हमारी निजता दर्शाने के अलावा बताता है कि हम कौन सी सेवाएँ दे रहे हैं। इसे व्यक्तिगत स्पर्श देकर यादगार बन जाएँ।

*   एक पहली अच्छी छाप छोड़ना खुद के लिए वह पेशेवर छवि बनाने की दिशा में पहला क़दम है, जो यह तय करेगी कि दूसरे हमें किस तरह देखते हैं। हमें लगातार ध्यान देना चाहिए कि हम जिसके भी संपर्क में आते हैं, उसके सामने कैसे दिखते हैं, काम करते हैं और व्यवहार करते हैं।

*   हम फ़ोन और कारोबारी पत्राचार का जिस तरह इस्तेमाल करते हैं, उससे हमारी पहली छाप छूटती है।

- सफल लोग यह सीखते हैं कि अपनी बॉडी लैंग्वेज का सबसे प्रभावी इस्तेमाल कैसे करना है और दूसरों की बॉडी लैंग्वेज को कैसे पढ़ना है।

- दूसरों की बात ग़ौर से सुनने की आदत डालें, चाहे उनका पद, श्रेणी या हमारे लिए महत्त्व का स्तर जो भी हो।

2

....

अपना व्यक्तिगत ब्रांड बनाएँ

करियर में तरक़्क़ी करने के लिए कुछ मापदंडों का पालन अनिवार्य है। ये मापदंड हमारा मार्गदर्शन करेंगे कि हम किस तरह जिएँ और अपने काम में किस तरह क्रिया या प्रतिक्रिया करें – हमारा व्यक्तिगत ब्रांड। हमारी छवि हमारे व्यक्तिगत ब्रांड पर आधारित होनी चाहिए। हम अपने बॉस, अधीनस्थों, सहकर्मियों, ग्राहकों और हर मिलने वाले व्यक्ति को जो संकेत भेजते हैं, वे हमारे व्यक्तिगत ब्रांड के सामंजस्य में होने चाहिए।

स्वप्न कथन और ध्येय कथन

ज़्यादातर बड़ी कंपनियों के पास स्वप्न कथन (विज़न स्टेटमेंट) और ध्येय कथन (मिशन स्टेटमेंट) दोनों होते हैं। जिस तरह कोई कंपनी अपनी ख़ास पहचान वाला ब्रांड बनाती है, उसी तरह हमारे स्वप्न कथन और ध्येय कथन व्यक्तिगत ब्रांड बनाने में हमारी मदद कर सकते हैं।

अंतिम तसवीर को दिमाग़ में रखकर शुरू करने का सबसे प्रभावी तरीक़ा यह है कि हम व्यक्तिगत ध्येय कथन या दर्शन अथवा सिद्धांत तैयार कर लें। इसमें इस बात पर ध्यान केंद्रित किया जाता है कि आप क्या बनना चाहते हैं (चरित्र) और क्या करना चाहते हैं (योगदान और उपलब्धियाँ)। इसमें उन मूल्यों या सिद्धांतों पर ध्यान केंद्रित किया जाता है, जिन पर बनना और करना आधारित है।

—स्टीफ़न कवी

स्वप्न कथन

सामान्य स्वप्न कथन में संगठन या टीम की आदर्श छवि शामिल होती है। यह सर्वोत्कृष्ट लक्ष्य और अस्तित्व का कारण बताता है। दुर्भाग्य से बहुत कम लोग अपना स्वप्न कथन बनाते हैं। व्यक्तिगत स्वप्न कथन बनाते समय इस बारे में सोचें कि हम अपने प्रयासों के फलस्वरूप अंततः क्या हासिल करना चाहते हैं। यह बड़ी तसवीर बताने वाला कथन है। हम कुछ शीर्षस्थ कंपनियों के स्वप्न कथनों पर निगाह डालकर अपना ख़ुद का स्वप्न कथन बनाने के बारे में मार्गदर्शन ले सकते हैं।

वेस्टइन होटल्स : "साल दर साल वेस्टइन और इसके कर्मचारियों को उत्तर अमेरिका में सर्वश्रेष्ठ होटल व रिज़ॉर्ट मैनेजमेंट समूह के रूप में जाना जाएगा और सबसे ज़्यादा चाहा जाएगा।"

एल्कोआ : "हमारा स्वप्न विश्व में सर्वश्रेष्ठ बनना है - अपने ग्राहकों, शेयरधारकों, समुदायों और लोगों की नज़रों में। हम एल्कोआ के मूल्यों को हमेशा दिमाग़ में सबसे ऊपर रखकर सर्वश्रेष्ठ देते हैं, जिसकी हम अपेक्षा और माँग करते हैं।"

जनरल मोटर्स : "हमारा स्वप्न यातायात उत्पादों और संबद्ध सेवाओं में विश्व में अग्रणी बनना है। हम जीएम के लोगों की ईमानदारी, टीमवर्क और नवाचार से संचालित सतत सुधार द्वारा अपने ग्राहकों का उत्साह अर्जित करते हैं।"

आइकिया : "हमारा स्वप्न बहुत से लोगों के रोज़मर्रा के जीवन को बेहतर बनाना है। हम अच्छी डिज़ाइन वाले उपयोगी घरेलू सामानों की व्यापक शृंखला देकर इतने कम दाम पर देकर इसे संभव बनाते हैं कि ज़्यादा से ज़्यादा लोग उनका ख़र्च उठा सकें।"

अपना व्यक्तिगत स्वप्न कथन बनाना

हममें से कई लोग इस बारे में सपने देखते हैं कि हम अपने जीवन में क्या करना चाहेंगे। लेकिन हममें से बहुत कम लोग अपने सपने को व्यक्तिगत स्वप्न कथन में बदलते हैं। इसका यह अर्थ नहीं है कि हमें हर फंतासी को अपना स्वप्न बना लेना चाहिए। जब तक कि हमारे पास बहुत स्पष्ट

योग्यताएँ न हों, तब तक सुपर बाउल में गोल मारने या किसी हिट मूवी में हीरो बनने की हमारी हसरत हमारा स्वप्न नहीं हो सकती। हमें अपनी क्षमताओं के भीतर यथार्थवादी बुनियाद पर अपने स्वप्न का निर्माण करना चाहिए। स्वप्न कथन करियर या जीवन के किसी दूसरे क्षेत्र पर केंद्रित हो सकता है। व्यक्तिगत स्वप्न कथन बताता है कि हम भविष्य में ख़ुद को कहाँ देखते हैं। यह हमारी आशाओं और सपनों का वर्णन करता है। यह उपलब्धि तथा पूर्णता का अहसास उत्पन्न करता है।

कुछ उदाहरण :

कोलंबिया युनिवर्सिटी में पढ़ने वाला एम.बी.ए. का विद्यार्थी : "जब मैं कारोबार के संसार में दाख़िल होता हूँ, तो मैं अपनी नौकरी में ज़्यादा से ज़्यादा सीखने में अपना सारा समय और ऊर्जा लगाने तथा अपने करियर में तरक़्क़ी के क़ाबिल बनने के लिए समर्पित हूँ।"

पचास साल का सफल उद्यमी : "पिछले पच्चीस वर्षों से मैं ख़ुद को सफल और लाभकारी व्यावसायिक एक्ज़ीक्यूटिव बनाने के लिए समर्पित रहा हूँ। जीवन के अगले चरण में मेरा स्वप्न यह है कि मैं दूसरों को अपनी जगह लेने के लिए प्रशिक्षित करूँ, ताकि मैं परोपकारी कामों में समय लगा सकूँ।"

कॉमर्शियल आर्टिस्ट : "मेरे क्षेत्र में प्रौद्योगिकी के परिवर्तनों के साथ चलने के लिए मैं ख़ुद को कंप्यूटर एप्लीकेशन्स सीखते हुए और उनमें विशेषज्ञ बनते हुए देखता हूँ, जिससे मेरी कलात्मक क्षमता बढ़ जाएगी।"

ध्येय कथन

ध्येय कथन स्वप्न के क्रियान्वयन के बारे में बात करता है। यह सारगर्भित रूपरेखा बताता है कि स्वप्न को हासिल करने के लिए संगठन, टीम, या व्यक्ति को क्या करना चाहिए। यह सीधे स्वप्न कथन से प्रवाहित होता है और बताता है कि हम स्वप्न तक कैसे पहुँचेंगे। इसे विशिष्ट होना चाहिए। यह हमारे संगठन, टीम या ख़ुद के लिहाज़ से अनूठा होना चाहिए। ध्येय कथन समझने में आसान, यथार्थवादी और नापने योग्य होना चाहिए।

नीचे कुछ कंपनियों के ध्येय कथन दिए जा रहे हैं :

वेस्टइन होटल्स : "हमारे स्वप्न को हासिल करने के लिए हमारा ध्येय अपने ग्राहकों की अपेक्षाओं से आगे निकलना होना चाहिए, जिन्हें हम अतिथियों, साझेदारों और साथी कर्मचारियों के रूप में परिभाषित करते हैं।"

फ़ेडेक्स : "फ़ेडेक्स 'लोग-सेवा-मुनाफ़ा' दर्शन के प्रति समर्पित है। हम तीव्र, निश्चित समय पर पहुँचने की आवश्यकता वाली उच्च प्राथमिकता की वस्तुओं और दस्तावेज़ों का प्रतिस्पर्धियों से श्रेष्ठ वायु-भू परिवहन की पूर्ण विश्वसनीय वैश्विक सेवा देकर असाधारण वित्तीय मुनाफ़ा उत्पन्न करेंगे।"

एफ़्लैक : "ग्राहकों के लिए सर्वश्रेष्ठ बीमा मूल्य देकर प्रतिस्पर्धी भाव पर गुणवत्तापूर्ण प्रॉडक्ट्स व सेवाओं के साथ आक्रामक रणनीतिक मार्केटिंग को मिश्रित करना।"

हार्ले-डेविडसन : "हम बाज़ार के चुनिंदा खंडों में मोटरसाइकल चालकों व सामान्य जनता को मोटरसाइकलों तथा ब्रांडेड उत्पादों व सेवाओं की विस्तारशील शृंखला प्रदान करके मोटरसाइकल-चालन के अनुभव के ज़रिये सपने पूरे करते हैं।"

माइक्रोसॉफ़्ट : "माइक्रोसॉफ़्ट में हम पूरे संसार के लोगों और कंपनियों को उनकी पूरी क्षमता हासिल करने में मदद करने का काम करते हैं। यह हमारा ध्येय है। हम जो भी करते हैं, हर चीज़ इस ध्येय और इसे संभव बनाने वाले मूल्यों को दर्शाती है।"

> *जीवन में हर व्यक्ति का अपना विशिष्ट ईश्वरीय आह्वान या ध्येय होता है... उसमें कोई दूसरा उसकी जगह नहीं ले सकता, न ही उसके जीवन को दोहराया जा सकता है। इस तरह हर व्यक्ति का काम उतना ही अनूठा है, जितना कि इसे करने का उसका विशिष्ट अवसर।*
>
> ***—विक्टर फ़्रैंकल,***
> ***दार्शनिक और लेखक***

व्यक्तिगत ध्येय कथन बनाना

व्यक्तिगत ध्येय कथन लिखते समय इस बारे में विशिष्ट बनें कि हम क्या हासिल करना चाहते हैं। अपना ध्येय कथन तैयार करते समय ऐसे शब्दों का इस्तेमाल करने पर विचार करें :

- प्रोत्साहित करना
- विकसित करना
- संलग्न करना
- परिवर्तन करना
- विस्तार करना
- सहयोग करना
- उत्पादन करना
- समर्थन करना
- ज़ोर देना

व्यक्तिगत ध्येय कथन के कुछ उदाहरण :

डॉ. आर्थर आर. पेल, मानव संसाधन परामर्शदाता एवं लेखक : "मेरा ध्येय है अपने व्यक्तिगत परामर्श, शिक्षण और लेखन के ज़रिये स्व-विकास तथा पारस्परिक संबंधों की सबसे कारगर नीतियाँ सिखाकर लोगों को उपयोगी व पुरस्कारदायक जीवन जीने में सक्षम बनाना।"

लीज़ा सिल्वरमैन, पोषण विशेषज्ञ : "मैं अपने न्यूज़लेटर, रेडियो कार्यक्रम और व्यक्तिगत परामर्श के ज़रिये ज़्यादा से ज़्यादा लोगों को प्रोत्साहित करने के प्रति समर्पित हूँ कि वे अपने खान-पान की आदतों को बदलकर एक अच्छी तरह संतुलित पोषण योजना पर चलें।"

लैरी मैकडॉनल्ड, मार्केटिंग एक्ज़ीक्यूटिव : "मेरा ध्येय अपनी सृजनात्मक योग्यताओं का इस्तेमाल करके तथा अपने नियोक्ताओं के सामान या सेवा का प्रचार करके अपने करियर में तरक़्क़ी करना है, ताकि उनके बाज़ारों का विस्तार हो, उनके मुनाफ़े बढ़ें और उनके ग्राहकों की सबसे प्रभावी ढंग से सेवा हो सके।"

अपना कथन लिखें

इस बाक़ी अध्याय को पढ़ने से पहले ऐसे स्वप्न और ध्येय कथन लिख लें, जिनसे हमारी व्यक्तिगत छवि सबसे अच्छी तरह प्रकट होती हो। लिखने के बाद :

1. उन्हें ज़ोर से पढ़ें। क्या हम ख़ुद को इसी तरह से देखते हैं?
2. इन कथनों को हमारे काम के बारे में जानने वाले कुछ मित्रों या सहकर्मियों को ईमेल करके उनसे समीक्षा व टिप्पणियों का आग्रह करें।
3. प्रतिक्रियाओं का आकलन करके उचित फ़ेरबदल करें।

नैतिक जीवन जिएँ

व्यक्तिगत नैतिक संहिता हमारे व्यक्तिगत ब्रांड में एक मुख्य घटक है। यह सही और ग़लत के हमारे पैमाने तय करती है। यह प्रलोभन का प्रतिरोध करने में हमारी मदद करती है। यह नैतिक दृष्टि से सुदृढ़ निर्णय लेने की बुनियाद बन जाती है।

हमारे मूल्य ही यह तय करते हैं कि क्या अच्छा है और क्या बुरा है। हमारी नैतिकता ही तय करती है कि हम अच्छा काम करें और बुरे काम से बचें। नैतिकता में मापदंडों का समूह शामिल होता है, जो हमें बताता है कि हमें कैसे व्यवहार करना है। शक्तिशाली चरित्र वाला कोई भी व्यक्ति नैतिक संहिता के बिना नहीं जीता है।

लेकिन नैतिकता का मतलब अनिवार्य काम करना नहीं है। यह तो वह करना है, जो हमें करना चाहिए। चूँकि सम्मानजनक काम में कई बार हमें अपनी इच्छाओं पर क़ाबू करना होता है, इसलिए नैतिकता में आत्म-नियंत्रण की आवश्यकता होती है।

नैतिकता में सही और ग़लत के बीच फ़र्क़ देखना शामिल होता है। इसमें सही, अच्छा और सम्मानजनक काम करने का संकल्प भी शामिल होता है। हमें ख़ुद से पूछना चाहिए कि क्या हम अनैतिक विकल्प चुनने की क़ीमत चुकाना चाहते हैं। क्या हम अनैतिक चयन की ख़ातिर अपने गर्व, ईमानदारी, प्रतिष्ठा और सम्मान का बलिदान करना चाहते हैं?

> *सही समझ से सही विचार उत्पन्न होता है; सही विचार से सही भाषा उत्पन्न होती है; सही भाषा से सही क्रिया उत्पन्न होती है; सही क्रिया से सही आजीविका उत्पन्न होती है; सही आजीविका से सही प्रयास उत्पन्न होता है; सही प्रयास से सही जागरूकता उत्पन्न होती है; सही जागरूकता से सही एकाग्रता उत्पन्न होती है;*

सही एकाग्रता से सही बुद्धिमत्ता उत्पन्न होती है; सही बुद्धिमत्ता से सही मुक्ति उत्पन्न होती है।

—बुद्ध का मुक्ति का मार्ग

नैतिकता की हमारी व्यक्तिगत संहिता

नैतिक संहिता की कोई सीमा नहीं होती – यह एक वाक्य में भी आ सकती है या इसमें व्यक्तिगत विचार और संकल्प के कई वाक्यों की ज़रूरत भी पड़ सकती है।

यहाँ व्यक्तिगत नैतिक संहिता बनाने के बारे में कुछ दिशानिर्देश दिए जा रहे हैं :

1. नैतिक व्यवहार की तार्किक सीमाएँ तय करें। महत्त्वपूर्ण शब्द है *तार्किक।* कोई भी कठोर नियम या दिशानिर्देश पसंद नहीं करता।

2. सीमाओं के पीछे एक स्पष्ट उद्देश्य रखें। "क्या" के पीछे "क्यों" को स्पष्ट और सुदृढ़ करें। "क्योंकि मैंने ऐसा कहा था," ने तब काम नहीं किया था, जब हम बच्चे थे और अब यह भी काम नहीं करता है।

3. सकारात्मक अंदाज़ में सीमाएँ संप्रेषित करें और "क्या नहीं करना है" के बजाय "क्या करना है" पर ध्यान केंद्रित करें। मिसाल के तौर पर, "गोपनीय रखें" बजाय इसके "गपशप नहीं करें।"

4. कार्यस्थल में उचित सीमाएँ स्थापित करने की प्रक्रिया के प्रति योगदान देने का अवसर दूसरों को दें। अक्सर प्रबंधकों के बजाय कर्मचारी ज़्यादा कठोर सीमाएँ तय करते हैं।

5. सीमाओं को दृढ़ता से लागू करें। उनके पीछे खड़े होने का साहस रखें। सीमाओं को निरंतरता और निष्पक्षता से लागू करना चाहिए।

नैतिक निर्णय लेना

हम हर दिन विकल्प चुनते हैं। हमारे रोज़मर्रा के ज़्यादातर निर्णयों में सही या ग़लत का चुनाव करना शामिल नहीं होता; इसके बजाय उनमें प्राथमिकताओं, कार्यकुशलता, योजना और संसाधनों का प्रबंधन शामिल होता है। बहरहाल,

हमें ऐसे निर्णय भी लेने होते हैं, जिनमें नैतिक दृष्टि से सही और ग़लत विकल्प के बीच चुनाव करना होता है। ये स्थितियाँ अक्सर तनावपूर्ण, भावनात्मक और जटिल होती हैं। प्रलोभन के वशीभूत होकर आँखें मूँद लेना बहुत ज़्यादा आसान बन जाता है। हमें अक्सर प्रतिक्रियाशीलता द्वारा नैतिक चयन करने के लिए मजबूर किया जाता है।

नैतिक दृष्टि से संवेदनशील स्थिति नैतिक मानदंड तय करने का सबसे बुरा समय होता है। काम करने से पहले हमें जानकारी की समीक्षा करनी होती है, परिणामों का अनुमान लगाना होता है, दूसरों के बारे में सोचना होता है और अपनी भावनाओं का प्रबंधन करना होता है। नैतिक निर्णय जल्द ही लिए जा सकते हैं, लेकिन उनके परिणाम जीवन भर क़ायम रह सकते हैं। इसीलिए सावधानी से सोच-विचार करना महत्त्वपूर्ण है। नैतिक संहिता से मदद मिल सकती है। यह हमारे जीवन की दिशा तय करती है।

हमें सभी हिस्सेदारों – किसी निर्णय से प्रभावित होने वाले सभी लोगों – पर काम के प्रभाव के बारे में सोचना चाहिए। कुछ करने से पहले हमें तय कर लेना चाहिए कि जिस काम को करने के बारे में सोचा जा रहा है, उससे किसे मदद मिलने या नुक़सान पहुँचने की संभावना है। यदि किसी को नुक़सान पहुँचेगा, तो उस नुक़सान को ख़त्म या कम करने के लिए हम क्या कर सकते हैं? ख़ुद से पूछने के लिए अच्छे सवाल ये हैं : "अगर भूमिकाएँ उलट जाएँ, तो क्या होगा? अगर मैं किसी हिस्सेदार की जगह पर होता, तो मुझे कैसा महसूस होता?"

हमारी नैतिक संहिता हमारे जीवन के ज़मीनी नियम तय कर देती है। विकल्पों व चयनों को तौलकर निर्णय लें कि क्या वे हमारी नैतिक संहिता के अनुरूप हैं। ज़ाहिर है, जिन कामों से विश्वास और सम्मान उत्पन्न हो और जो ज़िम्मेदारी, निष्पक्षता के और सामुदायिक सेवा के अहसास को प्रदर्शित करें, वे पैसे, शक्ति या लोकप्रियता की इच्छा से करने वाले कामों से पहले आते हैं और उनसे ज़्यादा महत्त्वपूर्ण होते हैं। इसी तरह दीर्घकालीन दृष्टि से उठाए गए क़दम अक्सर अल्पकालीन लाभ के लिए किए गए कामों से ज़्यादा श्रेष्ठ होते हैं। पूछें, "मेरे कामों के संभावित परिणाम क्या हैं... अल्पकालीन और दीर्घकालीन दोनों?" जब कठिन निर्णय लेना हो, तो हमारे नैतिक मूल्यों के विपरीत विकल्पों को ख़ारिज कर दें। फिर जो नैतिक मूल्य बचें, उनमें

सबसे नैतिक मूल्य को चुनें। किसी ख़ास स्थिति में क्या करना है, इस बारे में अब भी संशय रहने पर वह विकल्प चुनें, जिससे सबसे ज़्यादा लोगों को सबसे ज़्यादा फ़ायदा होगा।

जब आपके पास स्पष्ट मूल्य और मापदंड होते हैं, तो निर्णय लेना आसान होता है।

—रॉय डिज़नी

नैतिक चिंताओं का मूल्यांकन करना

अक्सर हम निर्णय लेने या काम करने के दबाव में होते हैं। हो सकता है कि इन परिस्थितियों में हम नैतिक सिद्धांतों पर पूरा विचार नहीं करें। यदि हमें किसी ख़ास निर्णय के बारे में कोई शंका ना हो, तब भी यह बहुत मददगार होता है कि हम उसे लेकर दूसरों के सम्मान की कल्पना करने में एक मिनट लगाएँ। कोई निर्णय हमारी नैतिक संहिता के भीतर आता है या नहीं, इस बारे में ज़्यादा स्पष्टता से सोचने में हमारी मदद करने के लिए नीचे दिए गए प्रश्न पूछें। इनमें से किसी एक या सभी का जवाब हमारे निर्णय को स्पष्ट कर सकता है :

- हम जो कह या कर रहे हैं, क्या हम चाहेंगे कि वह हमारे माता-पिता, दादा-दादी या प्रिय रिश्तेदार को पता चले?

- हम जो कह या कर रहे हैं, क्या हम चाहेंगे कि वह हमारे बेटे-बेटी को पता चले?

- हमारा चुना हुआ विकल्प स्थानीय समाचारपत्र के मुखपृष्ठ पर कैसा दिखेगा? क्या हम अपनी सोच और नैतिक चयन को स्पष्टता से और पूरी तरह तर्कसंगत साबित कर सकते हैं?

- यदि ज़्यादातर जनसंख्या वही काम करे, जो हम करने का सोच रहे हैं, तो क्या यह एक अच्छी चीज़ होगी?

- अंत में, क्या यह कार्य धर्मग्रंथों में बताए गए स्वर्णिम नियम के अनुरूप है? क्या मैं दूसरों के साथ वैसा व्यवहार कर रहा हूँ, जैसा मैं अपने साथ चाहता हूँ?

स्वर्णिम नियम - दूसरों के साथ वैसा ही बर्ताव करें, जैसा हम अपने साथ चाहते हैं।

अपनी नैतिक संहिता के अनुरूप जीवन जीने से ना सिर्फ़ हमें एक शक्तिशाली व्यक्तिगत ब्रांड बनाने में मार्गदर्शन मिलेगा, बल्कि इससे दूसरों को यह हमेशा याद रहेगा कि हम ईमानदारी और सम्मान के साथ काम करते हैं।

उपलब्धि के प्रति समर्पित रहें

सफल लोग जो व्यक्तिगत छवि प्रक्षेपित करते हैं, उसमें लक्ष्य हासिल करने के प्रति उनका समर्पण शामिल होता है। बहुत संभव है कि हमने कभी ऐसा समर्पण किया हो और इसकी दिशा में काम भी शुरू कर दिया हो - लेकिन कुछ ही समय में इसे भूल गए हों।

जब करेन के बॉस ने घोषणा की कि कंपनी एक नई कंप्यूटर प्रणाली लगाने वाली है, तो उन्होंने हर एक के सामने यह प्रस्ताव रखा कि जो भी उस प्रणाली को सीखना चाहता है, वह प्रशिक्षण कार्यक्रम में नाम लिखा सकता है। नई प्रणाली से कंपनी के भीतर तरक़्क़ी के अवसर बढ़ जाएँगे, यह सोचकर करेन ने कोर्स में नाम लिखा दिया और पहली दो कक्षाओं में गई। जब प्रशिक्षण ज़्यादा मुश्किल हुआ, तो उसने वहाँ नहीं जाने के बहाने खोज लिए और अंततः कोर्स को छोड़ दिया।

अगर करेन नई कंप्यूटर प्रणाली को सचमुच सीखना चाहती थी, तो वह अपने लक्ष्य पूरे करने के लिए क्या कर सकती थी - भले ही यह उसके अनुमान से ज़्यादा मुश्किल था।

कोई लक्ष्य पूरा कर लिया जाएगा, यह सुनिश्चित करने के लिए *हमें इसे हासिल करने के लिए समर्पित होना होता है।* समर्पण संकल्प से ज़्यादा बड़ी बात है। यह एक गंभीर क़सम है कि अपने तय काम को करने के लिए हम वह सब करेंगे, जो हम कर सकते हैं। इसे हल्के में नहीं लिया जा सकता। यदि हम अपने समर्पणों को गंभीरता से लें और आगे दिए गए दिशानिर्देशों का अनुसरण करें, तो हमारे सफल होने की संभावना प्रबल हो जाती है।

इस संसार में सबसे महत्त्वपूर्ण चीज़ें उन लोगों ने हासिल की हैं, जो तब भी कोशिश करते रहे, जब ज़रा सी भी उम्मीद नज़र नहीं आ रही थी।

—डेल कारनेगी

एक स्पष्ट और विशिष्ट अंतिम लक्ष्य तय करें

यह ना कहें, “मैं वज़न कम करना चाहती हूँ।” इसके बजाय यह बताएँ कि आप कितने पौंड वज़न कम करना चाहती हैं। इस तरह से हम हर दिन अपनी प्रगति की जाँच कर सकते हैं और देख सकते हैं कि हम उस लक्ष्य तक पहुँचने के कितने क़रीब हैं।

अगर किसी लक्ष्य को संख्या में तय नहीं किया जा सकता, तो लक्ष्यों को ज़्यादा से ज़्यादा विशिष्ट रखें। मिसाल के तौर पर, “एक्सेल में महारत हासिल करना,” या “अपने पेशेवर संगठन में व्याख्यान देना।”

मध्यवर्ती लक्ष्य तय करें

“मेरी रिपोर्ट की डेडलाइन 30 मार्च है। 10 मार्च तक मैं सारा प्रारंभिक शोध पूरा कर लूँगा; 20 मार्च तक मैं आँकड़ों का विश्लेषण पूरा कर लूँगा।”

मध्यवर्ती लक्ष्य तय करने से अंतिम लक्ष्य हासिल करना ज़्यादा आसान बन जाता है। एक बार में एक-एक क़दम उठाकर चीज़ों को लें। इसमें तीस दिन की डेडलाइन तक काम पूरा करने की चिंता नहीं रहती है। इसके बजाय हम पहले चरण की डेडलाइन पूरी करने के संदर्भ में सोचते हैं और इसके बाद अगले चरण की डेडलाइन।

“नियंत्रण बिंदु” तय करने से भी मदद मिलती है। ये रास्ते के अति महत्त्वपूर्ण क़दम हैं, जिनके ज़रिये आप अपनी प्रगति की गुणवत्ता को माप सकते हैं। स्कूल में ये नियंत्रण बिंदु तिमाही या छमाही परीक्षाएँ हो सकती हैं। नौकरी में ये समय-समय पर होने वाली प्रदर्शन समीक्षाएँ हो सकती हैं। अगर हम अपनी उपलब्धि के प्रति समर्पित हैं, तो हमें अपने ख़ुद के नियंत्रण बिंदु तय करके यह जाँच करते रहना चाहिए कि क्या हमारा प्रोजेक्ट उत्कृष्ट है। जब हम अच्छी गुणवत्ता से काम करते हुए अपने मध्यवर्ती लक्ष्य पूरे

करते हैं, तो इससे काम पूरा करने का हमारा समर्पण मज़बूत होता है। यदि हमारा काम योजना के अनुरूप दमदार नहीं है, तो इस तरह के ईमानदार आकलन से हम यह तय कर सकते हैं कि हम दोबारा पटरी पर लौटने के लिए कौन से क़दम उठा सकते हैं।

एक अनुबंध करें

अनुबंध एक बाध्यकारी सहमति है। जब वित्तीय समस्याओं ने जैसन को मजबूर कर दिया कि वह एक साल बाद कॉलेज छोड़ दे, तो उसने संकल्प लिया कि वह पाँच साल के भीतर अपनी डिग्री हासिल कर लेगा। उसे पता था कि इसके लिए उसे रात और वीकएंड में पढ़ना होगा, अपनी बहुत सारी आमदनी अपनी शिक्षा पर ख़र्च करनी होगी और जीवन के ज़्यादातर सामाजिक व मनोरंजक पहलुओं का त्याग करना होगा। यह सब सुनिश्चित करने के लिए उसने ख़ुद के साथ एक लिखित अनुबंध किया। उसने अपने दीर्घकालीन लक्ष्य को लिखा – डिग्री हासिल करना। फिर उसने मध्यवर्ती लक्ष्य लिखे : कौन से कोर्स करने हैं और वह उन्हें कब पूरा करेगा। जब मुश्किलें सामने आती थीं या आलस्य का प्रलोभन जागता था, तो वह अपने अनुबंध को दोबारा पढ़ता था और अपने समर्पण को दोबारा शक्तिशाली बना लेता था।

किसी दूसरे को अपने संकल्प बता दें

स्व-प्रेरणा के महान लेखक नेपोलियन हिल ने यह सलाह दी थी कि आपको अपने संकल्प किसी दूसरे व्यक्ति को बता देने चाहिए। जैसन ने अपने अनुबंध की प्रति अपने भाई को दे दी, जिसने गवाह के रूप में अनुबंध पर हस्ताक्षर किए और यह वादा किया कि वह जैसन को इस पर चलाने के लिए कटिबद्ध रहेगा। अगले कुछ वर्षों में जब कामकाज और पढ़ाई के भारी दबावों की वजह से जैसन के मन में कोर्स छोड़ने का प्रलोभन आया, तो उसे अपने भाई से समर्थन मिला, जिससे उसे अपना संकल्प क़ायम रखने में मदद मिली।

यह चुनाव बहुत महत्त्वपूर्ण है कि हम किसे अपना संकल्प बताएँ। हमें किसी ऐसे व्यक्ति को चुनना चाहिए, जिसका हम सम्मान करते हों और जिसे हम निराश ना करना चाहते हों। उसे हमारे लक्ष्य तक पहुँचने के बारे में

उत्साही होना चाहिए। यदि लक्ष्य व्यक्तिगत है, तो वह व्यक्ति हमारी पत्नी, परिवार का सदस्य या क़रीबी मित्र हो सकता है। यदि लक्ष्य कारोबारी है, तो अपना संकल्प अपने मार्गदर्शक, क़रीबी सहकर्मी, पेशेवर संगठन के किसी सदस्य या अपने बॉस को बता दें, यदि उससे अच्छे संबंध हों।

ख़ुद को पुरस्कार दें

जब हम अपना लक्ष्य हासिल कर लेते हैं, तो हम एक महत्त्वपूर्ण पुरस्कार पाने के क़ाबिल बन जाते हैं। मैक्स हार्पर बारह बार सिगरेट छोड़ चुका था, लेकिन कुछ महीने बाद दोबारा सिगरेट पीने लगता था। उसने स्थायी रूप से सिगरेट छोड़ने का संकल्प लिया और ख़ुद से वादा किया कि अगर वह एक साल तक अपने संकल्प पर अटल रहेगा, तो वह एक स्मार्टफ़ोन ख़रीद लेगा। सिगरेटों पर जितना पैसा ख़र्च होता था, उसे बचाकर उसने साल भर बाद अपना मनचाहा फ़ोन ख़रीद लिया।

लक्ष्य पूरा करने से मानसिक संतुष्टि तो मिलती ही है, लेकिन इसके अलावा भी कोई मूर्त पुरस्कार मिलेगा, यह पता होने से कुछ लोग अपने लक्ष्य हासिल करने के लिए ज़्यादा प्रेरित होते हैं।

उपलब्धि के प्रति ख़ुद को समर्पित करना हमारे व्यक्तिगत ब्रांड का एक महत्त्वपूर्ण घटक है। आप जीवन में जो भी चाहते हों, उसे हासिल करने के लिए सच्चे समर्पण की ज़रूरत होती है। यदि हम स्पष्ट और विशिष्ट लक्ष्य तय करते हैं, अपनी प्रगति की निगरानी के लिए मध्यवर्ती लक्ष्य बनाते हैं, ख़ुद के साथ अनुबंध करते हैं, किसी निकट व्यक्ति को अपना लक्ष्य बताते हैं और लक्ष्य तक पहुँचने पर ख़ुद को पुरस्कार देते हैं, तो हम निश्चित रूप से उन लक्ष्यों तक पहुँच जाएँगे, जो हमारी नौकरी या जीवन के किसी दूसरे पहलू में हमारे लिए महत्त्वपूर्ण हैं।

काफ़ी समय पहले से यह मेरे ध्यान में है कि सफलता पाने वाले लोगों ने बैठकर चीज़ों को अपने साथ होने नहीं दिया है। उन्होंने बाहर निकलकर उन चीज़ों को संभव बनाया है।

—एलीनोर रूज़वेल्ट

विश्वास उत्पन्न करना

विश्वास हमारे व्यक्तिगत ब्रांड को बनाने वाला एक और घटक है। विश्वास का मतलब है यह दृढ़ भावना या आस्था कि किसी व्यक्ति या चीज़ पर भरोसा किया जा सकता है। जब हम किसी व्यक्ति, किसी संगठन या ख़ुद पर विश्वास करते हैं, तो हम उसके चरित्र, योग्यता, शक्ति या सत्य पर निर्भर होते हैं। बहुत कम या बहुत ज़्यादा विश्वास ख़तरनाक हो सकता है। विश्वास की स्वस्थ मात्रा वह है, जब हम अच्छे निर्णय लेने के लिए दिमाग़ और साहस का इस्तेमाल करें, तथ्यों और सहज बोध के संतुलन का इस्तेमाल करें तथा अच्छे विवेक का इस्तेमाल करें।

> *लोगों पर विश्वास करेंगे, तो वे आपके प्रति ईमानदार रहेंगे; उनके साथ महान व्यक्ति जैसा व्यवहार करेंगे, तो वे ख़ुद को महान साबित कर देंगे।*
>
> **—रैल्फ़ वॉल्डो एमर्सन**

यदि किसी कंपनी के कर्मचारी कंपनी और प्रबंधकों पर भरोसा करते हैं, तो यह कंपनी के लिए हमेशा लाभकारी होता है। आज के युग में किसी कंपनी के प्रति वफ़ादारी बहुत मूल्यवान गुण नहीं है और हमारे कर्मचारी हमारी ईमानदारी में जितना ज़्यादा विश्वास करते हैं, उनके हमारे यहाँ रुके रहने की संभावना उतनी ही ज़्यादा अच्छी रहेगी। शोध से यह उजागर हुआ है कि कर्मचारियों के विश्वास और मुनाफ़े के बीच बहुत महत्त्वपूर्ण संबंध होता है। कर्मचारियों और नियोक्ता का आपसी विश्वास संगठन के संपूर्ण प्रदर्शन के स्तर को बढ़ाने के लिए अति महत्त्वपूर्ण होता है। ना सिर्फ़ हमें ख़ुद में विश्वास पैदा करना चाहिए, बल्कि विश्वास का परिवेश क़ायम रखना भी अनिवार्य है।

विश्वास किस हद तक एक मुद्दा है, यह लक्षणों से तय किया जा सकता है। मिसाल के तौर पर, अगर हम दिन में या प्रोजेक्ट पर न्यूनतम काम करते हैं, अगर हममें समर्पण और ज़िम्मेदारी की कमी होती है, अगर हम चुनौतियों से बचते हैं और दिन में भी "नींद में चलते" नज़र आते हैं, तो हम अपने संगठन में थोड़ा अविश्वास दिखा रहे हैं। अगर हममें विश्वास का ज़्यादा गंभीर और दीर्घकालीन मुद्दा है, तो हम नकारात्मक नज़रिया अपनाकर अपनी अप्रसन्नता व्यक्त कर सकते हैं, जो दूसरों को प्रभावित

करता है और जिसके फलस्वरूप प्रदर्शन घटता है, अनुपस्थिति बढ़ती है और मनोबल कम होता है। जो कर्मचारी बेहद अविश्वासी परिवेश में काम करते हैं, उनमें समस्याओं पर ध्यान केंद्रित करने, परिवर्तन का प्रतिरोध करने और विश्वास करने वाले सहकर्मी की उपलब्धियों को कमज़ोर या अवरुद्ध करने की प्रवृत्ति होती है।

विश्वसनीय कार्य परिवेश के लाभ

हममें से कई लोगों के मामले में यह होता है कि जिस पहले पद पर हमें प्रमोशन मिलता है, उसमें हमारे प्रदर्शन के आधार पर ही कंपनी में हमारा भविष्य तय होता है। हम चाहे टीम लीडर हों या विभाग के सुपरवाइज़र, हमारे पद का एक मुख्य काम यह है कि हम एक विश्वसनीय कार्यपरिवेश बनाकर एक प्रेरित, उत्पादक टीम या विभाग को विकसित करें। ऐसा करने के परिणाम ये होंगे :

* नौकरी में ज़्यादा संतुष्टि
* ज़्यादा समर्पित व संलग्न कर्मचारी
* बेहतर उत्पादकता
* कम तनाव
* नवाचारी विचारों का प्रवाह
* कर्मचारियों का ज़्यादा समय तक कंपनी में रहना
* बेहतर ग्राहक सेवा
* संतुष्ट व निष्ठावान ग्राहक
* आत्मविश्वासी स्टाफ़

लगभग हर पेशे में – चाहे यह विधि हो या पत्रकारिता, वित्त हो या चिकित्सा, शिक्षा जगत हो या किसी छोटे व्यवसाय को चलाना – लोग अपना काम करने के लिए गोपनीय संप्रेषणों पर भरोसा करते हैं। हम विश्वास के उस स्थान पर निर्भर होते हैं, जो यह गोपनीयता प्रदान करती है। जब कोई उस विश्वास को तोड़ता है, तो हम सभी पर बुरा असर होता है।

—हिलेरी क्लिंटन

विश्वास बनाने के सिद्धांत

यहाँ पर ऑफ़िस में विश्वसनीय परिवेश बनाने के लिए कुछ सुझाव दिए जा रहे हैं :

1. दूसरों के हितों को हृदय में रखकर तालमेल बनाएँ। सवाल पूछें, उनकी प्रेरणाओं का पता लगाएँ और विकास व सीखने का परिवेश बनाएँ।

2. अपने कानों, अपनी आँखों और हृदय से सुनें। पूरी संजीदगी से बिना पूर्वाग्रह व आलोचना के सुनें।

3. राय की भिन्नताओं, पूर्वाग्रहों और विविधताओं में लाभ खोजें और उनका सम्मान करें।

4. बताएँ नहीं, पूछें। निर्णयों में दूसरों के साथ सहयोग करें। खुला और स्वीकार करने वाला नज़रिया प्रदर्शित करें। नए विचारों, पद्धतियों तथा प्रौद्योगिकियों को स्वीकार करने के लिए तैयार रहें।

5. अपने लक्ष्य हासिल करने के लिए सौदेबाज़ी और समझौता करने की इच्छा रखें।

6. बोलने से पहले सोचें। अपने शब्दों व कार्यों का चयन करते समय दर्शकों, संबंध और परिवेश पर विचार करें।

7. "हम" के संदर्भ में सोचें और बोलें। जोड़ने वाली भाषा और उचित भावों का इस्तेमाल करें। कूटनीति, कौशल और संवेदनशीलता के साथ संवाद करें।

8. मुद्दों को तुरंत सँभालें। विश्वास के साथ, निर्णायक रूप से और अधिकार के साथ बोलें। राय बताते समय प्रमाण पेश करें। सुदृढ़ निर्णय लेते वक़्त सहज बोध और तथ्यों का इस्तेमाल करें।

9. ईमानदारी का प्रदर्शन करें। अपने विश्वासों और मूल्यों के लिए डटकर खड़े हों।

10. विनम्र बनें। नज़रों में आएँ। अपने स्टाफ़ को बताएँ कि हम "मोर्चे" पर उनके साथ खड़े हैं।

11. अपनी विशेषज्ञता के बारे में विनम्र बनें और दूसरे लोगों की विशेषज्ञता स्वीकार करने की इच्छा रखें।

12. मनोदशा के उतार-चढ़ाव से बचें। धैर्यवान और विश्वसनीय बनें। निरंतरता से, तार्किक रूप से और निष्पक्षता से काम करें। लचीले बनें और निराशा के दलदल से उबर जाएँ।

13. उत्कृष्ट रोल मॉडल बनें। पेशेवर दृष्टि से काम करें और जैसी कथनी वैसी करनी का हमेशा परिचय दें। दूसरों को संदेह का लाभ दें।

14. लोगों में सम्मान, विश्वास और आस्था दिखाएँ। काम सौंपें, सशक्त बनाएँ और फिर उन्हें उनका काम करने दें। जोखिम लेने के लिए प्रोत्साहित करें और जब ज़रूरी हो, मदद के लिए मौजूद रहें।

15. ईमानदार बनें। अपने शब्दों और कार्यों में सामंजस्य प्रदर्शित करें। अपनी भावनाओं और विचारों को खुलकर उजागर करें और आवश्यकता होने पर सृजनात्मक फ़ीडबैक दें।

16. उदार, शिष्ट और सुलभ बनें। संसाधन के रूप में उपलब्ध रहें।

17. स्वप्न, लक्ष्य और परिणाम बताते समय यथार्थवादी बनें। विकास, प्रशिक्षण और मार्गदर्शन के अवसर पेश करें।

18. इंसान बनें। ज़िम्मेदारी स्वीकार करें। ग़लतियों, पराजयों और नुक़सान को स्वीकार करें।

19. दूसरों के साथ सीधे व्यवहार करें। गपशप में हिस्सा ना लें, अफ़वाहें ना फैलाएँ और पीठ पीछे दूसरों के बारे में बात नहीं करें।

20. अपने स्टाफ़ का साथ दें। अपने कर्मचारियों की शक्तियों पर ध्यान केंद्रित करें, उन्हें प्रोत्साहन दें और उनका विश्वास बढ़ाएँ। उनकी क़द्र करें, उन्हें मान्यता दें और उपलब्धियों के लिए उन्हें श्रेय देकर प्रशंसा का हक़दार बनाएँ।

जब विश्वास टूट जाए

विश्वासपूर्ण परिवेश बनाने के प्रति हम चाहे जितने समर्पित हों, कई मौक़ों पर हम अपने समूह के एक या अधिक लोगों का विश्वास गँवा सकते हैं। यह किसी ग़लतफ़हमी की वजह से हो सकता है या फिर हमारे किसी ख़राब

निर्णय या काम की वजह से हो सकता है। हमें विश्वास को बहाल करने के लिए तुरंत क़दम उठाना चाहिए।

ऑफ़िस में विश्वास बहाल करने के पाँच क़दमों पर ग़ौर करें :

1. अपने अहं को एक तरफ़ रख दें और अपनी असुरक्षा उजागर होने दें। हमें सिर्फ़ सत्ताधारी नहीं, बल्कि इंसान के रूप में भी ख़ुद को प्रकट करना चाहिए।

2. अपनी अनुभूतियों की समीक्षा ईमानदारी से करें और विश्वास टूटने में अपनी भूमिका की पूरी ज़िम्मेदारी लें। अपनी मान्यताओं की पूरी ईमानदारी से जाँच करें। सोचें कि हमने ऐसा क्या किया हो सकता है, जिसकी वजह से सामने वाले का विश्वास टूटा।

3. उस व्यक्ति से अकेले में मिलकर अपनी अनुभूतियाँ व चिंताएँ उजागर करें। उसका दृष्टिकोण पूछें। खुला दिमाग़ रखें, सचमुच सुनें और ख़ुद को उसकी जगह पर रखकर देखें।

4. पता लगाएँ कि टूटे विश्वास की मरम्मत के लिए सामने वाला हमसे क्या चाहता है। बताएँ कि हम उससे क्या चाहते हैं। समझ और स्वीकृति की जाँच करें। प्रगति का आकलन करने के लिए समय-समय पर मिलने की व्यवस्था करें।

5. अनुबंध के अपने हिस्से को पूरा करने के बारे में जागरूक रहें। हमारे काम बहुत कुछ बता देंगे।

> *हमें अवसर के दरवाज़े खोलने चाहिए। लेकिन हमें अपने कर्मचारियों को इस तरह तैयार भी करना चाहिए, ताकि वे उन दरवाज़ों से होकर आगे बढ़ सकें।*
>
> *—लिंडन बी. जॉनसन*

लीडर के रूप में हमारा व्यक्तिगत ब्रांड

हमारे व्यक्तिगत ब्रांड में जो एक और घटक योगदान देता है, वह है लीडर के रूप में हमारी प्रतिष्ठा। सुपरवाइज़र, टीम लीडर या मार्गदर्शक के रूप

में हम अपनी टीम के नए सदस्यों का प्रबंधन कैसे करते हैं, यह नौकरी में हमारे व्यक्तिगत ब्रांड के प्रदर्शन में मायने रखता है।

हमें यह प्राथमिकता तय करनी चाहिए कि हम शुरुआत में अपने स्टाफ़ के नए सदस्यों की मदद करें। नौकरी का पहला दिन सफलता या असफलता, ख़ुशी या असंतुष्टि, सहयोग या विद्रोह का मंच तैयार कर सकता है। हम चाहे कितने ही व्यस्त हों, नए कर्मचारी के काम पर आने के पहले दिन हमें उसके साथ काफ़ी समय बिताना चाहिए।

तुरंत तालमेल बनाएँ

नए व्यक्ति के आगमन की योजना बनाएँ और उसके साथ कम से कम दो घंटे बिताएँ। पहले दिन उसे लंच पर ले जाएँ। यह कंपनी और विभाग के बारे में अनौपचारिक बातचीत करने का अवसर है। यह हमारे समूह के नए सदस्य के बारे में काफ़ी कुछ पता लगाने का भी अवसर है।

नए कर्मचारी का परिचय अपने विभाग के अलावा दूसरे विभागों के लोगों से भी कराएँ, जिनके साथ वह काम करेगा। परिचय कराते समय हमेशा स्पष्ट करें कि सामने वाला क्या काम करता है और हमारा नया कर्मचारी क्या काम करेगा।

"मैरिलिन, यह हमारी नई मार्केट विश्लेषक ग्लोरिया है। ग्लोरिया, मैरिलिन आँकड़े प्रभाग की मुखिया है।" उच्च पद वाले अधिकारियों से ग्लोरिया का परिचय कराते वक़्त कंपनी की परंपरा का अनुसरण करें कि पहले नाम का इस्तेमाल किया जाए या अधिक औपचारिक संबोधन का। भले ही हम अपने बॉस को डॉन कहकर बुलाते हैं, लेकिन यदि ग्लोरिया को उन्हें मि. डीन कहकर बुलाना चाहिए, तो उनका परिचय मि. डीन कहकर कराएँ।

उन्मुखीकरण

कई कंपनियों में मानव संसाधन विभाग नए स्टाफ़ सदस्यों के लिए औपचारिक उन्मुखीकरण कार्यक्रम आयोजित करता है। उन्मुखीकरण कार्यक्रम में आम तौर पर कंपनी का इतिहास, प्रदत्त प्रॉडक्ट्स या सेवाओं पर बातचीत, लाभों का वर्णन आदि पर बातचीत होती है। इस उन्मुखीकरण कार्यक्रम के अलावा, उसके सुपरवाइज़र होने के नाते हमें उसे अपने विभाग का ध्येय बताना

चाहिए और यह भी कि हमारा विभाग कंपनी में कौन सी महत्त्वपूर्ण भूमिका निभाता है।

यह महत्त्वपूर्ण है कि नया कर्मचारी जल्दी से जल्दी विभाग और कंपनी के लोगों के बारे में जानकारी हासिल कर ले। संगठन के चार्ट के इस्तेमाल से मदद मिलती है, लेकिन अक्सर संगठन का चार्ट पूरी कहानी नहीं बता पाता है। चार्ट में मार्केटिंग के डायरेक्टर डॉन डीन हमारे बॉस हैं। लेकिन डॉन रिटायर होने वाले हैं और राष्ट्रीय सेल्स मैनेजर केन मैनार्ड को उनकी जगह लेने के लिए तैयार किया जा रहा है। यह जानकारी नए कर्मचारी के लिए महत्त्वपूर्ण हो सकती है, लेकिन यह पारंपरिक चार्ट से पता नहीं चल सकती।

किसी नए कर्मचारी को कंपनी की संस्कृति बताना ज़्यादा मुश्किल होता है। हर कंपनी में बरसों से एक दर्शन, समस्याओं से निबटने की ख़ास नीति और अनूठापन आ जाता है, जिसकी बदौलत यह अपने वर्तमान स्वरूप तक पहुँची है। इस "संस्कृति" को शब्दों में बताना मुश्किल होता है और अक्सर नया कर्मचारी समय के साथ ही इसे समझ पाता है। बहरहाल, कंपनी की संस्कृति के कुछ पहलू होते हैं, जिनमें नए कर्मचारी को शुरुआत से ही प्रशिक्षित कर देना चाहिए।

मिसाल के तौर पर, स्ट्यू लियोनार्ड के सुपरमार्केट ग्राहकों की सेवा के प्रति समर्पित हैं। नए कर्मचारियों को नौकरी के पहले मिनट से ही यह सिखा दिया जाता है। वास्तव में, यह नियम हर स्टोर के प्रवेश द्वार पर पत्थर में अंकित है :

नियम 1 - ग्राहक हमेशा सही है।

नियम 2 - अगर शंका हो, तो नियम 1 को दोबारा पढ़ें।

शुरुआत में कंपनी की अंदरूनी क्रियाविधि सीखने में किसी नए कर्मचारी की मदद करने का एक तरीक़ा यह है कि हम हर नए कर्मचारी के लिए एक मार्गदर्शक या इससे भी बेहतर है दो मार्गदर्शक नियुक्त कर दें। ये मार्गदर्शक हमारे उपलब्ध नहीं रहने पर उसके सवालों के जवाब देंगे और कंपनी की परंपराओं की भूलभुलैया में उसका मार्गदर्शन करेंगे।

सबसे बढ़कर, रोल मॉडल बनें। हमारे सहयोगी मार्गदर्शन के लिए हमारी तरफ़ देखते हैं और हमारी मिसाल का अनुसरण करते हैं। हमें सिर्फ़

बताना ही नहीं चाहिए - हमें करना भी चाहिए। जब तक कि हम अपनी कथनी के अनुसार काम नहीं करेंगे, हमारे कर्मचारी हम पर विश्वास नहीं करेंगे और हमारे व्यक्तिगत ब्रांड को गंभीर नुक़सान पहुँचेगा।

> *मिसाल दूसरों को प्रभावित करने में मुख्य चीज़ नहीं है, यह तो इकलौती चीज़ है।*
>
> ***—ऐल्बर्ट श्वाइट्ज़र***

स्पष्ट और अर्थपूर्ण कार्य विवरण

स्टाफ़ के किसी नए सदस्य को मार्गदर्शन देते वक़्त एक अच्छी शुरुआत यह है कि उसके पद का कार्यविवरण दोबारा पढ़ा जाए। क्या यह सचमुच उसके पद का सही वर्णन है? यदि नया कर्मचारी इस विवरण के अनुसार काम करे, तो क्या वह वही सब करेगा, जो उससे उस पद पर उम्मीद की जाती है? हो सकता है कि कई कंपनियों में कार्य विवरण तब लिखा गया हो, जब वह पद पहली बार बनाया गया हो और यह कई साल से नहीं बदला हो। ज़्यादातर पद प्रगतिशील होते हैं - उनके काम हमेशा बदलते रहते हैं। यह महत्त्वपूर्ण है कि सभी कार्य विवरणों की वार्षिक समीक्षा की जाए और उस पद के व्यक्ति के काम के सच्चे वर्णन के लिए उसमें फ़ेरबदल किए जाएँ।

जब नया कर्मचारी कार्य विवरण पढ़ ले, तो हमें इस पर उससे बातचीत करनी चाहिए। उस व्यक्ति से यह वर्णन करने को कहें कि उस पद पर उसकी ज़िम्मेदारियाँ क्या होंगी। कार्य की प्रकृति पर लंबे विचार-विमर्श से कार्य विवरण संबंधी किसी भी तरह की ग़लतफ़हमियाँ दूर हो जाएँगी।

प्रशिक्षित करें, प्रशिक्षित करें, प्रशिक्षित करें

हमारे क्षेत्र में किसी व्यक्ति के पास चाहे जितना अनुभव हो, यह महत्त्वपूर्ण है कि हम उस व्यक्ति को हमारे द्वारा इस्तेमाल की जाने वाली पद्धतियों और तकनीकों का विशिष्ट प्रशिक्षण दे दें। हो सकता है, पिछली नौकरियों में उसने अलग तरह से चीज़ें की हों, हो सकता है कि उसके मापदंड सख़्त रहे हों, या हो सकता है उसने अलग समस्याओं का सामना किया हो। विभाग के नए कर्मचारी को शुरुआत में प्रशिक्षित करने

में जितना ज़्यादा समय लगाया जाएगा, बाद में उतनी ही कम समस्याएँ उत्पन्न होंगी।

प्रशिक्षण देने का काम किसे करना चाहिए? कुछ संगठनों में विशेष प्रशिक्षकों का इस्तेमाल किया जाता है, लेकिन ज़्यादातर कंपनियों में सुपरवाइज़र अपने अधीनस्थों को प्रशिक्षित करते हैं। चूँकि हम अपने स्टाफ़ के काम के लिए ज़िम्मेदार हैं, इसलिए यह महत्त्वपूर्ण है कि हम प्रशिक्षण में एक महत्त्वपूर्ण भूमिका निभाएँ। बहरहाल, हमारे लिए यह हमेशा संभव नहीं हो पाता कि हम पूर्ण प्रशिक्षण के लिए आवश्यक समय दे पाएँ, इसलिए सहायता करने के लिए दूसरे कर्मचारियों का इस्तेमाल भी किया जा सकता है।

नए कर्मचारियों को प्रशिक्षित करने में हमारी मदद के लिए किसी और को चुनते समय हमें निम्न दिशानिर्देशों का पालन करना चाहिए :

- प्रशिक्षक उस पद के कामों से अच्छी तरह परिचित हो।

- प्रशिक्षक को सिखाएँ कि प्रशिक्षण कैसे देना है। यह मानकर ना चलें कि चूँकि कोई व्यक्ति उस काम को जानता है, इसलिए वह दूसरों को भी प्रशिक्षित कर सकता है।

- यह सुनिश्चित करें कि प्रशिक्षक का कंपनी और काम के प्रति प्रबल सकारात्मक नज़रिया हो। यदि हम प्रशिक्षण देने के लिए किसी असंतुष्ट कर्मचारी का इस्तेमाल करेंगे, तो वह व्यक्ति प्रशिक्षु में असंतुष्टि का वायरस भर देगा।

- नए कर्मचारियों के साथ समय-समय पर फ़ीडबैक मीटिंग करके समीक्षा करें कि उन्होंने क्या सीखा है, उन्हें कहाँ अतिरिक्त प्रशिक्षण की ज़रूरत है और उन्हें परामर्श दें कि वे कैसे सुधार कर सकते हैं।

हमारे कर्मचारी सही तरीक़े से शुरुआत करें और नौकरी में संतोषजनक ढंग से प्रगति करें, यह सुनिश्चित करने के लिए तुरंत तालमेल बनाएँ, सावधानी से उन्मुखीकरण करें, अच्छी तरह प्रशिक्षण दें और नियमित रूप से फ़ीडबैक दें व लें।

सार

- अपने व्यक्तिगत ब्रांड को विकसित करने की दिशा में पहला क़दम अपने स्वप्न और अपने ध्येय का कथन तैयार करना है।

- व्यक्तिगत नैतिक संहिता हमारे व्यक्तिगत ब्रांड का महत्त्वपूर्ण घटक है। यह सही और ग़लत के हमारे मापदंड परिभाषित करती है। यह प्रलोभन का प्रतिरोध करने में हमारी मदद करती है और नैतिक दृष्टि से मज़बूत निर्णय लेने की बुनियाद बन जाती है।

- लक्ष्य हासिल करने के प्रति संकल्प सफल लोगों द्वारा प्रक्षेपित व्यक्तिगत छवि का एक हिस्सा है।

- कोई लक्ष्य पूरा तभी होगा, जब हम इसे हासिल करने के लिए समर्पित होंगे। समर्पण सिर्फ़ संकल्प लेने से अधिक होता है। यह एक गंभीर वादा है कि अपने लक्ष्य को प्राप्त करने के लिए हम वह सब करेंगे, जो हम कर सकते हैं।

- लक्ष्य तय करने के दिशानिर्देश :

  - लक्ष्यों को स्पष्ट और विशिष्ट बनाएँ

  - मध्यवर्ती लक्ष्य तय करें

  - अनुबंध करें

  - किसी दूसरे को अपना अनुबंध बताएँ

  - खुद को पुरस्कार दें

- विश्वास हमारे व्यक्तिगत ब्रांड का एक महत्त्वपूर्ण घटक है। विश्वास यह दृढ़ भावना या आस्था है कि हम किसी व्यक्ति या समूह पर निर्भर रह सकते हैं।

- हम विश्वासपूर्ण परिवेश बनाने के प्रति चाहे जितने समर्पित हों, कई मौक़ों पर हम अपने समूह के एक या अधिक व्यक्तियों का विश्वास खो सकते हैं। हमें विश्वास को बहाल करने के लिए तुरंत क़दम उठाना चाहिए।

- लीडर के रूप में हमारी प्रतिष्ठा हमारे व्यक्तिगत ब्रांड में योगदान देने

वाला एक और घटक है। हम किसी सुपरवाइज़र, टीम लीडर या किसी कम अनुभवी कर्मचारी के मार्गदर्शक के रूप में नेतृत्व भूमिका निभा सकते हैं।

- नए कर्मचारी को कंपनी की आंतरिक क्रियाविधि सीखने में मदद करने का एक तरीक़ा यह है कि हर नए व्यक्ति के लिए मार्गदर्शक नियुक्त किए जाएँ, जो हमारी अनुपस्थिति में उनके सवालों के जवाब दें और कंपनी की परंपराओं की भूलभुलैया में उनका मार्गदर्शन कर सकें।

- किसी नए कर्मचारी को हमारे क्षेत्र में चाहे जितना अनुभव हो, यह महत्त्वपूर्ण है कि हम उसे अपनी प्रणालियों तथा तकनीकों का विशेष प्रशिक्षण दें।

3

....

लोक प्रबंधन की योग्यताओं को बढ़ाएँ

अपने करियर में तरक़्क़ी करने के लिए हमें आवश्यक व्यक्तिगत योग्यताएँ तो सीखनी ही चाहिए, साथ ही दूसरों का प्रबंधन करने की सर्वश्रेष्ठ तकनीकें भी सीखनी चाहिए। स्टाफ़ का प्रबंधन अक्सर करियर की सीढ़ी पर ऊपर चढ़ने का अनिवार्य हिस्सा होता है।

> *जो मैनेजर सफलतापूर्वक परिवर्तन कर लेते हैं, वे संगठन के प्रति अपने योगदान को 200-300 प्रतिशत बढ़ा लेते हैं।*
> *—जीन डाल्टन और पॉल थॉमसन,*
> *हारवर्ड बिज़नेस स्कूल*

कर्मचारी बनाम मैनेजर

हमें प्रबंधन और नेतृत्व के पदों पर तरक़्क़ी देने का मुख्य कारण यह होता है कि हमने अपने पिछले पद पर प्रभावी काम किया है। अब मैनेजर के रूप में हमारा काम यह है कि हम दूसरों को हमारे जितना ही अच्छा या उससे भी बेहतर काम करने में सक्षम बनाएँ।

कर्मचारी और मैनेजर के काम में बिलकुल ही अलग योग्यताओं की ज़रूरत होती है। सफल होने के लिए यह ज़रूरी है कि हम अपनी योग्यताओं

और समय का कुशल प्रबंधन करके नेतृत्व करना सीख लें।

प्रभावी मैनेजर लोगों और प्रक्रिया के पहलुओं को संतुलित करते हैं। प्रक्रिया पर ज़ोर देने से बेहतरीन तंत्र विकसित हो सकते हैं, लेकिन इससे यह स्थिति भी बन सकती है कि कोई भी उन्हें ना समझ पाए या उनके भीतर काम ना करना चाहे। प्रक्रिया-केंद्रित तंत्र कहता है, "योजना यह है और यहाँ हम इस तरह से काम करते हैं।" दूसरी तरफ़, लोगों पर ज़्यादा केंद्रित बनने का नुक़सान यह है कि अगर कोई मुख्य व्यक्ति काम छोड़कर चला जाए, तो हर चीज़ रुक जाती है। लोग-केंद्रित तंत्र कहता है, "आइए, हम योजना पर बातचीत करते हैं और इस पर भी बात करते हैं कि हम चीज़ें क्यों करते हैं।" सही संतुलन बनाने पर उत्पादकता और समर्पण दोनों ही सर्वोच्च स्तर पर बने रहते हैं।

इस अध्याय में हम लोगों से संबंधित योग्यताओं पर ध्यान केंद्रित करेंगे। प्रक्रिया संबंधी योग्यताओं पर अध्याय 4 में चर्चा की जाएगी।

असाधारण प्रबंधकों के गुण

हालाँकि व्यक्तिगत शक्तियाँ और योग्यताएँ अलग-अलग हो सकती हैं, लेकिन शोध बताता है कि असाधारण मैनेजर संसार को एक जैसे तरीक़े से देखते हैं। नीचे उत्कृष्ट प्रबंधकों और लीडर्स के ज़्यादातर गुण दिए गए हैं :

1. उनमें प्रबल मूल्य और उच्च नैतिक मानदंड होते हैं।

2. वे मिसाल पेश करके नेतृत्व करते हैं। वे अपने पेशेवर और व्यक्तिगत जीवन दोनों में ईमानदारी के साथ काम करते हैं।

3. उन्हें कंपनी और विभाग के लक्ष्यों का ज्ञान होता है। वे परिवर्तनों की जानकारी रखते हैं।

4. वे भविष्य का स्वप्न देखते हैं, पहल करते हैं और परिणाम हासिल करने के लिए स्व-प्रेरित होते हैं।

5. वे शक्तिशाली संप्रेषक और असाधारण श्रोता होते हैं।

6. वे विश्वास, विश्वसनीयता और सम्मान अर्जित करते हैं।

7. वे दबाव तले लचीले होते हैं और अपनी भावनाओं को क़ाबू में रखते हैं।

8. वे सृजनात्मक विरोध और असहमति को आमंत्रित करते हैं। वे परिवर्तन तथा नए विचारों के प्रति खुली मानसिकता रखते हैं।
9. वे विचारों, अवधारणाओं और प्रक्रियाओं को सरल बनाते हैं।
10. वे टीमवर्क को पोषण देते हैं और विविधताओं का सम्मान करते हैं।
11. वे यह जानने का समय निकालते हैं कि टीम के हर सदस्य को कौन सी चीज़ प्रेरित करती है। वे हर सदस्य को प्रोत्साहित करने और सफल होने में उसकी मदद करने में आनंदित होते हैं।
12. वे दूसरों की शक्तियों को पहचानते हैं और उन्हें अधिकतम करते हैं।
13. वे परिणामों के लिए ख़ुद को और दूसरों को जवाबदेह ठहराते हैं।
14. वे कार्यकुशल होते हैं और अपने समय का प्रभावी प्रबंधन करते हैं।
15. वे सृजनात्मक और नवाचारी होते हैं।
16. समस्याएँ सुलझाते समय, निर्णय लेते समय और संघर्ष सुलझाते समय वे उत्कृष्ट विवेक का प्रदर्शन करते हैं।
17. वे निरंतर सीखने और सुधार करने के प्रति समर्पित होते हैं।

प्रबंधकों की दस आम ग़लतियाँ

कम अनुभवी प्रबंधकों में काम सीखते समय एक जैसी ग़लतियाँ करने की प्रवृत्ति होती है। इन अक्सर की जाने वाली ग़लतियों से सावधान रहें :

1. सम्मान हासिल करने के लिए अपने पदनाम पर निर्भर होना।
2. अपनी कही बात के विपरीत जाना या अपनी बात से मुकरना।
3. कामकाज संबंधी मसलों को व्यक्तिगत रूप से लेना।
4. कर्मचारियों के अलग-अलग गुणों व प्रेरक घटकों को समझने के बजाय सभी कर्मचारियों से समान व्यवहार करना।
5. कंपनी के उद्‌देश्यों और रणनीतियों को पूरी तरह समझे बिना लक्ष्य तय करना।

6. अपने विभाग के लक्ष्यों की योजना बनाने और प्राथमिकता तय करने की उपेक्षा करना।
7. उद्‌देश्यों को स्पष्टता से बताने और सर्वसम्मति बनाने में असफल होना।
8. ऐसे काम ख़ुद करते रहना, जो कर्मचारियों को सौंप देने चाहिए।
9. जब कर्मचारियों में परिवर्तन की आवश्यकता हो, तो निर्णयात्मक क़दम उठाने के बजाय टालमटोल करना।
10. प्रशंसा और मान्यता प्रदर्शित करना भूलना।

भलाई के हक़दार लोगों का भला करो, जब इसे करना आपकी शक्ति में हो।

—प्रोवर्ब्स 3:27

कर्मचारियों को कौन सी चीज़ प्रेरित करती है

जब हम संगठनात्मक श्रेणियों में ऊपर उठते हैं, तो हमें सबसे पहले तो यह पहचान लेना चाहिए कि हमारी सफलता हमारे साथ काम करने वाले लोगों की सफलता पर निर्भर करती है : हमारी टीम, हमारा विभाग और वे सभी कर्मचारी, जिनसे हम व्यवहार करते हैं।

गैलप संगठन ने चार सौ कंपनियों में कर्मचारियों के रुके रहने पर सर्वे कराया। इसने यह पुष्टि की कि कंपनी में रुकने के लिए बॉस के साथ किसी कर्मचारी का संबंध वेतन या नौकरी की सुविधाओं से ज़्यादा ज़िम्मेदार था। कोचिंग और मार्गदर्शन देने वाले निष्पक्ष व प्रेरक प्रबंधकों के कारण कर्मचारी कंपनी छोड़कर नहीं जाते हैं। एक अन्य गैलप पोल ने उजागर किया कि कर्मचारी संतुष्टि और उत्पादकता का एक मुख्य सूचक कर्मचारी का विश्वास है कि बॉस उसकी परवाह करता है और बॉस पर भरोसा किया जा सकता है।

प्रबंधन की पारंपरिक परिभाषा कर्मचारियों के ज़रिये काम कराना है, लेकिन असली प्रबंधन काम के ज़रिये कर्मचारियों का विकास करना है।

—आगा हसन आबेदी,
अंतरराष्ट्रीय बैंकर

प्रेरक और संतुष्टिदायक काम

अक्टूबर 2003 में अमेरिकन सोसायटी फ़ॉर ट्रेनिंग ऐंड डेवलपमेंट के न्यूज़लेटर में बताया गया कि समृद्धि के समय में ज़्यादातर कर्मचारी प्रेरक और मूल्यवान कार्य को अपने वेतन और तरक़्क़ी से ज़्यादा महत्त्वपूर्ण मानते हैं। नौकरी के प्रति उत्साह और रोमांच की क़ीमत का आकलन करना मुश्किल होता है। जो मैनेजर अपने कर्मचारियों की संलग्नता को बढ़ाते हैं और उन्हें जल्द ही प्रोजेक्टों में शामिल कर लेते हैं, उनके कर्मचारी ज़्यादा सृजनात्मक विचार देते हैं। इसकी बदौलत कर्मचारियों का निवेश और गर्व बढ़ता है। जो कर्मचारी बहुत से मुद्दों पर निर्णय लेने में सक्रिय सहभागी होते हैं, वे अपना पसंदीदा परिवेश बना लेते हैं, जिसमें वे बने रहना चाहते हैं।

विकास के अवसर

जब व्यक्तिगत और पेशेवर विकास के अवसर उपलब्ध होते हैं, तो कर्मचारियों के नौकरी छोड़कर किसी दूसरी कंपनी में जाने की संभावना कम होती है। नई योग्यता और करियर विकास के संदर्भ में प्रशिक्षण के अवसर देना इस बात का संकेत है कि मैनेजर कर्मचारी में निवेश करना चाहता है। यह कर्मचारियों को कंपनी में बनाए रखने के लिए अति महत्त्वपूर्ण है। यदि सदस्यता शुल्क देकर कर्मचारियों को पेशेवर संगठनों में शामिल होने के लिए प्रोत्साहित किया जाए, सम्मेलनों में जाने के लिए छुट्टी और प्रवेश शुल्क दिया जाए, तो इससे कर्मचारी प्रेरित होते हैं। कर्मचारी उन कंपनियों में ज़्यादा रुकते हैं, जिनमें करियर मार्ग (आवश्यक रूप से पदक्रम में सीधी तरक़्क़ी नहीं) में अच्छे प्रदर्शन को पुरस्कार दिया जाता है। इससे कर्मचारी समर्पित बनते हैं।

संतुलित जीवन की आवश्यकता का सम्मान करना

जो कंपनियाँ संतुलित जीवन के महत्त्व को समझती हैं, उनमें कर्मचारी ज़्यादा रुकते हैं। कर्मचारी वहाँ ज़्यादा नहीं टिकते, जहाँ यह माना जाता है कि कर्मचारियों को खाते समय, साँस लेते समय और सोते समय भी काम करना चाहिए। जब कर्मचारियों के पारिवारिक और निजी जीवन के महत्त्व को स्वीकार किया जाता है और उसका सम्मान किया जाता है, तो कर्मचारी कम थकते हैं और ज़्यादा वफ़ादार बनते हैं। कंपनियों को नौकरी और निजी जीवन दोनों की गुणवत्ता के बारे में जागरूक होना चाहिए। उन्हें काम के लचीले समय की पेशकश करना चाहिए और दोहरे करियर, बच्चों की देखभाल तथा माता-पिता की देखभाल जैसी चुनौतियों के बारे में संवेदनशील होना चाहिए।

प्रतिस्पर्धी भुगतान और लाभ

पैसा महत्त्वपूर्ण है, लेकिन यह उतना महत्त्वपूर्ण नहीं है, जितना हम इसे मानते हैं। कर्मचारी न्यायोचित और प्रतिस्पर्धी भुगतान पाने की उम्मीद करते हैं। वे स्वास्थ्य बीमा और रिटायरमेंट योजना के सामान्य लाभ पाना चाहते हैं, जो प्रतिस्पर्धी कंपनियाँ दे रही हैं।

> *अनुयायी संगठन में जो प्रतिभाएँ लाता है और किस प्रकार का योगदान देना चाहता है, इस बारे में अनुयायी से सार्थक बातचीत करना लीडर का कर्तव्य है - ताकि काम इस तरह तैयार किए जा सकें, जिनसे उस व्यक्ति को आशा मिले।*
>
> —मैक्स डेप्री,
> चेयरमैन एमेरिटस, हर्मैन मिलर, इंक.

सर्वोत्कृष्ट प्रदर्शन के लिए अपने स्टाफ़ के सदस्यों का नेतृत्व करना

हमारे स्टाफ़ के सदस्यों का शीर्ष प्रदर्शन हासिल करने में अनिवार्य घटक क्या हैं? ये हैं उन्हें प्रोत्साहित करना और उन्हें मार्गदर्शन देना - उन्हें कंपनी व नौकरी के बारे में उत्साही और रोमांचित महसूस कराना, उन्हें इस बारे में भी उत्साही और रोमांचित महसूस कराना कि हम उनके लीडर हैं।

दुर्भाग्य से, कार्यालयों में बहुत से लोग अपने काम के बारे में उत्साहित नहीं होते हैं। वे उन कंपनियों के बारे में भी उत्साही नहीं होते हैं, जहाँ वे काम करते हैं। ऐसा क्यों? हमारी पहली नौकरी के पहले दिन से ही बॉस हमें हमेशा बताता है कि हमें क्या करना है। हमें अपने कार्यों पर नियंत्रण करने का अवसर कितनी बार मिलता है? यदि हम अपने कर्मचारियों को इस बात की ज़्यादा स्वतंत्रता दें कि वे अपने मनपसंद तरीक़े से काम करें, यदि हम उन्हें उनके कामकाज का प्रभारी बनने के लिए प्रोत्साहित करें, तो वे ज़्यादा रुचि, ज़्यादा समर्पण और ज़्यादा आनंद से काम करेंगे... और ज़्यादा संलग्नता की वजह से वे बेहतर परिणाम देंगे। आइए, कुछ उदाहरण देखते हैं।

स्टाफ़ के सदस्यों को उनका काम जानने के लिए प्रोत्साहित करें

ज्ञान कर्मचारियों के प्रबल प्रदर्शन में पहला क़दम है। जब कर्मचारी अपने काम को अच्छी तरह जानते हैं और इसे पेशेवर अंदाज़ में करते हैं, तो वे अपने कामकाजी जीवन में महारत हासिल करने की राह पर होते हैं। नैथन का ही उदाहरण ले लें। जब कंपनी ने उसे नौकरी दी, तो उसे मेलरूम में संदेशवाहक और क्लर्क का काम सौंप दिया गया। वह इस काम से नफ़रत करता था और नौकरी छोड़ना चाहता था। बहरहाल, उसका एक काम कंप्यूटर विभाग में सामग्री पहुँचाना था। उसे स्कूल में कंप्यूटर का थोड़ा प्रशिक्षण मिला था और उसने इस विभाग के लोगों से उनके काम के बारे में बातचीत की। कंप्यूटर सुपरवाइज़र आर्ट ने कंप्यूटरों में नैथन की रुचि देखी और आग्रह किया कि उसका तबादला उनके विभाग में कर दिया जाए। आर्ट ने नैथन को कंप्यूटरों और सॉफ़्टवेयर के बारे में ज़्यादा से ज़्यादा सीखने के लिए प्रोत्साहित किया। कुछ ही महीनों में नैथन विभाग के किसी दूसरे व्यक्ति जितना ही ज्ञानी बन गया। वह अपने नए काम से प्रेम करता था, आरामदेह और आत्मविश्वासी महसूस करता था, उसने अपने सहकर्मियों का सम्मान हासिल किया और आर्ट के सबसे सफल टीम सदस्यों में से एक बन गया।

उत्कृष्टता का लक्ष्य बनाएँ

अच्छे सुपरवाइज़र अपने कर्मचारियों से सर्वश्रेष्ठ प्रदर्शन कराने के लिए काम करते हैं। कैथी जानती थी कि हालाँकि क्रिस्टीन अच्छा काम कर रही थी,

लेकिन उसका प्रदर्शन उसकी क्षमता के अनुरूप नहीं था। कैथी को बेहतर प्रदर्शन के लिए उसे प्रोत्साहित करने का कोई तरीक़ा खोजना था। उसने क्रिस्टीन को मीटिंग के लिए बुलाया और कहा : "आपका काम अच्छा है। आप जो कर रही हैं, उसके बारे में मुझे कोई शिकायत नहीं है, लेकिन मैं जानती हूँ कि आप इससे भी बेहतर कर सकती हैं और आपको करना भी चाहिए। अगर आप कम प्रतिभाशाली होतीं, तो मैं संतुष्ट हो जाती, लेकिन मैं देख सकती हूँ कि आपमें इस कंपनी के सर्वश्रेष्ठ लोगों में से एक बनने की क्षमता है। मुझे विश्वास है कि आप सफलतापूर्वक ज़्यादा ऊँचे लक्ष्य तय कर सकती हैं। आइए, आप और मैं मिलकर एक योजना बनाते हैं, ताकि आप वह हासिल कर सकें, जो हासिल करने में आप सक्षम हैं।"

कैथी और क्रिस्टीन ने मिलकर लक्ष्य तय किए और उन तक पहुँचने की योजना बनाई। क्रिस्टीन अपने लक्ष्यों के कितने क़रीब पहुँच रही थी, यह नापने के लिए मापदंड तय किए गए। उसकी प्रगति की जाँच करने के लिए वे दोनों समय-समय पर मिलती थीं। कुछ ही महीनों में क्रिस्टीन बहुत प्रभावी काम कर रही थी। वह ज़्यादा रोमांचक और मूल्यवान करियर के मार्ग पर थी।

सहभागिता को प्रोत्साहित करें

व्यवहारवादी वैज्ञानिक बरसों से सहभागी प्रबंधन की पैरवी कर रहे हैं। उन्होंने दिखाया है कि जब कर्मचारी उनकी नौकरी को प्रभावित करने वाले निर्णयों में सहभागिता करते हैं, तो वे इन निर्णयों को सफल बनाने के लिए ज़्यादा समर्पित होते हैं।

कर्मचारी कोटा तय करने में ख़ास तौर पर मूल्यवान हो सकते हैं। कई नौकरियों में कोटे अनिवार्य होते हैं। फ़ैक्ट्री कर्मचारियों को हर घंटे के उत्पादन के कोटे दिए जाते हैं; वर्ड प्रोसेसर ऑपरेटरों को हर दिन पन्नों के कोटे दिए जाते हैं; सेल्स प्रतिनिधियों को हर महीने का सेल्स वॉल्यूम दिया जाता है। आम तौर पर कोटा कौन तय करता है? बॉस। यदि कर्मचारी कोटा तय करने में शामिल हो, तो यह कहीं ज़्यादा प्रभावी होगा।

जब सुपरवाइज़र ने जैक को बताया कि उसे सौ इकाई प्रति घंटे उत्पादन करना होगा, तो जैक ने सोचा : "बकवास। शायद सत्तर, लेकिन

सौ कभी नहीं।" लेकिन मान लें, बॉस एक अलग नीति अपनाता है : "जैक, हमारी प्रतिस्पर्धी कंपनियाँ अब विदेश में सामान बनवा रही हैं, जहाँ श्रम की लागत यहाँ से बहुत कम है। अगर हम इस प्रतिस्पर्धा में बचे रहना चाहते हैं, तो हर कर्मचारी को प्रति घंटे ज़्यादा उत्पादन करना होगा। आपको क्या लगता है, आप कितना कर सकते हैं?" अब जैक सोच सकता है : "कंपनी का अस्तित्व दाँव पर लगा है और मेरी नौकरी भी। मैं नब्बे इकाइयों का उत्पादन कर सकता हूँ।" अब ना सिर्फ़ जैक ज़्यादा उत्पादन करने के लिए प्रोत्साहित हो चुका है, बल्कि चूँकि कोटा उसके बॉस के बजाय उसने ख़ुद तय किया है, इसलिए उसे पूरा करने का उसका समर्पण शक्तिशाली और वास्तविक है। यह दिली समर्पण है।

नए विचारों को प्रोत्साहित करें

जब कंपनी कर्मचारियों के सुझावों और विचारों को गंभीरता से लेती है, तो ज़्यादातर कर्मचारियों को महसूस होता है कि उनका अपनी नौकरी पर थोड़ा नियंत्रण है। यह उम्मीद कोई नहीं करता कि उसके सभी सुझाव मान लिए जाएँगे, लेकिन स्टाफ़ के सदस्य यह उम्मीद ज़रूर करते हैं कि उनके सुझावों पर गंभीरता से विचार किया जाए। हमें अपने कर्मचारियों में सृजनात्मक असंतोष का नज़रिया भरना चाहिए। बग़ैर सोच-विचार के किसी भी प्रक्रिया या परंपरा का अनुकरण नहीं करना चाहिए। हमें इस अवधारणा को मिटाना चाहिए कि अगर हम कोई काम हमेशा एक निश्चित तरीक़े से करते रहे हैं, तो इसे आगे भी इसी तरीक़े से करते रहना चाहिए।

हमें हमेशा भविष्य की दिशा में सोचना चाहिए और अपने स्टाफ़ के सभी सदस्यों को सिर्फ़ यथास्थिति को स्वीकार करने के लिए नहीं... बल्कि सोचने, सोचने और सोचने के लिए प्रोत्साहित करना चाहिए।

सुझावों का मूल्यांकन निष्पक्षता से करना चाहिए और व्यावहारिक लगने पर आज़माना भी चाहिए। विचारों का सुझाव देने वाले कर्मचारियों को प्रगति संबंधी फ़ीडबैक देना चाहिए और उन्हें स्वीकार करने पर कर्मचारियों को पुरस्कार भी देना चाहिए।

यदि कर्मचारी सचमुच विश्वास करते हैं कि उनका अपनी नौकरी पर थोड़ा नियंत्रण है, तो वे सुचारू ढंग से काम करेंगे और अपने प्रयासों में

सफल होंगे। वे उत्कृष्ट प्रदर्शन के प्रति ज़्यादा समर्पित होंगे और उत्साह के साथ हर कामकाजी दिन की प्रतीक्षा करेंगे।

अलग-अलग कर्मचारियों के लिए अलग-अलग शैलियाँ

जब हम प्रत्येक कर्मचारी को इंसान के रूप में जानने का समय निकालते हैं, तो कर्मचारियों का एक बेहद प्रेरित समूह तैयार हो जाता है। हमारे स्टाफ़ के सदस्य रोबोट नहीं, इंसान हैं। उनमें से प्रत्येक की अपनी शक्तियाँ और कमज़ोरियाँ, व्यक्तिगत लक्ष्य और कार्यशैली होती है। हर व्यक्ति की निजताओं को जानना-समझना कर्मचारियों का प्रेरित समूह बनाने के लिए अनिवार्य है।

मैनेजर के रूप में हमें अपने समूह के प्रत्येक कर्मचारी की योग्यताओं को इस तरह निखारना चाहिए, ताकि वह अपनी शीर्ष क्षमता से प्रदर्शन कर सके। इसे शुरू करने का सबसे अच्छा तरीक़ा हर कर्मचारी को इंसान मानकर उसके बारे में ज़्यादा से ज़्यादा सीखना और जानना है।

हम जिन कर्मचारियों के साथ काम करते हैं, सिर्फ़ उनकी नौकरी की योग्यताओं को जानना ही काफ़ी नहीं है। हमें उन्हें इंसान के रूप में भी जानने की ज़रूरत भी होती है। नौकरी की योग्यताएँ निश्चित रूप से एक महत्त्वपूर्ण हिस्सा हैं, लेकिन वे पूरे इंसान का सिर्फ़ एक हिस्सा हैं। जानें कि हर कर्मचारी के लिए क्या महत्त्वपूर्ण है - उसकी महत्त्वाकांक्षाएँ और लक्ष्य, परिवार, ख़ास चिंताएँ - दूसरे शब्दों में, किस व्यक्ति को कौन सी चीज़ प्रेरित करती है।

हर कर्मचारी के व्यवहार की आदतों को जानें

हम सभी की काम करने और जीने की विशिष्ट शैली या अंदाज़ होता है। मनोवैज्ञानिक इसे "व्यवहार की आदत" कहते हैं। जब हम ग़ौर से देखेंगे कि हमारा हर कर्मचारी किस तरह काम करता है, तो हमें उसके व्यवहार की आदत पता चल जाएगी। मिसाल के तौर पर, हम ग़ौर कर सकते हैं कि स्कॉट किसी विषय पर टिप्पणी करने से पहले हमेशा सोच-विचार करता है; शीला अपना काम सौंपने से पहले हर चीज़ को कई बार पढ़ती है। टॉड ज़्यादा योजना बनाए बिना ही अपने काम में कूद पड़ता है।

अपने सहयोगियों को जानना

कर्मचारियों को जानने का सर्वश्रेष्ठ तरीक़ा उनसे बात करना है, सवाल पूछना है और विभिन्न मसलों पर उनकी राय लेना है। शायद, हम इसे अनुचित दख़लंदाज़ी मानते हैं, इसलिए हम यह नहीं करना चाहते। व्यक्तिगत प्रश्न सीधे पूछना ज़रूरी नहीं है। अवलोकन करके और सुनकर हम अपने सहकर्मियों के बारे में बहुत कुछ सीख सकते हैं। जब वे हमसे बात करें, तो सुनें : सुनें कि वे क्या कहते हैं और यह भी सुनें कि वे क्या नहीं कहते हैं। जब वे दूसरों से बात करते हैं, तब भी सुनें।

छिपकर बातें सुनना विनम्रता की श्रेणी में नहीं आता है, लेकिन इससे हमें काफ़ी कुछ पता चल सकता है। यह देखें कि हमारे सहयोगी अपना काम किस तरह करते हैं और वे किस तरह क्रिया या प्रतिक्रिया करते हैं। उनकी पसंद-नापसंद, उनकी विचित्रताओं और सनकों को पहचानने में ज़्यादा समय नहीं लगता। सुनकर और देखकर हम पता लगा सकते हैं कि उनमें से प्रत्येक के लिए कौन सी चीज़ें महत्त्वपूर्ण हैं। वे "हॉट बटन" कौन से हैं, जिनसे उनका स्विच चालू या बंद होता है।

हम जिन कर्मचारियों का प्रबंधन करते हैं, जब उनकी संख्या कम होती है, तो इन व्यक्तिगत विशेषताओं को याद रखना आसान होता है, लेकिन अगर समूह ज़्यादा बड़ा है या हमारे विभाग में कर्मचारियों के आने-जाने की दर ज़्यादा है, तो हमें एक नोटबुक या दस्तावेज़ बना लेना चाहिए। इसमें स्टाफ़ के प्रत्येक सदस्य के लिए एक पेज होना चाहिए, जिसमें उसके जीवनसाथी का नाम, बच्चों के नाम और उम्र, शौक़, रुचियाँ और व्यवहार के अन्य गुण या व्यक्तित्व के पहलू होने चाहिए, जिनसे उनके निजी जीवन तक "पहुँचने" में मदद मिले।

प्रोत्साहन की तकनीकें लागू करें

कई प्रबंधकों को प्रोत्साहन की तकनीकें तो मालूम होती हैं, लेकिन वे रोज़मर्रा के व्यवहार में अपने स्टाफ़ को प्रोत्साहित करने के लिए उन्हें लागू नहीं कर पाते हैं। यहाँ पर कुछ सुझाव दिए जा रहे हैं, जिनसे आपको शुरुआत में मदद मिलेगी :

- अपने हर कर्मचारी के व्यक्तिगत लक्ष्यों व आकांक्षाओं के बारे में ज़्यादा जानकारी हासिल करें।
- जो लोग सीधे हमारे अधीन हैं, उनसे मिलने के लिए ज़्यादा उपलब्ध रहें। उनके प्रश्नों और सुझावों को परे झटकने के बजाय उनकी बात सुनने, मूल्यांकन करने और प्रतिक्रिया करने का समय निकालें।
- हर निर्णय ख़ुद लेने के प्रलोभन से बचें। जब निर्णय लेने का आग्रह किया जाए, तो समस्या को सामने वाले की तरफ़ वापस धकेल दें, "आपके हिसाब से क्या करना चाहिए?"
- नए प्रोजेक्ट मिलने पर ख़ुद काम की योजना ना बनाएँ; इसके बजाय पूरे समूह को शामिल करें।
- सहयोगियों को उनके सामान्य कामकाजी कर्तव्यों के अलावा दूसरी योग्यताएँ हासिल करने के लिए प्रोत्साहित करें। उन्हें कई अलग-अलग भूमिकाओं में प्रशिक्षित करें। उन्हें ऐसा काम सौंपें, जिसमें उन्हें समूह के दूसरे ऐसे लोगों से संपर्क रखना हो, जिनके पास भिन्न योग्यताएँ हैं और जो अलग तरह का काम करते हैं।
- स्टाफ़ के सभी सदस्यों से बातचीत करके यह सुनिश्चित करें कि वे पूरी तरह समझते हैं कि नौकरी में उनसे क्या अपेक्षाएँ की जाती हैं और उनके प्रदर्शन का मूल्यांकन किस तरह किया जाएगा।
- समय-समय पर विभाग की रोमांचक और उत्पादक मीटिंग आयोजित करें।
- सप्लायर्स और उप-ठेकेदारों को कंपनी में आने और बैठकों में शामिल होने के लिए आमंत्रित करें।

इन सुझावों पर अमल करने से हमें सकारात्मक परिणाम मिलेंगे, जैसे बढ़ी हुई उत्पादकता, बेहतर गुणवत्ता और उत्साहपूर्ण सहयोग और हमारे समूह के सदस्यों के बीच सहयोग।

अच्छे प्रबंधन में औसत लोगों को श्रेष्ठ लोगों का काम करने के लिए प्रेरित करना शामिल होता है।

—जॉन डी रॉकेफ़ेलर

काम को समृद्ध करना

हालाँकि कई नौकरियाँ आनंद और संतुष्टि देती हैं, लेकिन ज़्यादातर लोग ऐसी नौकरियाँ करते हैं, जो बँधी-बँधाई होती हैं और कई बार उबाऊ होती हैं। इन नौकरियों के बारे में रोमांच उत्पन्न करना असंभव नहीं, तो मुश्किल ज़रूर है।

नीरस नौकरियों को "कर्मचारियों के लिए पसंदीदा" बनाने का एक तरीक़ा उनकी रूपरेखा दोबारा तैयार करना है। किसी नौकरी को किए जाने वाले कामों की शृंखला के रूप में ना देखें। इसे तो पूरी प्रक्रिया के रूप में देखें। पद के दायरे को फैलाकर काम की नीरसता कम कर दें। क्या हासिल करना है, इस बात पर ध्यान केंद्रित करते हुए प्रक्रिया की दोबारा रूपरेखा बनाएँ। लक्ष्य की ओर ले जाने वाले क़दमों यानी प्रक्रिया को बदलने के लिए तैयार रहें।

नौकरी को समृद्ध कैसे किया जा सकता है, इसका एक उदाहरण देखें। जेनिफ़र को लाएबिलिटी इंश्योरेंस कंपनी में दावा तैयारी विभाग का प्रमुख बनाया गया। उसे एक ऐसा विभाग विरासत में मिला, जिसका मनोबल कम था और जहाँ से नौकरी छोड़कर जाने वाले कर्मचारियों की संख्या ज़्यादा थी। दावा तैयार करने की कार्यप्रणाली किसी "असेंबली लाइन" से कम नहीं थी। हर क्लर्क दावा फ़ॉर्म के एक खंड की जाँच करता था, फिर इसे अगले क्लर्क की ओर बढ़ा देता था, जो दूसरे खंड की जाँच करता था और यही सिलसिला चलता रहता था। यदि व्याख्या में किसी दोष या प्रश्न का पता चलता था, तो इसे विशेषज्ञ के लिए अलग रख दिया जाता था। कार्यकुशल? शायद, लेकिन इससे काम बोझिल और चुनौतीरहित बन जाता था।

जेनिफ़र ने इस प्रणाली को दोबारा बनाया। उसने असेंबली लाइन को हटाकर काम को समृद्ध बनाया। हर क्लर्क पूरे फ़ॉर्म की जाँच करता था, ग़लतियाँ सही करता था और समस्याओं से ख़ुद निबटता था। हालाँकि परिवर्तन के दौरान इससे शुरुआत में काम धीमा हुआ, लेकिन इसका फ़ायदा यह हुआ कि इससे कर्मचारियों की एक बेहद प्रेरित टीम विकसित हुई, जो अब अपने काम से संतुष्ट थे। उत्पादकता में महत्त्वपूर्ण वृद्धि हुई और विभाग से नौकरी छोड़कर जाने वालों की संख्या बहुत कम हो गई।

जब सहयोगियों को समूह के सभी काम करने के लिए प्रशिक्षित किया जाता है, तो काम का कोई भी हिस्सा स्टाफ़ के किसी भी सदस्य को सौंपा जा सकता है, जिससे हमें ज़्यादा लचीलापन मिल जाता है। इसके अलावा यह लाभ भी होता है कि चूँकि सहयोगी अलग-अलग समय अलग-अलग काम करते हैं, इसलिए उनके काम की बँधी-बँधाई, उबाऊ प्रकृति काफ़ी हद तक कम हो जाती है।

कोई भी यह महसूस करना पसंद नहीं करता कि उसे कोई चीज़ बेची जा रही है या कोई चीज़ करने को कहा जा रहा है। हम यह महसूस करना पसंद करते हैं कि हम अपनी मर्ज़ी से ख़रीद रहे हैं और अपने ख़ुद के विचारों पर काम कर रहे हैं। हम चाहते हैं कि हमारी इच्छाओं, हमारी आवश्यकताओं, हमारे विचारों के बारे में हमसे परामर्श लिया जाए।

—डेल कारनेगी

नकारात्मक प्रेरणा से बचना

यदि कर्मचारी उत्पादन के पैमाने पूरे नहीं करते हैं या कंपनी के नियमों का पालन नहीं करते हैं, तो उन्हें नौकरी से निकालने की धमकी कई बार कारगर होती है - कम से कम कुछ समय के लिए। जब नौकरियाँ कम होती हैं और कर्मचारियों को पता होता है कि दूसरी जगह नौकरी नहीं मिलेगी, तो वे मन मारकर वहीं काम करते हैं। लेकिन वे कितना काम करते हैं? कुछ कर्मचारी तो बस इतना काम करते हैं कि उन्हें नौकरी से नहीं निकाला जाए और इससे ज़्यादा रत्ती भर भी नहीं। यह डर सच्ची प्रेरणा नहीं है; सच्ची प्रेरणा तो कर्मचारियों को न्यूनतम से ज़्यादा उत्पादन करने के लिए प्रेरित करती है, जो नौकरी को क़ायम रखने के लिए आवश्यक काम से बहुत ज़्यादा होता है।

जब नौकरी के बाज़ार में माँग होती है, तो नौकरी से निकाले जाने का डर कम प्रेरक हो जाता है। यदि ज़्यादा सुखद परिवेश में वैसा ही पद उपलब्ध है, तो किसी तानाशाह के लिए काम क्यों करें?

कुछ कर्मचारी नकारात्मक प्रेरणा पर अच्छी प्रतिक्रिया करते हैं। शायद उनके माता-पिता ने उन्हें बचपन में धमकाया हो। या फिर उन्होंने किसी

तानाशाह बॉस के साथ इतने समय तक काम किया हो कि उन्हें इसकी आदत पड़ चुकी हो। लेकिन अच्छे लीडरों को हर कर्मचारी को इंसान के रूप में देखकर उसकी विशिष्टताओं को समझना चाहिए। कर्मचारी को जिस भी चीज़ से प्रेरणा मिलती है, अच्छा लीडर कर्मचारी को उसी तरह से प्रेरित करता है।

इक्कीस प्रेरणाएँ, जो सचमुच अच्छी तरह काम करती हैं

यहाँ कर्मचारियों को प्रेरित करने की कुछ सर्वश्रेष्ठ तकनीकें हैं, जिससे वे श्रेष्ठ प्रदर्शन के लिए समर्पण कर देते हैं :

1. लक्ष्य तय करने और उन तक पहुँचने के तरीक़े तय करने में सहभागिता को प्रोत्साहित करें।

2. सभी कर्मचारियों को इस बारे में जागरूक बनाएँ कि उनका काम कंपनी के दूसरे कामों से कैसे जुड़ा है।

3. सभी कर्मचारियों को सफल होने के लिए आवश्यक साधन और प्रशिक्षण प्रदान करें।

4. जो काम किए जाते हैं, उनके लिए कम से कम बाज़ार दर से भुगतान करें।

5. काम करने की अच्छी, सुरक्षित परिस्थितियाँ प्रदान करें।

6. स्पष्ट निर्देश दें, जिन्हें सामने वाला आसानी से समझ और मान ले।

7. हर कर्मचारी की योग्यताओं की जानकारी रखें और उसकी योग्यता के अनुरूप काम दें।

8. लोगों को उनके कामकाज से संबंधित निर्णय लेने की अनुमति दें।

9. सुलभ बनें। सक्रियता और परानुभूति से सुनें।

10. अच्छे काम के लिए श्रेय दें और प्रशंसा करें।

11. प्रश्नों का तुरंत और स्पष्ट जवाब दें।

12. कर्मचारियों के साथ निष्पक्षता, सम्मान व परवाह भरा व्यवहार करें।

13. कामकाज संबंधी समस्याओं में मदद करें।

14. कर्मचारियों को अतिरिक्त ज्ञान और योग्यताएँ हासिल करने के लिए प्रोत्साहित करें।
15. इंसान के रूप में कर्मचारियों में रुचि दिखाएँ और परवाह जताएँ।
16. कर्मचारियों की आदतों का पता लगाएँ और उनके साथ उसी अनुरूप व्यवहार करें।
17. हर कर्मचारी को टीम का अभिन्न हिस्सा बनाएँ।
18. ऐसी व्यवस्था करें, ताकि कर्मचारियों को काम में चुनौती और रोमांच मिले।
19. कर्मचारियों के विचारों और सुझावों पर विचार करें।
20. कर्मचारियों को जानकारी देते रहें कि वे कैसा प्रदर्शन कर रहे हैं।
21. कर्मचारियों को उनका सर्वश्रेष्ठ प्रदर्शन करने के लिए प्रोत्साहित करें और फिर उनकी कोशिशों में मदद करें।

मान्यता और प्रशंसा

मैनेजर जिस मुख्य प्रेरणा का इस्तेमाल करते हैं, वह है - पैसा, वेतनवृद्धि या बोनस का वादा। यह सच है कि कुछ कर्मचारी आर्थिक लाभ से प्रेरित होते हैं, लेकिन अन्य प्रकार के प्रोत्साहन भी होते हैं, जो और भी ज़्यादा प्रभावी ढंग से काम करने के लिए प्रेरित करते हैं। कई सर्वेक्षणों में पता चला है कि प्रशंसा और संलग्नता कर्मचारियों को ख़ुश व उत्पादक रखने में पैसे से ज़्यादा अहम घटक होती हैं। उपलब्धियों की मान्यता और प्रशंसा शक्तिशाली प्रेरणा हैं। लोगों को शाब्दिक और ग़ैर-शाब्दिक ढंग से दिखाए जाने की ज़रूरत है कि मैनेजर उनके अच्छे काम का सम्मान करता है और वे कंपनी की सफलता के लिए महत्त्वपूर्ण हैं। वे मील के पत्थरों और विजयों का सार्वजनिक और निजी जश्न मनाते हैं। वे त्वरित व सच्ची मान्यता की क़द्र करते हैं, चाहे यह मौखिक हो या लिखित।

अक्सर हम उन लोगों की प्रशंसा करना भूल जाते हैं, जिनकी बदौलत हम सफल हुए या जो हमारी नौकरी को आनंददायक बनाते हैं। प्रबंधकों के रूप में हमारी प्राथमिकता यह होनी चाहिए कि हम अपने स्टाफ़ के सदस्यों को यह बता दें कि हम लक्ष्य पूरे करने में उनके दिए योगदान की क़द्र करते हैं।

प्रशंसा करने के मौक़ों की तलाश करें

अपने कर्मचारियों से व्यवहार करते समय हम उनकी प्रशंसा नहीं, बल्कि आलोचना के मौक़ों की तलाश करते हैं। हम यह मानकर चलते हैं कि कर्मचारी अच्छा काम करेंगे, इसलिए इसके लिए हम उन्हें कभी मान्यता ही नहीं देते हैं।

सुपरमार्केट चेन का मालिक डौग इसका अच्छा उदाहरण है। उसने टॉम के साथ अपने संबंध के बारे में बताया, जो उसके सबसे ज़्यादा उत्पादक स्टोर्स में से एक का प्रबंधन करता था। "जब भी मैं उस स्टोर में जाता था, तो मैं टॉम के हर काम में ग़लती निकालता था। मैं उससे एक आदर्श स्टोर चलाने की उम्मीद करता था, क्योंकि मैं जानता था कि वह यह कर सकता है। लेकिन जब मैंने स्टोर की प्रगति का वास्तविक मूल्यांकन किया, तो मैंने ग़ौर किया कि उसने हर सप्ताह 10,000 डॉलर का वॉल्यूम उठाया था, घाटे से मुनाफ़े में आ गया था और उसके ग्राहक व कर्मचारी उसे बहुत पसंद करते थे। मैं उसकी आलोचना करने में इतना व्यस्त था कि मैंने कभी उसे उन चीज़ों का श्रेय ही नहीं दिया था, जो उसने हासिल की थीं।"

"अगली बार जब मैं उसके स्टोर में गया, तो पीछे वाले कमरे में जाकर मैंने उसे बताया कि वह बेहतरीन काम कर रहा है। मैंने व्यवसाय बढ़ने पर विशेष टिप्पणी की और बेहतरीन ग्राहक संबंधों पर उसे बधाई दी। छह फ़ीट दो इंच वाला टॉम वहाँ खड़ा था और उसकी आँखों में आँसू थे। उसने कहा कि बॉस, मैं यहाँ इतने समय से काम कर रहा हूँ, लेकिन आपने मुझसे कभी इस तरह की बात नहीं की। मुझे यह जानकर ख़ुशी हुई कि आप मेरे बारे में सचमुच कैसा महसूस करते हैं।"

कई बिज़नेस एक्ज़ीक्यूटिव्ज़ को लगता है कि वेतनवृद्धि या बोनस अच्छे काम की पर्याप्त प्रशंसा है। एक कारख़ाने का मालिक टिमोथी इससे ज़्यादा प्रशंसा करना चाहता था। उसका एक कर्मचारी हमेशा दूसरों से ज़्यादा उत्पादन करता था। टिमोथी उसे दूसरों से ज़्यादा बोनस देता था, लेकिन पैसे से टिमोथी की कृतज्ञता पूरी तरह व्यक्त नहीं हुई। उसने उसे प्रशंसा का व्यक्तिगत पत्र लिखा, जिसे उसने बोनस के चेक के साथ भेज दिया। पत्र में उसने कर्मचारी को धन्यवाद दिया और उसे बताया कि वह कंपनी के लिए कितना ज़्यादा महत्त्वपूर्ण है। कर्मचारी ने उसे बहुत धन्यवाद दिया।

उसने बताया कि पत्र पढ़कर उसके आँसू निकल आए थे। यह बात सुनकर टिमोथी की भी आँखें भर आईं।

एक बैंक की मुख्य टैलर वर्जीनिया उन सहयोगियों का दोबारा स्वागत करती है, जो छुट्टियों पर गए थे या बीमारी के कारण कुछ दिनों से नहीं आए थे। वह उनसे उनकी छुट्टियों या उनकी तबियत के बारे में पूछती है और उन्हें कंपनी की ताज़ा ख़बरें बताती है। वह उन्हें महसूस कराती है कि उसे उनकी कमी खली - और उसकी बात सच्ची लगती है, क्योंकि उसे सचमुच उनकी कमी खली थी।

आपको किसी की कमी खली थी या आप किसी की क़द्र करते हैं, यह बताना बोलने और सुनने वाले दोनों लोगों के लिए बहुत अच्छा अनुभव हो सकता है, भले ही आप यह बात किसी ख़ास घटना के बिना कह दें।

लोग प्रशंसा क्यों नहीं करते हैं? शायद हम यह मान लेते हैं कि अगर हम आलोचना नहीं करते हैं, तो यह अपने आप में अनकही प्रशंसा है। कई बार हमें यह इसलिए ज़रूरी नहीं लगती है, क्योंकि सामने वाला "बस अपना काम कर रहा है।" कभी-कभार प्रशंसा इसलिए भी नहीं की जाती है, क्योंकि हम इसे कमज़ोरी की निशानी मान लेते हैं।

अपनी प्रशंसा को दोहराएँ

प्रशंसा करने में असंयत होने की ज़रूरत नहीं है। हम किए गए काम या सेवा के बारे में जो महसूस करते हैं, उसकी संजीदा स्वीकृति ही काफ़ी है। हम किसी ख़ास उपलब्धि पर जो गर्व अनुभव करते हैं, बस उसका इज़हार ही काफ़ी है। सच्ची प्रशंसा सुनने से कोई नहीं थकता है। अगर हम यह मान लेते हैं कि सामने वाला हमारे बिना बोले ही हमारी प्रशंसा को समझ लेगा, तो यह उसके साथ अन्याय है। उस व्यक्ति को बता दें कि हम उसके काम की क़द्र करते हैं और हम प्रशंसा क्यों कर रहे हैं। जब प्रशंसा किसी ख़ास काम के लिए की जा रही हो, तो उस काम के होने के तुरंत बाद प्रशंसा कर दें। केक पर चॉकलेट की परत की तरह हमारी प्रशंसा सामने वाले की सफलता की ख़ुशी को दोगुना कर देगी।

यदि हम दीर्घकालीन, निरंतर जारी रहने वाली गतिविधि के लिए प्रशंसा कर रहे हैं, तो कृतज्ञता का इज़हार समय-समय पर करना चाहिए। दांपत्य

जीवन को सुखद बनाने के लिए हमें अपने पति या पत्नी को समय-समय पर बताना चाहिए कि उसके साथ जीवन हमारे लिए कितना मायने रखता है और हम उसकी छोटी-छोटी चीज़ों की कितनी क़द्र करते हैं। इसी तरह कर्मचारी की प्रशंसा करने से कामकाजी परिवेश सुखद बनता है।

कई लोग महसूस करते हैं कि दूसरों की प्रशंसा करने से वे कमतर नज़र आएँगे। वे मन ही मन सोचते हैं : "यदि मैं उन्हें बता देता हूँ कि उन्होंने अच्छा काम किया है, तो वे (और दूसरे लोग) यह सोच सकते हैं कि मैं उनसे हीन हूँ।" यह बिलकुल निराधार बात है। सभी महान लोगों ने अपनी सहायता करने वाले लोगों के प्रति बार-बार कृतज्ञता व्यक्त की है। वास्तव में, इससे शक्ति की छवि बेहतर बनती है, जिसे उन्होंने अर्जित किया है। इससे उनके अनुयायी ज़्यादा निष्ठावान बनते हैं।

सबसे बढ़कर, संजीदा बनें

प्रशंसा सच्ची होनी चाहिए। हम जो कह रहे हैं, उसकी वास्तविकता को हमें वाक़ई महसूस करना चाहिए और हमें उस पर विश्वास होना चाहिए, तभी यह सच्ची लगेगी। झूठी प्रशंसा को आकर्षक शब्दों से नहीं छुपाया जा सकता। हमारी आवाज़, हमारी आँखें और हमारी बॉडी लैंग्वेज हमारी असली भावनाएँ उजागर कर देंगी। नक़ली प्रशंसा का कोई कारण नहीं होता। हम इन लोगों के इतने ऋणी हैं, इस अहसास से हमारे हृदय की गहराई में भरी सच्ची कृतज्ञता व्यक्त होनी चाहिए। इसे प्रवाहित होने दें। मुँह तक पहुँचने से पहले इसे नहीं दबाएँ। इसे सामने वालों के कान तक जाने दें। इसकी बदौलत उस दिन उनका और हमारा जीवन थोड़ा बेहतर हो जाएगा।

> *लोगों की रुचि इस बात में इतनी नहीं है कि आप कितना ज़्यादा जानते हैं; उनकी रुचि तो इस बात में है कि आप उनकी कितनी ज़्यादा परवाह करते हैं।*
>
> *—हॉवर्ड शुल्ट्ज़,*
> *चेयरमैन, स्टारबक्स*

सार

- मैनेजर के रूप में हमारा काम दूसरों को हमारे जितनी अच्छी तरह या हमसे भी अच्छी तरह चीज़ें कराने की योग्यता है।

- गैलप संगठन ने सर्वेक्षण में यह पाया कि कंपनी में रुकने के लिए बॉस के साथ किसी कर्मचारी का संबंध मिलने वाले वेतन या नौकरी की सुविधाओं से ज़्यादा ज़िम्मेदार था।

- जब व्यक्तिगत और पेशेवर विकास के अवसर उपलब्ध होते हैं, तो कर्मचारियों के नौकरी छोड़कर किसी दूसरी कंपनी में जाने की संभावना कम होती है।

- कई सर्वेक्षणों में पता चला है कि प्रशंसा और संलग्नता कर्मचारियों को ख़ुश व उत्पादक रखने में पैसे से ज़्यादा अहम घटक होती हैं।

- हम सभी की काम करने और जीने की विशिष्ट शैली या अंदाज़ होता है। मनोवैज्ञानिक इसे व्यवहार की आदत कहते हैं। जब हम ग़ौर से देखेंगे कि हमारा हर कर्मचारी किस तरह काम करता है, तो हमें उसके व्यवहार की आदत पता चल जाएगी।

- नीरस नौकरियों को "कर्मचारियों के लिए पसंदीदा" बनाने का एक तरीक़ा उनकी रूपरेखा दोबारा तैयार करना है। पद के दायरे को फैलाकर काम की नीरसता कम कर दें।

- अच्छा काम नहीं करने पर कर्मचारियों को नौकरी से निकालने की धमकी एक ख़राब आदत है। कुछ कर्मचारी बस इतना काम करेंगे कि उन्हें नौकरी से नहीं निकाला जाए और इससे ज़्यादा रत्ती भर भी नहीं। डर सच्ची प्रेरणा नहीं है : सच्ची प्रेरणा तो कर्मचारियों को न्यूनतम से ज़्यादा उत्पादन करने के लिए प्रेरित करती है, जो नौकरी को क़ायम रखने के लिए आवश्यक काम से बहुत ज़्यादा होता है।

- उन इक्कीस प्रेरणाओं की समीक्षा करें, जो सचमुच अच्छी तरह काम करती हैं।

- प्रशंसा सच्ची होनी चाहिए। हम जो कह रहे हैं, उसकी वास्तविकता को हमें वाक़ई महसूस करना चाहिए और हमें उस पर विश्वास होना चाहिए, तभी यह सच्ची लगेगी।

4

....

प्रक्रिया संबंधी प्रबंधन योग्यताओं को बढ़ाएँ

संभावित प्रबंधकों को लोगों के साथ व्यवहार करने की योग्यताओं को आदर्श बनाना चाहिए। इसके साथ ही उन्हें उन प्रक्रियाओं के प्रबंधन में भी माहिर बनना चाहिए, जो कंपनियाँ अपने लक्ष्य तक सफलतापूर्वक पहुँचने के लिए उठाती हैं। इनमें योजना बनाना, काम सौंपना, समय प्रबंधन, प्राथमिकताएँ तय करना और नवाचार को प्रोत्साहित करना शामिल है।

यदि हम यह नहीं जानते कि हम किस बंदरगाह की तरफ़ जा रहे हैं, तो कोई भी हवा हमारे लिए अनुकूल नहीं होती।

—सेनेका

नियोजन की प्रक्रिया

अच्छी तरह योजना बनाए बिना कोई काम सफलतापूर्वक नहीं किया जा सकता। किसी प्रयास के लिए योजना बनाते समय हमें निम्न बिंदुओं पर ध्यान देना चाहिए :

1. हमारे पास यह स्पष्ट समझ होनी चाहिए कि हम कौन से लक्ष्य हासिल करना चाहते हैं।

2. हमें यह सुनिश्चित करना चाहिए कि लक्ष्य तार्किक हों और हासिल हो सकते हों।

3. हमें यह सूची बनानी चाहिए कि अपने लक्ष्य हासिल करने के लिए किन कामों की ज़रूरत है।

4. हमें योजना के क्रियान्वयन की ज़िम्मेदारी के लिए किसी ख़ास व्यक्ति को नियुक्त करना चाहिए।

5. हमें लक्ष्य पूरे करने के लिए आवश्यक धन, उपकरण, कर्मचारी और अन्य संसाधन लगाने चाहिए।

6. हमें प्रदर्शन के पैमाने तय कर देने चाहिए, जिनकी कसौटी पर हम लक्ष्य की दिशा में अपनी प्रगति को माप सकें।

नीचे दिए क़दम उठाने से हमारी सफलता की संभावनाएँ बढ़ जाएँगी :

क़दम 1 : वांछित परिणाम को स्पष्ट करें

वांछित परिणाम वह परिणाम है, जिसे हम अंततः चाहते हैं। हमें तय करना चाहिए कि इससे हमारे विभाग या टीम, हमारे ग्राहकों और बाक़ी संबंधित लोगों को कैसे लाभ होगा। इसे स्पष्टता से व्यक्त करना चाहिए। हमारे अलावा वरिष्ठ प्रबंधन को भी इस परिणाम से सहमत होना चाहिए। यदि हम प्रोजेक्ट के लक्ष्य को अच्छी तरह स्पष्ट नहीं करते हैं, तो इसकी योजना बनाना लगभग असंभव होगा।

क़दम 2 : वर्तमान स्थिति का आकलन करें

स्पष्टता से देखें कि आज हम कहाँ हैं। इस समय असली स्थिति क्या है? प्रोजेक्ट और इसके लक्ष्य को पूरा करने की हमारी कोशिशों में सहायक और बाधक घटक कौन से हैं?

क़दम 3 : लक्ष्य

प्रोजेक्ट को सफलतापूर्वक पूरा करने के लिए यथार्थवादी लक्ष्य परिभाषित और तय करें। ऐसे लक्ष्यों के बिना हम भटक जाते हैं। लक्ष्य अल्पकालीन, मध्यवर्ती और दीर्घकालीन हो सकते हैं। दिन-प्रति-दिन के लक्ष्य (अल्पकालीन

लक्ष्य) हासिल करने से मध्यवर्ती और दीर्घकालीन लक्ष्यों की उपलब्धि में योगदान मिलता है। अपने लक्ष्य तय करने में हमें इन चीज़ों का ध्यान रखना चाहिए :

- लक्ष्य प्रक्रियाओं और संसाधनों के संदर्भ में विशिष्ट होने चाहिए।

- लक्ष्य स्पष्ट आँकड़ों द्वारा नापने योग्य होने चाहिए।

- लक्ष्य ऐसे होने चाहिए, जिन्हें हासिल किया जा सकता हो।

- लक्ष्य हमारे स्वप्न के लिए प्रासंगिक होने चाहिए।

- समय के संदर्भ में लक्ष्यों की स्पष्ट डेडलाइन होनी चाहिए।

मैंने जो भी असफलताएँ देखी हैं, मैंने जो भी ग़लतियाँ की हैं, मैंने निजी और सार्वजनिक जीवन में जिन भी मूर्खताओं को देखा है, वे सभी बिना सोचे-विचारे काम करने के फलस्वरूप मिली हैं।

—बरनार्ड बरूच,
स्टॉकब्रोकर, राष्ट्रपतियों के सलाहकार

क़दम 4 : कार्य की दिशा में प्रयास

लक्ष्य हासिल करने के लिए प्राथमिकताएँ और काम करने के स्पष्ट तरीक़े तय करने चाहिए। इन प्रयासों में ये शामिल होने चाहिए :

- काम की आवश्यकताएँ

- काम कौन करेगा

- किन प्रणालियों का इस्तेमाल किया जाएगा

- प्रोजेक्ट के सभी हिस्सों को इकट्ठे जोड़ना

- परिणाम और प्रारूप (लिखित रिपोर्ट, पॉवर पॉइंट प्रस्तुति आदि) का संप्रेषण

क़दम 5 : लागत

हर कार्यक़दम का बजट और लागत तय करें। लागत में ये शामिल हैं :

- कर्मचारी
- सामग्री
- समय
- बँधा-बँधाया ख़र्च
- अन्य

क़दम 6 : समय सारणी

डेडलाइन तय होनी चाहिए और स्पष्टता से बता देनी चाहिए, ताकि सबको पता रहे कि डेडलाइन कब है और तब तक क्या हो जाना चाहिए। इससे अल्पकालीन, मध्यवर्ती और दीर्घकालीन लक्ष्य प्राप्त करना सुनिश्चित हो जाएगा। समय सारणी बनाते वक़्त यथार्थवादी बनें। प्रोजेक्ट पूरा करने की तारीख़ से पीछे आते हुए यह तय करें कि हर चरण कब तक पूरा हो जाना चाहिए। ग़लतफ़हमियों से बचने के लिए समय सारणी को लिख लें और बाँट दें।

क़दम 7 : क्रियान्वयन

किसी योजना के क्रियान्वयन का एक अहम हिस्सा ऐसा होता है, जिसे अक्सर नज़रअंदाज़ कर दिया जाता है। यह अहम हिस्सा यह सुनिश्चित करना है कि सभी शामिल लोग लक्ष्य हासिल करने में अपनी-अपनी भूमिकाएँ अच्छी तरह समझ लें। जिन परिणामों पर आपसी सहमति बन चुकी है, उनके प्रति समर्पण होना चाहिए। क्रियान्वयन की निगरानी से हम योजना के दायरे में फ़ेरबदल कर सकते हैं और अपने लक्ष्यों का दोबारा मूल्यांकन कर सकते हैं।

क़दम 8 : विश्लेषण/निगरानी

क्रियान्वयन की प्रक्रिया का एक बहुत महत्त्वपूर्ण हिस्सा सटीक रिकॉर्ड रखना और यह विश्लेषण करना है कि हम राह से कहाँ भटके और चुनौतियों को

सही कैसे किया जाए। प्रगति की सतत निगरानी लक्ष्य हासिल करने के लिए बहुत महत्त्वपूर्ण है।

व्यस्त रहने का मतलब हमेशा काम करना नहीं होता। सभी कामों का लक्ष्य उत्पादन या उपलब्धि होता है। लक्ष्य हासिल करने के लिए दूरदर्शिता, सुव्यवस्था, नियोजन, बुद्धिमानी और ईमानदार उद्देश्य के साथ-साथ पसीना बहाने की ज़रूरत भी होती है। काम करते हुए दिखने और सचमुच काम करने में फ़र्क़ होता है।

—*थॉमस ए. एडिसन*

काम सौंपें

निर्विवाद तथ्य यह है कि हमारे विभाग के सदस्यों और हमें बहुत सारा काम करना होता है। प्रबंधन का अनिवार्य औज़ार यह तय करना है कि कौन से काम हम खुद करेंगे और कौन से काम अपने अधीनस्थों को सौंपेंगे। लेकिन ध्यान रहे, काम सौंपते वक़्त हम स्टाफ़ के सदस्यों को सिर्फ़ काम ही नहीं सौंपते हैं, बल्कि उन्हें पूरा करने की शक्ति और आवश्यक अधिकार भी प्रदान करते हैं।

प्रभावी ढंग से *काम सौंपने* का मतलब है कि सुपरवाइज़र को अपने स्टाफ़ पर इतना विश्वास है कि वे उस काम को संतोषजनक तरीक़े से और जल्दी पूरा कर लेंगे।

अक्सर मैनेजर ज़रूरत से ज़्यादा काम खुद करने के जाल में फँस जाते हैं। नीचे दिए सवालों के जवाब देकर पता लगाएँ कि कहीं हम भी तो ज़रूरत से ज़्यादा काम नहीं कर रहे हैं :

1. क्या हम ऑफ़िस के काम को घर ले जाते हैं?

2. क्या हम अब भी वही काम सँभाल रहे हैं, जो प्रमोशन से पहले करते थे?

3. क्या सलाह या जानकारी लेने के लिए हमारे काम में बार-बार व्यवधान डाला जाता है?

4. क्या हम ऐसे विवरणों की योजना बनाते हैं, जिन्हें दूसरे सँभाल सकते हैं?
5. क्या हम अपने हाथ में बहुत ज़्यादा प्रोजेक्ट्स लेते हैं?
6. क्या हम अक्सर आग बुझाने में लगे रहते हैं और ग़ैर-तात्कालिक मुद्दों पर प्रतिक्रिया कर रहे हैं?
7. क्या हम ऑफ़िस में दूसरे प्रबंधकों से ज़्यादा घंटे काम करते हैं?
8. क्या हम दूसरों के लिए ऐसे काम करने में समय बिताते हैं, जिन्हें वे ख़ुद कर सकते हैं?
9. क्या हम कुछ दिनों तक ऑफ़िस से बाहर रहने के बाद ईमेल और वॉइस मेल के बोझ तले दब जाते हैं?
10. क्या हम उन प्रोजेक्टों में संलग्न हो रहे हैं, जो हमने किसी अधीनस्थ को सौंपे थे?

यदि इन प्रश्नों का जवाब हाँ में है, तो हमें अपने कामों को दोबारा व्यवस्थित करने और कामकाज के बोझ का प्रबंधन करने की ज़रूरत है। इस बात की अच्छी संभावना है कि हम अपने स्टाफ़ को वर्तमान से बहुत ज़्यादा काम सौंप सकते हैं और इससे हमारे विभाग के प्रदर्शन में कोई कमी नहीं आएगी।

> *सर्वश्रेष्ठ एक्ज़ीक्यूटिव वह है, जिसमें इतनी बुद्धि है कि वह अपना मनचाहा काम करने के लिए अच्छे कर्मचारियों को चुनता है और उसमें इतना आत्म-संयम होता है कि उनके काम करते समय वह हस्तक्षेप नहीं करता।*
>
> ***—थियोडोर रूज़वेल्ट***

काम सौंपने में नहीं झिझकें

हमारे विभाग में जो भी हो रहा है, उस हर चीज़ के लिए हम ज़िम्मेदार होते हैं, लेकिन यह संभव भी नहीं है और लाभकारी भी नहीं है कि हर चीज़ हम ख़ुद करें। काम की अधिकता से स्थायी थकान और अल्सर की

समस्या हो सकती है। इससे हार्ट अटैक व नर्वस ब्रेकडाउन की नौबत भी आ सकती है।

ज़ाहिर है, कुछ काम ऐसे होते हैं, जिन्हें सिर्फ़ हम कर सकते हैं; कुछ निर्णय ऐसे होते हैं, जिन्हें सिर्फ़ हम ले सकते हैं और कुछ ऐसे महत्त्वपूर्ण क्षेत्र होते हैं, जिन्हें हम ही सँभाल सकते हैं। बहरहाल, हमारे कामों में कई काम ऐसे भी होते हैं, जिन्हें हमारे अधीनस्थ कर्मचारी कर सकते हैं और उन्हें करना भी चाहिए।

काम सौंपने की प्रक्रिया से हम सही काम को ज़िम्मेदारी के सही स्तर पर रखने में सक्षम बनते हैं, जिससे हमें और हमारे सहयोगियों की योग्यताओं व योगदान में वृद्धि होती है। इससे यह भी सुनिश्चित होता है कि सारा काम सही समय पर सही व्यक्ति कर दे, जिसके पास सही अनुभव या रुचि है।

यदि आपके पास कोई मुश्किल काम है, तो इसे किसी सक्षम लेकिन आलसी व्यक्ति को सौंप दें। वह इसे करने का आसान तरीक़ा खोज लेगा।

—*अज्ञात*

कार्यभार तय करना

हमें अपने सहयोगियों की क्षमताएँ पता होनी चाहिए। उनके कार्यभार की योजना बनाते वक़्त सोचें कि कौन सा कर्मचारी कौन सा काम सबसे प्रभावी तरीक़े से कर सकता है। यदि हम पर समय का दबाव नहीं है, तो वह काम सौंपकर हम किसी कर्मचारी की योग्यताओं को बढ़ा भी सकते हैं। बहुत से काम करने की क्षमता जितने ज़्यादा कर्मचारियों के पास होगी, हमारा काम उतना ही ज़्यादा आसान बन जाएगा। यदि उस काम को हमारे स्टाफ़ का कोई भी कर्मचारी नहीं कर सकता है, तो ज़ाहिर है उसे हमें ख़ुद करना होगा, लेकिन यह सुनिश्चित करें कि आप एक या अधिक कर्मचारियों को उस काम का प्रशिक्षण दे दें, ताकि वह काम उन्हें भविष्य में सौंपा जा सके।

यह सुनिश्चित करें कि निर्देश स्पष्टता से समझ लिए और स्वीकार कर लिए गए हैं

जब हम अपने स्टाफ़ के किसी सदस्य को विस्तृत निर्देश देते हैं, तो इसके बाद शायद हम यह पूछते हैं, "क्या आप समझ गए?" आम तौर पर जवाब हाँ में होता है।

लेकिन क्या कर्मचारी सचमुच समझ गया है? शायद। लेकिन शायद वह पक्का यक़ीन ना होने के बाद भी अच्छे इरादे से कह देता है, "मैं समझ गया।" या शायद वह ज़रा भी नहीं समझा है, लेकिन संकोचवश यह नहीं कह पाता।

"क्या आप समझ गए?" पूछने के बजाय यह पूछें, "आप इसे कैसे करने वाले हैं?" यदि प्रतिक्रिया से यह पता चलता है कि वह हमारे एक या अधिक बिंदु स्पष्टता से नहीं समझ पाया है, तो हम कर्मचारी के ग़लत तरीक़े से काम करने से पहले ही उन्हें स्पष्ट कर सकते हैं।

काम सौंपते वक़्त जब यह अनिवार्य हो कि अधीनस्थ कर्मचारी हमारे निर्देशों का सही पालन करे, तो हमें यह सुनिश्चित कर लेना चाहिए कि वह उन्हें पूरी तरह समझ गया है। स्पष्ट प्रश्न पूछें, ताकि हमें पक्का पता चल जाए कि वह क्या करने वाला है। दूसरी तरफ़, जब सौंपे गए काम को किसी ख़ास तरीक़े से करना अनिवार्य नहीं हो, तो सिर्फ़ सामान्य फ़ीडबैक ही काफ़ी होता है।

जिस कर्मचारी को काम सौंपा गया है, यह अनिवार्य है कि ना सिर्फ़ वह सारे निर्देशों को समझ ले, बल्कि उन्हें स्वीकार भी कर ले। मान लें कि गुरुवार की सुबह ऑफ़िस मैनेजर जेनेट अपने कर्मचारी जेरेमी को एक काम सौंपती है, जिसकी डेडलाइन दोपहर 3.30 की है। जेरेमी काम की मात्रा को देखकर मन ही मन सोचता है, "संभव नहीं है।" अब डेडलाइन तक काम पूरा होने की संभावना बहुत कम है।

स्वीकृति हासिल करने के लिए कर्मचारियों को काम का महत्त्व बता दें। जेनेट कह सकती है, "जेरेमी, यह रिपोर्ट कल सुबह-सुबह डायरेक्टर की डेस्क पर पहुँचनी है। यह उन्हें एक्ज़ीक्यूटिव कमेटी के साथ होने वाली सुबह की मीटिंग के लिए चाहिए। आप क्या सोचते हैं, यह मुझे कब तक मिल

सकती है?" जेरेमी सोच सकता है, "यह बहुत महत्त्वपूर्ण काम है। अगर मैं लंच छोड़ दूँ और अपनी गर्लफ्रेंड को फ़ोन नहीं करूँ, तो मैं इसे शाम 5 बजे तक पूरा कर सकता हूँ।"

जेनेट ने मूलतः यह क्यों बताया कि उसे रिपोर्ट 3.30 तक चाहिए, जबकि दरअसल उसे इसकी ज़रूरत अगली सुबह तक नहीं थी? शायद उसने सोचा होगा कि अगर वह 3.30 कहेगी, तो जेरेमी काम में जुट जाएगा और शाम तक रिपोर्ट पूरी कर देगा। लेकिन कई लोग बहुत जल्दी वाला काम सौंपने पर सकारात्मक प्रतिक्रिया नहीं करते हैं। जिस डेडलाइन को वे अतार्किक मानते हैं, उस तक वे काम पूरा करने की कोशिश भी नहीं करते हैं। लोगों को उनकी ख़ुद की समय सारणी तय करने दें। इससे किसी डेडलाइन तक या उससे भी पहले काम पूरा करने में हमें उनका पूरा समर्पण हासिल होगा।

लेकिन मान लें कि जेनेट को वह रिपोर्ट सचमुच 3.30 तक चाहिए, ताकि इसकी प्रूफ़रीडिंग हो सके, फ़ोटोकॉपी हो सके, इसे क्रमवार जमाया जा सके और बाइंडिंग करवाई जा सके। समय पर रिपोर्ट पूरी कराने के लिए वह जेरेमी की मदद के लिए कोई कर्मचारी दे सकती है या उससे उस दिन लंच ब्रेक में भी काम करने को कह सकती है।

> *कभी लोगों को यह नहीं बताएँ कि काम कैसे करना है। उन्हें बस इतना बता दें कि क्या करना है और वे अपनी उपायकुशलता से आपको हैरान कर देंगे।*
>
> ***—जनरल जॉर्ज एस. पैटन***

नियंत्रण बिंदु तय करें

नियंत्रण बिंदु वह बिंदु है, जहाँ हम किसी प्रोजेक्ट को रोककर अब तक हुए काम की जाँच करते हैं और ग़लतियाँ सुधारते हैं। नियंत्रण बिंदु तय करने से ग़लतियों को विकराल रूप धारण करने से पहले ही पकड़ा जा सकता है।

नियंत्रण बिंदु आकस्मिक जाँच नहीं हैं। कर्मचारियों को पक्का पता होना चाहिए कि हर नियंत्रण बिंदु कहाँ पर है और तब तक क्या हासिल होना

चाहिए। हमें किसी प्रोजेक्ट के हर चरण में निर्णय नहीं लेना चाहिए। हमें हर छोटी-छोटी चीज़ की जाँच के लिए किसी के कंधों के पीछे से नहीं झाँकना चाहिए। सूक्ष्म प्रबंधन करने पर हम सृजनात्मकता का गला दबा देते हैं और टीम के सदस्यों को पूरी क्षमता से काम करने से रोक देते हैं।

वह व्यक्ति महान व्यवसाय खड़ा नहीं कर सकता, जो सारा काम खुद करना चाहता है या सारा श्रेय खुद लेना चाहता है।

—ऐंड्रयू कारनेगी

काम पूरा कराने के लिए साधन और अधिकार दें

कोई भी काम उचित औज़ारों के बिना नहीं किया जा सकता। उपकरण, तार्किक समय सारणी और संसाधन देना तो स्पष्ट क़दम है, लेकिन अधिकार देना एक अलग बात है।

कई प्रबंधक अपने अधीनस्थों को किसी भी तरह का अधिकार नहीं देना चाहते हैं। लेकिन ध्यान रहे, यदि हमारे सूक्ष्म प्रबंधन के बिना कोई काम किया जाने वाला है, तो हमें वह काम करने वाले लोगों को निर्णय लेने की शक्ति देनी चाहिए।

यदि हमारे कर्मचारियों को सामग्री की ज़रूरत है, तो उन्हें बजट आवंटित कर दें, ताकि वे अपनी ज़रूरत की कोई भी चीज़ मँगा सकें और हर ख़रीदारी से पहले उन्हें हमारा अनुमोदन ना माँगना पड़े। अगर किसी काम में ओवरटाइम की ज़रूरत हो, तो उन्हें इसका आदेश देने का अधिकार दें। यदि हर निर्णय हम खुद लेंगे, तो काम उलझ जाएगा, हमारे स्टाफ़ के सदस्य शक्तिहीन महसूस करेंगे और संभवतः काम के प्रति उत्साह गँवा देंगे।

खुद को मिलने वाले सर्वश्रेष्ठ लोगों से घेर लें, उन्हें अधिकार सौंप दें और बीच में हस्तक्षेप नहीं करें।

—रोनाल्ड रीगन

जब हम काम सौंपते हैं, तो हम ज़िम्मेदारी नहीं छोड़ते हैं

जिन लोगों को काम सौंपा जाता है, लगभग हमेशा उनके पास सवाल होते हैं, वे हमसे सलाह चाहते हैं और हमारी मदद चाहते हैं। उनकी मदद करें, लेकिन उन्हें पूरा प्रोजेक्ट हम पर डालने की अनुमति नहीं दें। उन्हें बता दें कि हम मदद, सलाह और समर्थन देने के लिए उपलब्ध हैं, लेकिन असली काम उन्हें ख़ुद करना होगा।

जब लोग हमारे पास कोई समस्या लेकर आएँ, तो इस बात पर ज़ोर दें कि वे समाधान का सुझाव भी साथ लाएँ। इसका सबसे अच्छा परिणाम यह होगा कि वे अपनी समस्याएँ ख़ुद सुलझा लेंगे और हमें तंग नहीं करेंगे। अब वे "अब मैं क्या करूँ?" पूछने के बजाय यह पूछेंगे, "क्या आपके हिसाब से यह समाधान काम करेगा?" दूसरे सवाल पर प्रतिक्रिया करना ज़्यादा आसान होता है।

काम अच्छी तरह सौंपने के जो सुझाव दिए गए हैं, उन पर अमल करने से हम ज़्यादा प्रभावी मैनेजर बन जाएँगे। हमारी व्यक्तिगत उपलब्धियाँ भी बढ़ जाएँगी, क्योंकि हमारे स्टाफ़ के लोग वे काम कर रहे होंगे, जिन्हें करने के लिए वे ज़्यादा उपयुक्त हैं। इसके अलावा इस महत्त्वपूर्ण अनुभव से उनका विकास होगा और उनकी योग्यताएँ बढ़ जाएँगी। सबसे अहम बात यह है कि इससे हम अपनी प्रबंधकीय योग्यताओं को तराशने के लिए मुक्त हो जाएँगे।

प्रभावी समय प्रबंधन

प्रबंधक को एक और महत्त्वपूर्ण योग्यता में माहिर होना चाहिए। यह है अपने समय का अच्छा प्रबंधन करना। दुर्भाग्य से, समय को नियंत्रित करने की असफलता लक्ष्य-प्राप्ति में हमारे सामने आने वाली सबसे आम समस्याओं में से एक है।

अपने समय का प्रभावी इस्तेमाल करने से हमें कौन सी चीज़ रोक रही है, यह समझने के लिए आगे दी गई सूची के बिंदुओं को क्रमवार जमा लें। इसे महत्त्व के क्रम में जमाएँ। सबसे बड़ी बाधा सबसे ऊपर लिखें और फिर सबसे छोटी बाधा तक लिखें। फिर तय करें कि इन बाधाओं से उबरने के लिए कौन से क़दम उठाने हैं।

बाधाएँ	क्रम
• एकाग्रता और प्रेरणा की कमी	_____
• लगातार अवरोध और बाधाएँ	_____
• बहुत कम समय में बहुत ज़्यादा काम	_____
• काम पूरा करने के लिए बहुत कम संसाधन	_____
• ख़राब योजना	_____
• टालमटोल की प्रवृत्ति	_____
• प्राथमिकताएँ तय करने या व्यवस्थित होने में अक्षमता	_____
• प्रभावी ढंग से काम सौंपने की अयोग्यता	_____
• समय पर निर्णय लेने की अयोग्यता	_____
• समयसाध्य और प्रभावहीन बैठकें	_____
• तनाव	_____

सिर्फ़ व्यस्त होना ही काफ़ी नहीं है; व्यस्त तो चींटियाँ भी होती हैं।
सवाल यह है, हम किस चीज़ में व्यस्त हैं?

—हेनरी डेविड थोरो

प्रभावी समय प्रबंधन के सिद्धांत

यहाँ अपने समय का अधिकतम लाभ लेने के बारे में कुछ सुझाव दिए जा रहे हैं :

1. अपने "घर" को व्यवस्थित करें। डेस्क से अनावश्यक चीज़ें साफ़ कर दें। अपने कामकाज की जगह को व्यवस्थित करें। काग़ज़ों को महत्त्व और आवश्यकता के आधार पर जमा लें।

2. समय प्रबंधन के साधनों का इस्तेमाल करें, जैसे कार्यसूची, समय-खंड, कामों के समूह बनाना, टाइम लॉग, प्रोजेक्ट सूची, प्राथमिकता सूची और कैलेंडर।

3. कार्यसूची और प्राथमिकताएँ लिख लें; काम पूरा होने पर ख़ुद को पुरस्कार दें।
4. यथार्थवादी लक्ष्य तय करें, लक्ष्यों को छोटे क़दमों में तोड़ लें और टूट पड़ें। बस शुरू कर दें - हम हैरान रह जाएँगे कि इसके बाद काम पूरा करना कितना आसान होता है।
5. कार्यकुशल बनें - हर दिन की योजना बनाएँ, जिनमें हमारी कार्यसूची के छोटे कामों से छोटे कालखंड भरने का प्रावधान हो।
6. अपने अंदर की घड़ी का अनुसरण करें। कुछ लोग नैसर्गिक रूप से सुबह या रात वाले लोग होते हैं। यदि हम उनमें से एक हैं, तो महत्त्वपूर्ण चीज़ें तब करें, जब हमारी ऊर्जा और उत्पादकता का स्तर शिखर पर हो। शिखर अवधियों का लाभ लेने के लिए समय सारणी बनाएँ।
7. जब हम प्रवाह में हों, तो इसका लाभ लें। ऊर्जा, प्रेरणा और सृजनात्मकता के झोंकों का लाभ लें। ये प्रवाह समय के अनुत्पादक खंडों को "रद्द" कर सकते हैं।
8. ख़ुद ही सोचें, "कल मैं छुट्टियाँ मनाने जा रहा हूँ और मेरे जाने से पहले हर चीज़ ठीक होनी चाहिए।" उत्पादकता को तेज़ करें और सारे अत्यावश्यक मसले, फ़ोन कॉल व ईमेल निबटा लें।
9. अच्छे निर्णय फटाफट लेना सीखें।
10. हर दिन के काम तय करें। हर दिन को कोई महत्त्वपूर्ण चीज़ हासिल करने का अवसर मानें। भटकावों को हटा दें, व्यवधानों को न्यूनतम कर दें और हाथ के काम या प्रोजेक्ट पर ध्यान केंद्रित करें।
11. ज़्यादा ऊर्जावान बनकर और अपनी सृजनात्मकता बढ़ाकर मजबूरन होने वाले विलंबों और फ़ुरसत की अवधियों का लाभ लें।
12. ज़रूरत से ज़्यादा वादे नहीं करें। अतिरिक्त कार्य लेने की स्वैच्छिक पहल ना करें, बस इनकार कर दें - स्पष्टीकरणों की हमेशा ज़रूरत नहीं होती।
13. "यदि मैं कोई काम सही चाहता हूँ, तो मुझे इसे ख़ुद करना होगा" वाला नज़रिया छोड़ दें। दूसरों को काम सौंपें; उन पर भरोसा रखें कि वे काम कर देंगे।

14. अपना नज़रिया बदलें - अलार्म थोड़ी जल्दी का लगाएँ और अपने काम में उत्साह भरें।
15. कारोबारी प्रदर्शनियों में जाएँ और समय बचाने के विचारों व प्रौद्योगिकियों की जानकारी हासिल करने के लिए उद्योग संबंधी पत्रिकाएँ पढ़ें।
16. अगली बार हम क्या अलग तरीक़े से कर सकते हैं, यह पता लगाकर ग़लतियों से लाभ उठाएँ।

मिनटों की परवाह करेंगे, तो घंटे अपनी परवाह ख़ुद कर लेंगे।

—लॉर्ड चेस्टरफ़ील्ड

मासिक, साप्ताहिक और दैनिक टाइम लॉग का इस्तेमाल करें

यहाँ समय-प्रबंधन के लॉग के कुछ उदाहरण हैं :

मासिक प्रोजेक्ट सूची	
महीना..................	
मेरी यह करने की योजना है *महीना शुरू होने के पहले भरें*	स्थिति संबंधी जानकारी *हर महीने के अंत में भरें*
प्रोजेक्ट 1 : कार्य जो किए जाने हैं : % % %	प्रोजेक्ट 1 : उपलब्धियाँ : % % %
प्रोजेक्ट 2 : कार्य जो किए जाने हैं : % % %	प्रोजेक्ट 2 : उपलब्धियाँ : % % %

प्रोजेक्ट 3 : कार्य जो किए जाने हैं :	प्रोजेक्ट 3 : उपलब्धियाँ :
%	%
%	%
%	%

आवश्यकतानुसार अतिरिक्त प्रोजेक्ट जोड़ लें।

साप्ताहिक टाइम लॉग

	सोम	मंगल	बुध	गुरु	शुक्र
7:00 से पहले					
7:00-					
7:30-					
8:00-					
8:30-					
9:00-					
9:30-					
10:00-					
10:30-					
11:00-					
11:30-					
12:00-					
1:00-					
1:30-					
2:00-					
2:30-					

3:00–					
3:30–					
4:00–					
4:30–					
5:00–					
5:30–					
6:00–					
6:30 के बाद					

दैनिक टाइम लॉग
सप्ताह का दिन : ....

7:00 से पहले
7:00–
7:30–
8:00–
8:30–

9:00–
9:30–
10:00–
10:30–
11:00–
11:30–
12:00–

1:00–	
1:30–	
2:00–	
2:30–	
3:00–	
3:30–	
4:00–	
4:30–	
5:00–	
5:30–	
6:00–	
6:30 के बाद	

अत्यावश्यक या महत्त्वपूर्ण

उद्देश्य हासिल होने की असफलता के सबसे आम कारणों में से एक यह दुविधा है कि तुरंत आवश्यक क्या है और महत्त्वपूर्ण क्या है। संकट आएँगे और उन्हें सुलझाना होगा, लेकिन हमें कभी उसे नज़रों से ओझल नहीं करना चाहिए, जो दीर्घकालीन सफलता के लिए सचमुच अनिवार्य है।

कुछ चीज़ें तुरंत आवश्यक भी होती हैं और महत्त्वपूर्ण भी होती हैं, जैसे बड़े संकटों से निबटना, डेडलाइन पूरी करना, संघर्ष सुलझाना।

कुछ चीज़ें महत्त्वपूर्ण तो होती हैं, लेकिन तुरंत आवश्यक नहीं होतीं। इनमें प्रोजेक्ट की योजना बनाना, मूल्यों को स्पष्ट करना, संबंधों को बनाना और योग्यताओं को विकसित करना शामिल है।

कुछ चीज़ें तुरंत आवश्यक तो होती हैं, लेकिन महत्त्वपूर्ण नहीं होती, जैसे फ़ोन कॉल, व्यवधान, ईमेल, टेक्स्ट मैसेज आदि।

कुछ चीज़ें ना तो तुरंत आवश्यक होती हैं, ना ही महत्त्वपूर्ण होती हैं, जैसे जंक मेल, अनावश्यक व्यस्तता, कंप्यूटर पर व्यक्तिगत मामलों में

संलग्न होना। अपने समय का उपयोग करते वक़्त प्रभावी मैनेजर कामों की तुरंत आवश्यकता और महत्त्व को ध्यान में रखते हैं।

प्राथमिकीकरण करें

यदि आप अपने समय का अच्छा इस्तेमाल करना चाहते हैं, तो आपको यह जानना होगा कि सबसे महत्त्वपूर्ण क्या है। फिर इसमें अपना सब कुछ झोंक दें।

—ली आयाकोका

हम अपने उद्योग की माँगों और ग्राहकों पर प्रतिक्रिया करके वांछित परिणाम पाने के लिए अपने लोगों का नेतृत्व करते हैं और प्राथमिकताओं का प्रबंधन करते हैं। आदर्श संसार में समय, लागत और गुणवत्ता समान होगी।

लेकिन आज के संसार की हक़ीक़त यह है कि हमें कम संसाधनों में ज़्यादा काम करना होता है – बेहतर, ज़्यादा तेज़ी से – इसलिए प्राथमिकीकरण की ज़रूरत होती है। यह जानना महत्त्वपूर्ण है कि हमारे संसार को कौन सी चीज़ चलाती है। क्या हमारे बॉस, सहकर्मी और संगठन इस बात पर सहमत हैं कि हमारे व्यवसाय पर कौन से घटक हावी हैं। इस ज्ञान से यह सुनिश्चित होगा कि हमारी प्राथमिकताएँ हमारे संगठन की प्राथमिकताओं के तालमेल में हैं।

प्राथमिकताएँ तय करने संबंधी कुछ दिशानिर्देश ये हैं :

- कार्यसूची तैयार करना।
- व्यक्तिगत व पेशेवर महत्त्व के क्रम में सूची बनाएँ।
- ध्यान दें कि हमारी सूची के कुछ काम दूसरों को कैसे प्रभावित कर सकते हैं (मिसाल के तौर पर, किसी को अपना काम करने के लिए हमसे किसी चीज़ की आवश्यकता हो सकती है)।
- हर काम की डेडलाइन लिख लें।
- डेडलाइन तक किसी निश्चित काम को हासिल नहीं कर पाने के परिणामों पर नज़र डालें।

- समय पर काम पूरा करने के पुरस्कारों की समीक्षा करें।
- सूची के सबसे निचले काम दूसरों को सौंप दें या हटा दें। शायद वे समय लगाने लायक़ नहीं हैं।

"हॉट बटनों" को प्राथमिकता के क्रम में ज़माना

वर्तमान शोध बताता है कि कर्म-केंद्रित लीडर अपने उच्च-प्राथमिकता वाले प्रोजेक्टों और लक्ष्यों – उनके "हॉट बटनों" – को बहुत व्यापक और सामरिक तरीक़े से देखते हैं। वे प्रोजेक्ट के वर्तमान कारोबारी परिप्रेक्ष्य और सामरिक भूमिका को सफलतापूर्वक संप्रेषित करते हैं। वे बताते हैं कि यदि प्रोजेक्ट सफलतापूर्वक पूरा हो जाएगा, तो सभी शामिल लोगों पर क्या प्रभाव पड़ेगा। वे सारगर्भित अंदाज़ में स्पष्ट कर सकते हैं कि उनके प्रोजेक्ट संगठन की सकल कारोबारी रणनीति से कहाँ और कैसे संबद्ध हैं।

हॉट बटनों के कुछ उदाहरण ये हैं :

- आमदनी बढ़ाना
- बाज़ार हिस्सेदारी बढ़ाना
- बेहतर ग्राहक संतुष्टि और ग्राहकों को क़ायम रखना
- लागत कम करना
- उत्पादकता बढ़ाना
- चुनौतियों को पूरा करने के सृजनात्मक समाधान खोजना

परेटो सिद्धांत और 80/20 का नियम

1906 में इटली के अर्थशास्त्री विल्फ्रेडो परेटो ने अपने देश में दौलत के असमान वितरण को बताने के लिए एक फ़ॉर्मूला बनाया। उन्होंने अवलोकन किया कि 20 प्रतिशत लोग 80 प्रतिशत दौलत के मालिक थे (ज़ाहिर है, आज अमेरिका में अंतर और भी ज़्यादा हो गया है)।

जब परेटो ने अवलोकन से फ़ॉर्मूला बना दिया, तो इसके बाद दूसरों ने भी अपनी विशेषज्ञता के क्षेत्रों में यही बात देखी। गुणवत्ता प्रबंधन के प्रवर्तक डॉ. जोसेफ़ जुरान ने एक सर्वव्यापी सिद्धांत दिया, जिसे उन्होंने "अति

महत्त्वपूर्ण कुछ और तुच्छ कई" नाम दिया। डॉ. जुरान ने बताया कि 20 प्रतिशत हिस्सा आम तौर पर 80 प्रतिशत परिणामों के लिए ज़िम्मेदार होता है। यह परेटो सिद्धांत या 80/20 नियम के रूप में मशहूर हुआ।

80/20 नियम के उदाहरण ये हैं :

- 20 प्रतिशत माल 80 प्रतिशत वेयरहाउस में भरा होता है।

- 20 प्रतिशत सेल्स स्टाफ़ 80 प्रतिशत बिक्री करता है।

- 20 प्रतिशत स्टाफ़ 80 प्रतिशत समस्याएँ उत्पन्न करेगा।

- 20 प्रतिशत स्टाफ़ 80 प्रतिशत उत्पादन करेगा।

- 20 प्रतिशत गतिविधियाँ 80 प्रतिशत परिणाम देंगी।

ज़ाहिर है, ये आँकड़े किसी एक संगठन या समूह में एकदम सटीकता से नहीं पाए जाते हैं। लेकिन इस नियम से हम वितरण और योगदान की सामान्य असमानता दिखा सकते हैं। यह विचार हमारे समय के प्रभावी प्रबंधन में बहुत उपयोगी औज़ार बन सकता है। हमें इसे हर दिन याद रखना चाहिए, ताकि हम अपना 80 प्रतिशत समय और ऊर्जा उन 20 प्रतिशत कामों पर केंद्रित करें, जो सचमुच महत्त्वपूर्ण हैं।

त्वरित प्रभाव डालने के पाँच तरीक़े

ज़्यादातर संगठनों में तरक़्क़ी के लिए सुयोग्य लोगों के बीच काफ़ी प्रतिस्पर्धा होती है। शुरुआती बढ़त पाने का एक बेहतरीन तरीक़ा यह है कि हम अपने संगठन की सफलता पर त्वरित प्रभाव डाल दें। यहाँ त्वरित और सकारात्मक प्रभाव डालने के पाँच तरीक़े बताए जा रहे हैं।

1. पैसे बचाएँ : वस्तुओं और सेवाओं की गुणवत्ता कम किए बिना पैसे बचाने के तरीक़ों की लगातार तलाश करना हर सफल संगठन की बुनियाद है। यदि हम छिपी हुई लागतों की जाँच करते हैं और लागत कम करने के क़दम उठाते हैं, तो बँधे हुए ख़र्च कम किए जा सकते हैं और हमारे प्रयासों से आमदनी बढ़ सकती है। टीम के सभी सदस्यों से सुझाव माँगें कि लागत कैसे कम की जा सकती है।

2. समय बचाएँ : समय बहुत महत्त्वपूर्ण है – और समय धन है। सभी जानकार प्रबंधक समझते हैं कि समय सबसे दुर्लभ संसाधन है। यदि हम प्रक्रियाओं को सुचारू बनाकर और अनावश्यक गतिविधियों को हटाकर समय बचाने के तरीक़े खोज सकें, तो हम त्वरित प्रभाव डालने में सक्षम होंगे।
3. गुणवत्ता बढ़ाएँ : अपने ग्राहकों और सप्लायरों से फ़ीडबैक माँगें। इससे हमें अपनी वस्तुओं और सेवाओं को बेहतर बनाने के लिए अमूल्य जानकारी मिल सकती है। सर्वेक्षण और आकलन हमें इस बारे में बहुत अच्छी जानकारी देते हैं कि हम अपने मापदंड कैसे ऊपर उठा सकते हैं और त्वरित प्रभाव डाल सकते हैं।
4. बाज़ार में हिस्सेदारी बढ़ाएँ : जब हम अपने ग्राहकों की संख्या को बढ़ाते हैं, तो हमारी प्रतिस्पर्धा कम हो जाती है। बिक्री व कारोबार को बढ़ाने के कुछ तरीक़े हैं विश्वास बनाना, अपेक्षाओं से आगे निकलना, उत्कृष्ट ग्राहक सेवा प्रदान करना और संदर्भ माँगना। हम बाज़ार में अपनी हिस्सेदारी बढ़ाकर त्वरित प्रभाव डाल सकते हैं।
5. ब्रांड या अनूठी छवि बनाएँ : हम जो कुछ भी करते और कहते हैं, वह हर चीज़ हमारे ब्रांड या अनूठी छवि का प्रतिबिंब होती है। हमारे सेल्स स्टाफ़ के व्यवहार और विज्ञापनों व सहायक सामग्री की जमावट से लेकर हमारी ग्राहक सेवा व गुणवत्ता तक हर चीज़ हमारी छवि पर असर डालती है। सभी सफल कंपनियों की शक्तिशाली ब्रांड इमेज होती है। उन्होंने ख़ुद को प्रतिस्पर्धियों से सफलतापूर्वक अलग कर लिया है।

ब्रांड प्रबंधन के लिए प्रतिस्पर्धियों के बारे में जागरूक रहना बहुत महत्त्वपूर्ण होता है। हमारा संगठन जिस उद्योग में है, उससे संबंधित जानकारी इंटरनेट पर खोजें। इस बात की काफ़ी संभावना है कि हमें बहुत सारी जानकारी मिल जाएगी। अपने प्रतिस्पर्धी का आकार देखें, उसकी सेवाओं के दायरे और भौगोलिक क्षेत्र पर ग़ौर करें। उनकी वेबसाइट पर ग़ौर करें कि उन्हें कौन सी चीज़ हमारी कंपनी के समान बनाती है या उससे अलग करती है। यह जानकारी इकट्ठी करने के बाद हम यह तय कर सकते हैं कि हमारा संगठन हमारे उद्योग में दूसरों से अलग कैसे दिख सकता है और इसकी

दर्शनीयता को बढ़ाने के लिए क्या किया जा सकता है। हम अपनी ब्रांड इमेज को बेहतर बनाने वाले तरीक़ों की लगातार तलाश करके त्वरित प्रभाव डाल सकते हैं।

स्वॉट (SWOT) विश्लेषण

वरिष्ठ प्रबंधक तरक़्क़ी के उम्मीदवारों के रूप में लगातार हमारा आकलन करते हैं। उनके विचारों में आगे रहने के लिए यह अनिवार्य है कि हम नियमित रूप से और सावधानी से अपना मूल्यांकन करें। "स्वॉट" विश्लेषण एक अच्छा तरीक़ा है। स्वॉट विश्लेषण किसी ख़ास लक्ष्य या परिणाम हासिल करने के लिए हमारी शक्तियों (Strengths), कमज़ोरियों (Weaknesses), अवसरों (Opportunities) और जोखिमों (Threats) को बताता है। यह बताता है कि हमारे सामने कौन सी चुनौतियाँ आ सकती हैं।

स्वॉट विश्लेषण हमें सक्षम बनाता है कि हम शक्तियों पर ध्यान केंद्रित करें, कमज़ोरियों को न्यूनतम करें, जोखिमों को दूर करें और उपलब्ध अवसरों का अधिकतम लाभ लें।

शक्तियों को पहचानने के लिए आगे दिए गए प्रश्नों पर विचार करें :

ऐसा क्या है, जो हम बहुत ज़्यादा अच्छी तरह करते हैं?

हमारे पास कौन से लाभ हैं?

हमारे पास कौन सी संपत्तियाँ और संसाधन हैं?

कमज़ोरियों को पहचानने के लिए नीचे दिए गए प्रश्नों पर विचार करें :

हम किन चीज़ों को बेहतर कर सकते थे?

हमारी कौन सी आलोचनाएँ हुई हैं?

हमारे कमज़ोर बिंदु क्या हैं?

अपनी सफलता के जोखिमों को उजागर करने के लिए नीचे दिए गए प्रश्नों पर विचार करें :

कौन सी चुनौतियाँ हमारी सफलता में बाधा डाल सकती हैं?

इन चुनौतियों से निबटने की हमारी योजना क्या है?

नीचे दिए गए प्रश्न पूछकर अवसरों को पहचानें :

हम किन अवसरों के बारे में जानते हैं?

क्या हम उन प्रवृत्तियों के बारे में जागरूक हैं, जिनका हम लाभ उठा सकते हैं?

सफलता को सुनिश्चित करने के लिए हम अपनी शक्तियों का कैसे उपयोग कर सकते हैं?

नवाचारी प्रक्रिया

सदियों से लोग सृजनात्मक प्रक्रिया से मंत्रमुग्ध रहे हैं - क्रमबद्ध क़दमों की शृंखला, जिसके ज़रिये कोई व्यक्ति या समूह किसी समस्या या अवसर का विश्लेषण करने के लिए एक सुनियोजित, पक्षपातरहित और अपारंपरिक दिखने वाले तरीक़े से सृजनात्मक सोच के सिद्धांतों का उपयोग करता है। कुछ शोधकर्ताओं ने उस चीज़ को समझने और बताने की कोशिश की है, जो किसी इंसान को सृजनात्मक "बनाती" है। बाक़ी ने उस परिवेश की जाँच की है, जो सृजनात्मक प्रयास को प्रेरित व प्रोत्साहित करता है। अन्य लोगों ने सृजनात्मक उत्पादों व सेवाओं के विकास पर ध्यान केंद्रित किया है। समाजवादी और व्यवहारवादी विज्ञानों में हुए आधुनिक शोध ने इस अवधारणा के रहस्य से पर्दा हटा दिया है। उन्होंने दिखाया कि तर्क, विश्लेषण और प्रयोगशीलता की थोड़ी सी शक्तियाँ भी हमें नवाचार और इसके कई पहलुओं से संबंधित ज्ञान दे सकती हैं।

इस बढ़ी हुई जागरूकता और समझ से पूरे संसार के गुणवत्ता-चेतन प्रबंधकों की कल्पना प्रेरित हो चुकी है। वे अपने सहयोगियों की सृजनात्मक शक्तियों और समस्या सुलझाने की योग्यताओं को बढ़ाने के ज़बर्दस्त लाभ समझ गए हैं। सर्वेक्षणों से पता चला है कि नए व नवाचारी तरीक़ों से समस्याओं एवं अवसरों का विश्लेषण करने के लिए सृजनात्मक सोच की योग्यता बेहद महत्त्वपूर्ण होती है। प्रायः इसे सतत सुधार करने के लिए समर्पित कंपनियों के प्रबंधकों की सबसे मूल्यवान योग्यताओं में से एक माना जाता है। क्यों? क्योंकि सृजनात्मक विचारों के फलस्वरूप नई खोजें होती हैं, काम करने के बेहतर तरीक़े खोजे जाते हैं, लागत कम होती है और प्रदर्शन बेहतर होता है - जो आधुनिक प्रतिस्पर्धी परिवेश में कार्यरत कारोबारी लोगों के लिए अत्यंत महत्त्वपूर्ण होते हैं।

इस वजह से नवाचार को एक संसाधन मानना चाहिए और अपने ग्राहकों की संतुष्टि के लिए बाक़ी संसाधनों की तरह ही इसका भी प्रबंधन करना चाहिए।

आप कह सकते हैं कि मैं स्वप्नदर्शी हूँ, लेकिन मैं अकेला नहीं हूँ। मुझे आशा है कि किसी दिन आप भी हमारे साथ शामिल हो जाएँगे और संसार एक होकर जिएगा।

—जॉन लेनन

सोचने की कार्यप्रणाली

मानव मस्तिष्क की सोचने की कार्यप्रणाली के वर्णन में कहा जा सकता है कि इसके दो हिस्से हैं : एक है स्वच्छंद, सृजनात्मक सोच और दूसरा है विश्लेषणात्मक या विवेकपूर्ण सोच।

हरी बत्ती वाली सोच – "हरी बत्ती वाली सोच" शब्दावली का इस्तेमाल कई बरसों से किया जा रहा है। इसका मतलब उस विचार प्रक्रिया से है, जो सृजनात्मक विचारों के उत्पादन के लिए सबसे अनुकूल होती है। इसमें विचारों की गुणवत्ता पर नहीं, बल्कि उनकी संख्या पर ज़ोर दिया जाता है। हरी बत्ती वाली सोच में ये शामिल हैं :

- निर्णय ना लेना
- विचारमंथन
- संख्या पर ज़ोर
- विचारों का प्रवाह

किसी अच्छे विचार को पाने का सबसे अच्छा तरीक़ा है बहुत सारे विचारों का होना।

—डॉ. लाइनस पॉलिंग

लाल बत्ती वाली सोच – मस्तिष्क का विवेकशील हिस्सा मस्तिष्क के सृजनात्मक, स्वच्छंद हिस्से से उत्पन्न होने वाले विचारों का विश्लेषण और

मूल्यांकन करता है। यहाँ विचारों की गुणवत्ता पर ध्यान केंद्रित किया जाता है। अक्सर इस प्रक्रिया के वर्णन के लिए "लाल बत्ती वाली सोच" शब्दावली का इस्तेमाल किया जाता है। इसमें ये शामिल हैं :

- चुनिंदा सोच
- हरी बत्ती वाली सोच का अनुसरण किया जाता है
- गुणवत्ता पर ध्यान केंद्रित रहता है

हरी बत्ती और लाल बत्ती वाली सोच दो अलग-अलग प्रक्रियाएँ हैं और इन्हें हमेशा अलग रखना चाहिए।

चूँकि हमारी ज़्यादातर शैक्षणिक प्रक्रियाएँ और प्रणालियाँ विवेकपूर्ण सोच के कामों (जैसे : निर्णय लेने की योग्यता, स्थितियों की तुलना एवं आकलन, सही और ग़लत के बीच भेद आदि) को विकसित करने के प्रति समर्पित रही हैं, इसलिए ज़्यादातर लोगों को यह अहसास ही नहीं होता है कि उनमें कितनी सृजनात्मक योग्यता है। वास्तव में हम इस क्षेत्र में काफ़ी सक्षम होते हैं और उचित कोचिंग से हमारी क्षमता को बड़ी ही आसानी से बढ़ाया भी जा सकता है।

अपनी सृजनात्मक योग्यताओं को विकसित करना

हममें से कई लोग ख़ुद को नवाचारी नहीं मानते हैं। हम तो यह सोचते हैं कि सृजनात्मकता एक पैदाइशी गुण है, जो लियोनार्डो द विंची, थॉमस एडिसन, बिल गेट्स या स्टीव जॉब्स जैसे लोगों तक ही सीमित है। ऐसा बिलकुल नहीं है। हम सभी में सृजन करने की योग्यता होती है।

किसी भी प्रॉडक्ट, सेवा या स्थिति को देखकर शुरुआत करें। समस्या सुलझाने या अवसर तलाशने के औज़ार के रूप में नीचे दी गई नवाचारी प्रक्रिया का इस्तेमाल करें। यह काम करते समय सृजनात्मक असंतोष का नज़रिया रखें, यानी अपनी कारोबारी प्रक्रियाओं और उत्पादों को आलोचनात्मक निगाह से देखें। इसके बाद जिन क़दमों की शृंखला बताई गई है, वे हमारे कारोबार को नए अंदाज़ में देखने में हमारी मदद करेंगे।

क़दम 1 : मानसिक चित्र देखना

हमारा लक्ष्य या उद्देश्य क्या है? हम जो परिणाम चाहते हैं, उसका चित्र खींचें। एक स्वप्न देखें कि "जो होना चाहिए" वाली आदर्श स्थिति कैसी दिखेगी। चाहे कोई समस्या हो या सुधार का अवसर, चित्र देखने की प्रक्रिया आदर्श स्थिति को हमारे मन में बसा देगी और हमें आगे बढ़ने के लिए प्रेरित करेगी।

क़दम 2 : तथ्य खोजना

तथ्य हासिल करें। स्थितियों के "कौन," "क्या," "कब," "कहाँ," "क्यों," और "कैसे" को देखें। चाहे सकारात्मक हों या नकारात्मक, विवरण तथ्यात्मक होने चाहिए। हम तथ्यों के बारे में कोई निर्णय नहीं लेते हैं, बस उन्हें एकत्रित करते हैं। ये एकत्रित तथ्य वे "लक्षण" या "कारण" हैं, जिन्हें हटाने पर चुनौतियाँ सुलझ जाएँगी। हमें यह ध्यान रखना चाहिए कि "ग़लत समस्या का सही समाधान सही समस्या के लत समाधान से ज़्यादा ख़तरनाक होता है।" सही तरीक़े से पहचानने के बाद अवसरों और/या समस्याओं की प्राथमिकता को दोबारा तय किया जा सकता है।

क़दम 3 : अवसर खोजना

हम अवसर को जिस तरह से व्यक्त करते हैं, उसी से तय होता है कि हमें सृजनात्मक राय मिलेगी या विवेकपूर्ण राय। हमारा उद्देश्य इस समय निर्णय को टालना है और मानसिक या शाब्दिक "अँगुली उठाने" से बचना है। इसलिए अवसर को इस तरह के प्रश्न में ढाला जा सकता है : "किन तरीक़ों से हम.... कर सकते हैं?" मिसाल के तौर पर, "किन तरीक़ों से हम बिक्री बढ़ा सकते हैं?" या "किन तरीक़ों से हम लागत घटा सकते हैं?"

क़दम 4 : विचार खोजना

विचार खोजने की प्रक्रिया व्यक्तिगत भी हो सकती है और सामूहिक भी। सामूहिक प्रक्रिया को लोकप्रिय भाषा में "विचारमंथन" कहा जाता है। इस अवस्था में किसी निर्णय या गुण-दोष सोच की अनुमति नहीं दी जाती है।

हम अपनी ख़ुद की पाबंदियों को हटा दें (जो लज्जित होने के डर से संचालित होती हैं), यह सुनिश्चित करने के लिए प्रतिभागियों को बोलने

से पहले लिखने को कहें। विचार लिखने से लोग गुणवत्ता के बजाय संख्या पर ध्यान केंद्रित कर सकते हैं। इससे समूह के सदस्यों को दूसरों की रायों, विचारों या व्यक्तित्वों पर प्रतिक्रिया किए बिना "विचारों के प्रवाह" की अनुमति मिलती है।

क़दम 5 : समाधान खोजना

समाधान खोजने वाले क़दम में विवेकपूर्ण सोच की बारी आती है। यहाँ हम हरी बत्ती वाली सोच से उत्पन्न विचारों का मूल्यांकन करते हैं। पर्याप्त विचार लिखने के बाद समन्वयक प्रतिभागियों से उनके "सर्वश्रेष्ठ" और "सबसे मूर्खतापूर्ण" विचार तय करने को कहता है। "सर्वश्रेष्ठ" विचारों पर होने वाले विचार-विमर्श में समन्वयक को दूसरों को पहले बोलने की अनुमति देनी चाहिए, ताकि प्रक्रिया दूषित ना हो। "सबसे मूर्खतापूर्ण" विचारों पर विचार-विमर्श के दौरान समन्वयक को पहले बोलकर यह सुनिश्चित करना चाहिए कि प्रतिभागी ख़ुद पर पाबंदियाँ नहीं लगाएँ। विवेक आधारित निर्णय ना दें, संख्या की फिराक में रहें और दिए गए विचारों से नए विचार उत्पन्न होने की प्रक्रिया को प्रेरित करें।

उत्पन्न होने वाले विचारों के आधार पर हम ख़ुद से पूछ सकते हैं : इन समाधानों को किन मापदंडों के अनुरूप होना चाहिए? फलस्वरूप कौन से मापदंड हमारे पास होने ही चाहिए? परम और वांछित मापदंड तय करने से निर्णय लेने की प्रक्रिया ज़्यादा निष्पक्ष और कम व्यक्तिगत हो जाती है।

क़दम 6 : स्वीकृति खोजना

जब तक कि हम ख़ुद समाधान पर अमल ना करने वाले हों, हमें दूसरे लोगों को शामिल करना होता है और यह एक बिलकुल नई चुनौती हो सकती है। हमें यह भाँपना चाहिए कि हमारे विचार पर सामने वालों के मन में कौन सी आपत्तियाँ हो सकती हैं। शायद हमें अवसर खोजने वाली अवस्था (उदाहरण के लिए "किस तरीक़े से हम सहमत हो सकते हैं?") पर दोबारा प्रक्रिया शुरू करनी चाहिए। इसीलिए नवाचारी प्रक्रिया प्रायः सीधी तकनीक नहीं होती है; एक समाधान एक नई समस्या बन सकता है।

क़दम 7 : अमल

हरी बत्ती वाली सोच और लाल बत्ती वाली सोच के क़दमों में हमने विचार और समाधान पहचाने थे। अब हमें उन पर अमल करने की ज़रूरत है। एक समय सारणी बनाएँ और लिखें कि परियोजना का हर हिस्सा कब पूरा होगा।

क़दम 8 : निगरानी

निगरानी करके हम यह सुनिश्चित करते हैं कि हम पटरी पर बने रहें। तीस दिन, साठ दिन, या प्रोजेक्ट के हिसाब से किसी दूसरी समयावधि में निगरानी बैठकें रख लें। हमने जो शुरू किया है, उसकी निगरानी सुनिश्चित करें। ऊर्जा और प्रेरणा को जारी रखें।

क़दम 9 : मूल्यांकन

पलटकर विचार करना और यह सोचना हमेशा उपयोगी होता है कि क्या हमारे प्रयास फलदायी रहे हैं। क्या हमने वे परिणाम हासिल कर लिए, जिनकी हम उम्मीद कर रहे थे? क्या चीज़ें सही तरह से हुईं? यह आख़िरी क़दम प्रक्रिया के लिए "अति महत्त्वपूर्ण" होता है।

> *कारोबार में पूँजी इतनी महत्त्वपूर्ण नहीं होती है। अनुभव इतना महत्त्वपूर्ण नहीं होता है। आप ये दोनों चीज़ें हासिल कर सकते हैं। महत्त्वपूर्ण है विचार। अगर आपके पास विचार हैं, तो आपके पास अपनी ज़रूरत की अहम संपत्ति है। यदि यह है, तो आप अपने कारोबार और जीवन में कितने आगे तक जा सकते हैं, उसकी कोई सीमा नहीं है।*
>
> *—हार्वे फ़ायरस्टोन*

समूह सहभागिता बनाना

हम अपने संगठन की प्रक्रियाओं को अकेले ठीक नहीं कर सकते। सफल लीडर नवाचार विकसित करने में अपने सहयोगियों के योगदान को ना सिर्फ़ प्रोत्साहित करते हैं, बल्कि इसे उनके काम का एक अभिन्न हिस्सा भी बना देते हैं।

सहभागी समूह बनाने के लिए कुछ सुझाव ये हैं :

- विचारों को प्रोत्साहित करने वाला परिवेश बनाएँ।

- सत्र से पहले सभी प्रतिभागियों को समस्या या अवसर का अध्ययन करने दें।

- सत्र बीस-तीस मिनट का रखें।

- हर प्रतिभागी को विचार देने के लिए प्रोत्साहित करें, चाहे वे कितने ही अप्रासंगिक या मूर्खतापूर्ण लग रहे हों। बेकार नज़र आने वाले विचार दूसरे प्रतिभागियों के मन में ज़्यादा महत्त्वपूर्ण विचारों को जाग्रत कर सकते हैं।

- पेश किए गए विचारों को "लाल बत्ती" दिखाकर ख़ारिज नहीं करें।

- किसी भी जवाब का मूल्यांकन ना करें; तटस्थ रहें।

- मीटिंग में अपने विचार नहीं बताएँ।

- नवाचारी सोच को प्रोत्साहित करें।

- प्रतिभागियों को दूसरों के विचार को बढ़ाने या उस पर "सवारी" करने के लिए प्रेरित करें।

- विचारों की संख्या बढ़ाने की कोशिश करें।

- हर अवधारणा को वह बुनियाद दें, जिसके आधार पर सभी संबद्ध या समान विचारों पर विमर्श किया जा सके।

- प्रतिभागियों को विचारों का मूल्यांकन नहीं करने दें।

- प्रतिभागियों को विचार "बेचने" नहीं दें।

- हर बताए गए विचार को लिखें।

- सूची की समीक्षा करें।

- लोगों को सूची में जोड़ने की अनुमति दें।

- सभी प्रतिभागियों को मीटिंग के एक सप्ताह के भीतर एक प्रति दें।

सार

- सावधानीपूर्वक योजना बनाए बिना कोई भी काम सफलतापूर्वक पूरा नहीं किया जा सकता।

- प्रभावी नियोजन के आठ क़दम ये हैं :

  1. स्पष्टता से बताना कि हम क्या हासिल करना चाहते हैं।

  2. वर्तमान स्थिति का मूल्यांकन करना।

  3. अल्पकालीन, मध्यवर्ती और दीर्घकालीन लक्ष्य तय करना।

  4. यह तय करना कि कौन से काम करने हैं।

  5. लागत का विश्लेषण करना – प्रोजेक्ट के लिए बजट बनाना।

  6. समय सारणी – समय सारणी बनाएँ कि हर चरण कब पूरा हो जाना चाहिए।

  7. योजना के क्रियान्वयन को सर्वश्रेष्ठ तरीक़े से सुनिश्चित करने के लिए सभी प्रतिभागियों से वादा लेना।

  8. निगरानी – विचलनों का विश्लेषण करना और उनमें सुधार करना।

- हम ज़्यादातर प्रोजेक्ट अकेले नहीं कर सकते। इसके अलग-अलग हिस्से अपने स्टाफ़ के सुयोग्य सदस्यों को सौंप दें। उन्हें इन्हें हासिल करने का अधिकार व शक्ति भी दें।

- काम सौंपते वक़्त सुनिश्चित करें कि निर्देशों को स्पष्टता से समझ लिया गया है और स्वीकार कर लिया गया है।

- नियंत्रण बिंदु तय करें, ताकि हम विपत्ति बनने से पहले ही ग़लतियों को पकड़ सकें।

- जिन कर्मचारियों को काम सौंपा जा रहा है, उनके मन में लगभग हमेशा प्रश्न रहते हैं, वे सलाह चाहते हैं और उन्हें हमारी मदद की ज़रूरत होती है। उन्हें बता दें कि हम सहायता करने, सलाह देने और समर्थन करने के लिए उपलब्ध हैं, लेकिन हम उनका काम करने के लिए उपलब्ध नहीं हैं।

- प्रबंधकों को अपने समय का प्रभावी प्रबंधन करना चाहिए। इस अध्याय में समय बचाने वाले सोलह तरीक़े बताए गए हैं, उनकी समीक्षा करें।

- समय के मासिक, साप्ताहिक और दैनिक लॉग का इस्तेमाल करें।

- अपने समय का सबसे प्रभावी इस्तेमाल करने के लिए हमें यह जानना होता है कि सबसे महत्त्वपूर्ण क्या है। फिर हमें उसे प्राथमिकता के क्रम में जमाना होता है।

- अपनी प्राथमिकताएँ तय करते समय "हॉट बटनों" पर विचार करें – कौन से मुद्दे वरिष्ठ प्रबंधकों और अन्य संबंधित लोगों के लिए सबसे महत्त्वपूर्ण हैं।

- त्वरित प्रभाव डालने के पाँच तरीक़े हैं :

  1. पैसे बचाएँ

  2. समय बचाएँ

  3. गुणवत्ता को बेहतर बनाएँ

  4. बाज़ार में हिस्सेदारी बढ़ाएँ

  5. ब्रांड इमेज को बेहतर बनाएँ

- नवाचार करने, नए प्रॉडक्ट या प्रणालियाँ बनाने और विद्यमान प्रॉडक्ट, सेवा या प्रणालियों को बेहतर बनाने की योग्यता एक ऐसी संपत्ति है, जिसकी तलाश वरिष्ठ प्रबंधक प्रगतिशील प्रबंधकों में करते हैं।

- मानव मस्तिष्क की सोचने वाली प्रणाली को दो हिस्सों में बाँटा जा सकता है : एक हिस्सा स्वच्छंद, सृजनात्मक सोच के लिए है (हरी बत्ती वाली सोच) और दूसरा हिस्सा विश्लेषणात्मक या विवेकपूर्ण सोच के लिए है (लाल बत्ती वाली सोच)।

- सृजन करने की योग्यता हम सभी में होती है। किसी प्रॉडक्ट, सेवा या स्थिति की तलाश करके शुरू करें, जहाँ नवाचारी प्रक्रिया का इस्तेमाल समस्या सुलझाने या अवसर की पड़ताल करने के औज़ार के रूप में किया जा सकता हो।

- एक सृजनात्मक, सहयोगी और समर्थनकारी परिवेश बनाकर अपने स्टाफ़ को नवाचारी बनने के लिए प्रोत्साहित करें, जो हमेशा नए विचारों और अवधारणाओं के प्रति खुली मानसिकता रखता हो।

5

सार्वजनिक संभाषण योग्यताओं को बढ़ाएँ

लीडर को संप्रेषण में उत्कृष्ट होना चाहिए। तरक़्क़ी के लिए प्रशिक्षण का एक अहम हिस्सा यह है कि हम अपने विचार दूसरों के सामने मौखिक व लिखित दोनों तरीक़ों से पेश करने में निपुण हों। यही नहीं, हमें उनसे फ़ीडबैक लेने में कुशल होना चाहिए। इस अध्याय में हम इस बारे में बात करेंगे कि हम अपनी सार्वजनिक संभाषण तकनीकों को आदर्श कैसे बनाएँ। अगले अध्याय में हम अपनी लेखन योग्यताओं पर चर्चा करेंगे।

जानकारी देने वाली प्रस्तुतियाँ

जानकारी देने वाली प्रस्तुति कारोबारी प्रस्तुति का सबसे आम रूप है। अपने करियर में हर सप्ताह, शायद हर दिन भी, हम प्रस्तुतियों के माध्यम से जानकारी ग्रहण करते हैं। यह जानकारी वस्तुस्थिति के संबंध में हो सकती है, नीतिगत दिशानिर्देश के बारे में हो सकती है या नीतिगत परिवर्तनों के बारे में भी हो सकती है। हमारी ज़्यादातर प्रस्तुतियाँ किसी ना किसी रूप में जानकारी देने वाली श्रेणी में आती हैं।

लीडर के रूप में हमें विभिन्न स्थितियों में प्रस्तुतियाँ देनी होंगी। इनमें ये शामिल हैं :

- प्रशिक्षण सत्र
- सेल्स मीटिंग/स्टाफ़ मीटिंग प्रस्तुति
- प्रोजेक्ट की स्थिति संबंधी प्रस्तुति
- वित्तीय परिणाम प्रस्तुति
- प्रॉडक्ट/प्रोजेक्ट को बाज़ार में उतारना
- तकनीकी प्रस्तुति
- अनुकूलन सत्र
- पेशेवर और कारोबारी संघ को संबोधित करना
- चैंबर ऑफ़ कॉमर्स, सर्विस क्लब और सामाजिक संगठनों को संबोधित करना

कुछ लोग जानकारी देने वाली प्रस्तुति पेश करने में बेहद योग्य होते हैं। प्रस्तुति ख़त्म होने पर हमें उनका संदेश पूरी तरह समझ आ जाता है। हमें स्पष्टता से पता होता है कि कौन से परिणाम वांछित हैं। हमें यह भी मालूम होता है कि हमें कौन से मुख्य बिंदु याद रखने हैं। दूसरी ओर, जानकारी देने वाली कई प्रस्तुतियाँ अव्यवस्थित होती हैं। उन्हें समझना मुश्किल होता है और अंत में हमारे पास प्रस्तुति संबंधी कुछ अस्पष्ट विचार ही होते हैं।

प्रबंधन के पदों पर पहुँचने की तैयारी करते वक़्त हमें जानकारी देने वाली प्रस्तुति की क़दम-दर-क़दम नीति सीखना चाहिए, ताकि हम यह सुनिश्चित कर सकें कि हमारा संदेश स्पष्ट रहे, हमारे श्रोता उसमें रुचि लें और हम सारे प्रासंगिक बिंदुओं पर वह बात अच्छी तरह बता दें, जो हम बताना चाहते हैं।

जिस भी चीज़ को सोचा जा सकता है, उसे स्पष्टता से सोचा जा सकता है। जिस भी चीज़ को कहा जा सकता है, उसे स्पष्टता से कहा जा सकता है।

—लुडविग विटगिन्स्टाइन

प्रस्तुति नियोजन आकलन

इस वक़्त हम जानकारी देने वाली प्रस्तुति कैसे देते हैं, इसका आकलन करने के लिए नीचे दिए सवालों के जवाब दें। हमेशा के लिए "ए," कभी-कभार के लिए "एस" और कभी नहीं के लिए "एन" लिखें।

1. मैं सावधानी से योजना बनाता हूँ कि जानकारी कैसे देना है।.......

2. मेरा संदेश समझने में ज़्यादा आसान हो, यह सुनिश्चित करने के लिए मैं विज़ुअल एड्स का सहारा लेता हूँ।.......

3. अपने संदेश को शक्तिशाली बनाने के लिए मैं हैंडआउट या पॉवर पॉइंट प्रस्तुति तैयार करता हूँ।.......

4. जानकारी देने के बाद मैं प्रश्न-उत्तर सत्र रखता हूँ।.......

5. श्रोता मेरा संदेश समझ गए हैं, यह सुनिश्चित करने के लिए मैं जाँच करता हूँ।.......

6. मैंने अपना संदेश कितनी अच्छी तरह संप्रेषित किया है, यह देखने के लिए मैं फ़ीडबैक माँगता हूँ।.......

7. प्रस्तुति देने से पहले मैं उसका पूर्वाभ्यास करता हूँ।.......

8. अपना संदेश तैयार करने के लिए मैं एक ख़ास नीति का पालन करता हूँ।.......

9. अपने संदेश को ज़्यादा विश्वसनीय बनाने के लिए मैं प्रमाण संबंधी शोध करता हूँ।.......

10. अपने संदेश को ज़्यादा रोचक बनाने के लिए मैं उदाहरणों और चित्रों का इस्तेमाल करता हूँ।.......

11. मैं संदेश को सबसे प्रासंगिक जानकारी तक ही सीमित रखता हूँ।....

12. मैं अपने श्रोताओं को पटरी पर रखने के लिए प्रायः सार बताता हूँ।.......

13. मैं प्रस्तुतियों पर सहकर्मियों से फ़ीडबैक लेता हूँ।.......

14. जब मैं जानकारी देता हूँ, तो मेरे श्रोता रुचिवान बने रहते हैं।......

15. मैं ऊर्जा और उत्साह से प्रस्तुति देता हूँ।.......

हमारा लक्ष्य ख़ुद को इस तरह प्रशिक्षित करना है, ताकि हम इन सभी प्रश्नों के उत्तर में "ए" लिख सकें।

हमारे श्रोता कौन हैं?

पेशेवर प्रस्तुतकर्ता जानकारी देने वाली प्रस्तुति की योजना बनाते वक़्त अपने श्रोताओं पर ध्यान देते हैं। ऐसी प्रस्तुति की एक बड़ी चुनौती यह सुनिश्चित करना है कि हम अपने श्रोताओं के ज्ञान और विशेषज्ञता के स्तर से ना तो ऊपर बोलें, ना ही नीचे। श्रोतासमूह के लोगों के अनुभव अलग स्तर के हो सकते हैं, जिससे हमारा काम और भी ज़्यादा चुनौतीपूर्ण बन जाता है।

जानकारी देने वाली प्रस्तुति की योजना बनाते वक़्त हमें विषय के बारे में अपने श्रोताओं के ज्ञान के बारे में ज़्यादा से ज़्यादा जानकारी हासिल करनी चाहिए।

- मेरी प्रस्तुति के विषय के बारे में ये श्रोता कितना जानते हैं?
- मिसाल के तौर पर, क्या मैं इंजीनियरों के सामने बोल रहा हूँ या अंतिम उपयोग करने वालों से बोल रहा हूँ या दोनों से बोल रहा हूँ?
- अपने विषय को सही तरह से रखने के लिए क्या मुझे पृष्ठभूमि में बहुत सी जानकारी देने की ज़रूरत है या फिर मेरे श्रोता इस विषय का अच्छा ज्ञान रखते हैं?
- इस विषय के मामले में श्रोताओं का पिछला अनुभव या शिक्षा क्या है?
- क्या इस विषय से उनका पाला हर दिन या सप्ताह पड़ता है, या फिर यह उनके लिए नया है?
- यदि वे इस विषय में अनुभवी हैं, तो अतीत में उनकी कौन सी चिंताएँ या मुद्‌दे हो सकते हैं, जिन्हें वे दूर करना चाहेंगे?
- क्या यह विश्वास करने का कोई कारण है कि प्रस्तुति के विषय के बारे में श्रोताओं की प्रबल भावना है?
- यदि मुद्‌दे मौजूद हैं, तो इन श्रोताओं में किस तरह के नज़रिये प्रकट होते हैं?

- मेरे विषय पर इन श्रोताओं के मामले में कौन सी समस्याएँ या आलोचनाएँ रही हैं?

- कौन से लोग मेरे मुख्य संदेशों के पक्ष या विपक्ष में व्यक्तिगत पूर्वाग्रह रख सकते हैं?

- क्या यह ऐसा समूह है, जिसे मेरे द्वारा पूरे विवरण बताने की ज़रूरत है या फिर वे सिर्फ़ विषय का सार चाहते हैं?

- मेरे संदेश से इस समूह पर कितना प्रभाव पड़ेगा? जो वे पहले से कर रहे हैं, उसमें मैं कितना बदलाव करने को कहूँगा?

- क्या मेरे संदेश में सुरक्षा या नीति संबंधी मुद्दे हैं, जिनमें श्रोताओं को विस्तृत जानकारी की आवश्यकता होगी?

प्रस्तुति की योजना बनाना

हमारी प्रस्तुति का उद्देश्य जानकारी संप्रेषित करना है। हमारा लक्ष्य यह जानकारी रोचक, दिलचस्प और पेशेवर अंदाज़ में अपने श्रोताओं तक पहुँचाना है।

श्रोता संक्षिप्त, व्यवस्थित प्रस्तुतियों को पसंद करते हैं, जो जल्दी और स्पष्टता से मुख्य बिंदुओं तक पहुँच जाएँ।

प्रस्तुति की सफल योजना बनाने के पाँच अत्यंत महत्त्वपूर्ण तत्व हैं :

- आसानी से समझ आने वाली भाषा

- चित्र और उदाहरण

- विचारों को सावधानी से व्यवस्थित करें

- प्रस्तुति के केंद्रबिंदु को सीमित रखें

- सार बताएँ

आसानी से समझ आने वाली भाषा

यह मानकर ना चलें कि श्रोता उद्योग या कंपनी की विशिष्ट शब्दावली, संक्षिप्त रूपों या खिचड़ी भाषा से वाक़िफ़ हैं। प्रस्तुति देते समय शब्दावली को संक्षेप में परिभाषित करने में बहुत कम समय लगता है। यदि हम संक्षिप्त

रूपों के बजाय वास्तविक शब्दों का इस्तेमाल करें, तो हम यह सुनिश्चित कर लेंगे कि हमारा प्रत्येक श्रोता हमारा संदेश समझ गया है।

चित्र और उदाहरण

सूचना देने वाली कुछ प्रस्तुतियों में तथ्यों और आँकड़ों की इतनी भरमार होती है कि वे किसी श्रोता समूह के सब्र की परीक्षा ले सकती हैं। बीच-बीच में असल संसार के उदाहरण, प्रासंगिक कहानी या फ़ोटो या चार्ट वाली पॉवर पॉइंट स्लाइड का इस्तेमाल करें। इससे नीरसता टूट जाएगी और श्रोता रुचि लेने लगेंगे।

विचारों को सावधानी से व्यवस्थित करें

हम सभी ने कुछ प्रस्तुति देने वालों को देखा है, जिन्होंने अपनी सामग्री के बारे में अच्छी तरह नहीं सोचा या अपने विचारों को ठीक से व्यवस्थित नहीं किया। इस वजह से वे बिना किसी क्रम के एक बिंदु से दूसरे बिंदु तक कूदते रहते हैं, जिससे श्रोता दुविधा में पड़ जाते हैं और उनका ध्यान भटक जाता है। सामग्री को व्यवस्थित करने का समय निकालें, ताकि यह तार्किक रहे और श्रोता इसे आसानी से समझ लें।

प्रस्तुति के केंद्र बिंदु को सीमित रखें

विस्तृत निर्देशों की आवश्यकता प्रशिक्षण सत्र में ही होती है। ज़्यादातर श्रोता समूहों को सारे तथ्यों और आँकड़ों की ज़रूरत नहीं होती। उन्हें तो सिर्फ़ अपने लिए प्रासंगिक तथ्य और आँकड़े चाहिए होते हैं। विशिष्ट प्रस्तुति के लिए विषय सामग्री को सीमित रखने का तरीक़ा खोजना एक चुनौती है, जिससे श्रोताओं को आवंटित समयसीमा में पर्याप्त से ज़्यादा जानकारी नहीं दी जाए।

सार बताएँ

प्रस्तुति के अंत में अपने मुख्य बिंदु, ख़ास तौर पर वांछित अंतिम परिणाम को सार रूप में बताएँ। इससे श्रोताओं पर स्पष्ट और यादगार अंतिम छाप पड़ती है। यदि प्रस्तुति के बाद प्रश्न-उत्तर सत्र हो, तो सार को सत्र के बाद दोहराएँ।

कई व्याख्यान सिर्फ़ इसलिए स्पष्ट नहीं होते हैं, क्योंकि वक्ता आवंटित समय में ज़्यादा से ज़्यादा विषयों पर बोलने का विश्व कीर्तिमान बनाना चाहता है।

—डेल कारनेगी

प्रस्तुति तैयार करना

नवाचारी प्रस्तुति से हमारे श्रोताओं को कौतूहल होता है, लेकिन सर्वश्रेष्ठ यही होता है कि नवाचार को सिर्फ़ विषय वस्तु तक सीमित रखा जाए। प्रस्तुति देने के मामले में पारंपरिक नीति अपनाने से हमारी सफलता सुनिश्चित हो सकती है।

आरंभ : विषय का कथन

अपने शुरुआती कथन में हम विषय को श्रोताओं के सामने रखते हैं। यह कथन संक्षिप्त और स्पष्ट होना चाहिए। प्रस्तुति का विषय क्या है, इस बारे में श्रोताओं के मन में कोई सवाल नहीं रहना चाहिए। यह ख़ास तौर पर तब सच है, जब प्रस्तुति किसी शृंखला का हिस्सा हो, जैसे स्टाफ़ मीटिंग या पूरे दिन का प्रशिक्षण सत्र।

मुख्य संदेश बताएँ : वांछित अंतिम परिणाम

श्रोताओं को हमारी प्रस्तुति के मुख्य संदेश की स्पष्ट तसवीर दिखाएँ। यह सीधा व आसान होता है। इससे श्रोता समझ जाते हैं कि हम जानकारी क्यों दे रहे हैं। इसे हमारे श्रोताओं के मन में मौजूद इस सवाल का जवाब देना चाहिए, “मुझे यह प्रस्तुति क्यों सुननी चाहिए?”

मुख्य बिंदु और अपेक्षित परिणाम प्रस्तुत करें

मुख्य संदेश देने के बाद हमें सीधी भाषा में अपनी चर्चा के मुख्य बिंदु और अपेक्षित परिणाम भी बताना चाहिए। अपने बिंदुओं/अपेक्षित परिणामों को बताते वक़्त आम तौर पर कम से कम शब्दों का इस्तेमाल बेहतर होता है। जानकारी देने वाली प्रस्तुति के मुख्य संदेश पर ज़ोर देने के लिए हम मुख्य संदेश या वांछित अंतिम परिणाम का सार दोबारा बताते हैं। इससे हमारे श्रोता प्रस्तुति के लंबे समय बाद भी हमारे संदेश को याद रखते हैं।

प्रमाण के प्रकार

जब हम अपने श्रोताओं को बता दें कि हम क्या बताना चाहते हैं, तो इसके बाद हमें इसके समर्थन में प्रमाण पेश करना चाहिए। हम कई प्रकार के प्रमाणों का इस्तेमाल कर सकते हैं, जैसे :

- प्रदर्शन
- उदाहरण
- तथ्य
- वस्तुएँ दिखाना
- तुलना
- प्रशंसापत्र/गवाही
- आँकड़े

जब हम अपने संदेश के समर्थन में कई प्रकार के प्रमाणों का इस्तेमाल करते हैं, तो हमारी प्रस्तुति ज़्यादा रोचक और विश्वसनीय बन जाती है।

अंत

मुख्य संदेश को दोबारा बताएँ। दोहराएँ कि हम प्रतिभागियों से क्या कराना चाहते हैं :

- कोई विशेष काम करना
- किसी नई तकनीक का अभ्यास करना
- बताए गए बिंदुओं पर क्रियान्वयन की योजना तैयार करना
- व्याख्यान में बताए क्षेत्रों में अपने अधीनस्थों को प्रशिक्षित करना
- अन्य प्रासंगिक कार्य

जब हम अपनी प्रस्तुति ख़त्म करें, तो ध्यान और रुचि से सुनने के लिए श्रोताओं को धन्यवाद दें।

समझदार लोगों की तरह सोचें, लेकिन बोलते समय आम लोगों की तरह बोलें।

—अरस्तू

अपने संदेश को शक्तिशाली बनाने के लिए विज़ुअल चीज़ों का इस्तेमाल करें

प्रस्तुतियाँ तब ज़्यादा रोचक और दिलचस्प बनती हैं, जब हम अपनी बात रखने के लिए विज़ुअल चीज़ों का इस्तेमाल करते हैं। आँकड़ों को ग्राफ़ या चार्ट में बदलने से हमारा संदेश ज़्यादा जल्दी और आसानी से समझ में आता है। रेखाचित्र और तसवीरों से श्रोताओं का ध्यान हमारी प्रस्तुति की ओर खिंचता है। प्रस्तुति के बाद श्रोताओं को जानकारी देने वाले पर्चे बाँटने के बारे में सोचें।

विज़ुअल चीज़ों का इस्तेमाल आमने-सामने के संप्रेषण में भी किया जा सकता है। जोआन कर्मचारियों को बीमा दावे निबटाने का प्रशिक्षण दे रही थी। उसने पाया कि जब वह फ़्लो चार्ट बनाती थी, तो उन्हें प्रक्रिया ज़्यादा आसानी से समझ में आ जाती थी। इसलिए हर क़दम को सिखाते वक़्त उसने बॉक्स बनाए और एक क़दम से दूसरे क़दम तक की गतिविधि को तीरों से संप्रेषित किया।

स्टीव ने मुश्किल अनुभव से सीखा कि प्रशिक्षु कर्मचारियों को यह बताना ही काफ़ी नहीं था कि काम कैसे करना है। जब तक वह अपने प्रशिक्षुओं को अलग-अलग जगहों से वेयरहाउस तक नहीं लाता था, वे उसकी बात समझ ही नहीं पाते थे। इसमें बहुत समय लग जाता था। उसने प्रशिक्षण को सरल बनाने के लिए स्टोररूम्स का एक मॉडल तैयार किया। अब इस मॉडल के सहारे वह अपने कर्मचारियों को प्रशिक्षण दे सकता था कि उन्हें कौन सा काम करना है और कैसे करना है।

कई एक्ज़ीक्यूटिव्ज़ के ऑफ़िसों में फ़्लिप चार्ट या चॉकबोर्ड होते हैं, ताकि वे विज़ुअल एड्स के मार्फ़त अपने मौखिक संप्रेषण का विस्तार कर सकें। जब वे चार्ट, ग्राफ़, रेखाचित्र या स्केच बनाते हैं, तो उनकी बात ज़्यादा असरदार बन जाती है। जब लोग सुनने के साथ-साथ चित्र भी देखते हैं, तो

किसी विषय को ज़्यादा तेज़ी से समझ लेते हैं और ज़्यादा लंबे समय तक याद भी रख पाते हैं।

सिरेकस युनिवर्सिटी स्कूल ऑफ़ जर्नलिज़्म के एक प्रोफ़ेसर बेहद लोकप्रिय थे। वे कार्टूनिस्ट भी थे। व्याख्यान देते वक़्त वे कार्टून और हास्य-चित्र भी बनाते थे। उनके साथी इस आदत पर नाक-भौं सिकोड़ते थे और इसे बहुत ग़ैर-पेशेवर मानते थे। उनका दावा था, "वह पढ़ा नहीं रहा है, वह तो बस अपनी कक्षाओं का मनोरंजन कर रहा है।" हाँ, उनके विद्यार्थियों को यह मनोरंजक लगता था, लेकिन इसकी बदौलत वे बहुत ज़्यादा जानकारी सोख लेते थे, जो सिर्फ़ व्याख्यानों से संभव नहीं था। बरसों बाद भी उनके विद्यार्थियों को उनकी सिखाई बातें याद रहती थीं।

विज़ुअल एड्स कई प्रकार के होते हैं :

- चार्ट
- ग्राफ़
- फ़ोटो
- रेखाचित्र
- पर्चे
- कार्यकारी मॉडल
- वीडियो

विज़ुअल एड्स प्रस्तुति का प्रारूप

विज़ुअल एड्स दिखाने के लिए हम किस प्रारूप का इस्तेमाल करते हैं, वह विज़ुअल एड्स के प्रकार और श्रोतासमूह के आकार पर निर्भर होता है। छोटे समूहों के लिए चार्ट, ग्राफ़, चित्र आदि को दीवारों पर लगाया जा सकता है या चित्रफलक पर प्रदर्शित किया जा सकता है। छोटे टीवी स्क्रीन पर वीडियो दिखाए जा सकते हैं। लैपटॉप या डेस्क कंप्यूटर पर पॉवर पॉइंट भी दिखाए जा सकते हैं। उचित हो, तो चॉकबोर्ड का इस्तेमाल भी किया जा सकता है।

श्रोतासमूह ज़्यादा बड़ा हो, तो चार्ट, ग्राफ़, फ़ोटो और संबद्ध सामग्री पॉवर पॉइंट स्लाइड के रूप में दिखाई जा सकती है। वीडियो या स्लाइड

बड़े पर्दे पर भी प्रोजेक्ट किए जा सकते हैं। जब समूह बहुत बड़ा हो, तो आँकड़ों की टेबल और चार्ट पर्चों के रूप में सबसे अच्छी तरह प्रस्तुत किए जाते हैं।

फ़ीडबैक का आग्रह करें

जानकारी देने वाली प्रस्तुतियाँ देने के बाद कारोबारी पेशेवर उनकी स्पष्टता और प्रासंगिकता पर फ़ीडबैक पाने के तरीक़े ढूँढ़ते हैं। हम इन तरीक़ों से फ़ीडबैक पा सकते हैं :

प्रश्न–उत्तर सत्र आयोजित करें

श्रोताओं के प्रश्नों से हमें पता चलता है कि हमारा संदेश कितना स्पष्ट था। यह श्रोताओं से फ़ीडबैक हासिल करने का सबसे त्वरित तरीक़ा है। यदि प्रश्नों से पता चलता है कि हम किसी बात को अच्छी तरह नहीं बता पाए, तो हम उस बिंदु को दोबारा बता सकते हैं और संभव होने पर अपने संदेश के समर्थन में अतिरिक्त प्रमाण पेश कर सकते हैं।

सर्वेक्षण करें

हम प्रस्तुति के अंत में श्रोताओं को सर्वेक्षण दे सकते हैं या फिर यह बाद में भी किया जा सकता है। ई-मेल सर्वेक्षण का एक फ़ायदा यह होता है कि हमारे संदेश का मूल्यांकन करने तक श्रोताओं को प्रस्तुति को आत्मसात करने का समय मिल जाता है।

विस्तृत मूल्यांकन माँगें

प्रस्तुति से पहले कुछ लोगों से पूछें कि क्या वे हमारी प्रस्तुति के बाद हमें फ़ीडबैक देने को तैयार हैं। उन्हें प्रस्तुति के लक्ष्य बता दें और यह भी बता दें कि हम किन योग्यताओं को बेहतर बनाने की कोशिश कर रहे हैं। पूछें कि किन तरीक़ों से संदेश को समझने में ज़्यादा आसान बनाया जा सकता है और भावी प्रस्तुतियों में हम अपने प्रदर्शन को कैसे बेहतर बना सकते हैं। प्रतिक्रियाओं पर विचार करते वक़्त चार्ट या ग्राफ़ जैसे सुझावों की तलाश करें, जिनसे हम दृश्यात्मक रूप से संप्रेषण कर सकें।

ज्ञान की जाँच करें

हमने सफलतापूर्वक अपना संदेश पहुँचा दिया है या नहीं, इसके लिए हम कई तरीक़ों से अपने श्रोताओं की "जाँच" कर सकते हैं। एक तरीक़ा है प्रस्तुति के अंत में समूह से प्रश्न पूछकर यह पता लगाना कि उन्हें हमारी बताई गई मुख्य जानकारी कितनी अच्छी तरह याद है। दूसरा तरीक़ा एक ऐसा परीक्षण तैयार करना है, जो हमारे श्रोताओं के मन में संदेश के क़ायम रहने का आकलन करे। बाक़ी तरीक़ों में फ़ोन या ईमेल द्वारा दोबारा संपर्क करना शामिल है।

जानकारी हासिल करने वाली प्रस्तुतियाँ

कई बार प्रस्तुति का उद्देश्य जानकारी देने के बजाय जानकारी हासिल करना होता है। थोड़ी अलग नीति अपनाकर हम इस तरह की प्रस्तुति को ज़्यादा प्रभावी बना सकते हैं।

अपने श्रोताओं को जानें

जानकारी हासिल करने वाली प्रस्तुति की योजना बनाते वक़्त उन लोगों पर विचार करना अनिवार्य है, जिनसे हम जानकारी हासिल करना चाहते हैं। हम जिन लोगों को संबोधित कर रहे हैं, उनके बारे में ज़्यादा से ज़्यादा जानकारी मालूम करें। हमें अपने श्रोताओं के बारे में जो चीज़ें पता होनी चाहिए, उनमें से कुछ ये हैं :

विषय का ज्ञान

जानकारी हासिल करने के लिए हम आम तौर पर ऐसे प्रतिभागियों को शामिल करते हैं, जिन्हें उस विषय का पूर्ण ज्ञान हो। बहरहाल, कई बार हमें ऐसे श्रोता समूह भी उचित लग सकते हैं, जिनके पास उस विषय का बहुत कम या शून्य अनुभव हो, जैसे फ़ोकस ग्रुप या बाज़ार शोध में।

विषय का पुराना अनुभव

क्या श्रोताओं में ऐसे लोग हैं, जिन्हें इस क्षेत्र में अनुभव है? यदि है, तो उनकी प्रतिक्रिया कैसी थी? सकारात्मक या नकारात्मक? उनके अनुभव का दायरा क्या है?

मीटिंग के लिए आवश्यक तैयारी का स्तर

यदि हम अपने श्रोताओं से जानकारी हासिल करना चाहते हैं, तो आपको उन्हें सूचित करना चाहिए कि उन्हें मीटिंग से पहले थोड़ी मेहनत करनी होगी। बता दें कि उन्हें प्रस्तुति में कौन से दस्तावेज़, गृह कार्य, शोध या योजना लेकर आना चाहिए।

विषय संबंधी व्यक्तिगत पूर्वाग्रह

क्या हम श्रोताओं के विषय संबंधी पूर्वाग्रह के बारे में जागरूक हैं, चाहे वे पक्ष में हों या विपक्ष में? क्या इस श्रोतासमूह के कुछ व्यक्ति इस विषय के प्रबल पक्षधर या इसके किसी पहलू के कट्टर विरोधी हैं?

खुली मानसिकता और सहयोग के नज़रिये

प्रस्तुति में भाग लेने वाले व्यक्तियों के बारे में पता लगाएँ। क्या इनमें ऐसे लोग शामिल हैं, जो विचारों और राय के आदान-प्रदान के बारे में खुली मानसिकता रखते हैं? क्या कुछ ऐसे भी प्रतिभागी हैं, जो बोलने के प्रति अनिच्छुक हैं? क्या यह श्रोतासमूह विषय और उद्देश्य में सहयोग करेगा?

प्रतिभागियों के पसंदीदा विवरण की मात्रा

कुछ श्रोतासमूह विषय के बारे में सिर्फ़ बुनियादी बातें ही चाहते हैं। बाक़ी को राय देने से पहले ज़्यादा विवरण की ज़रूरत होती है। व्यापक से विशिष्ट तक विवरण के स्तर तैयार करें, जिन्हें हम आवश्यकतानुसार विचार-विमर्श में शामिल कर सकें।

समर्थक प्रमाण

हमें अपनी प्रस्तुति के मुख्य हिस्से में बुनियादी प्रमाण पेश करने को तैयार रहना चाहिए। हमें प्रश्नों का जवाब या स्पष्टीकरण देते समय अतिरिक्त प्रमाण पेश करने को भी तैयार रहना चाहिए।

श्रोतासमूह की अपेक्षाएँ

अपने श्रोतासमूह की अधिकतम सहभागिता हासिल करने के लिए हमें यह पता लगाना चाहिए कि वे हमसे क्या चाहते हैं। उनकी अपेक्षाओं में ये बातें

शामिल हो सकती हैं :

- व्यवस्थित विषयवस्तु
- विचारों के आदान-प्रदान से उन्हें मिलने वाले लाभों की समझ
- हमारे लक्ष्य की स्पष्ट समझ
- प्रस्तुति का संक्षिप्त सरलीकरण
- ऐसा समन्वयक, जो विचार-विमर्श को नियंत्रित और एकाग्र रखता है

प्रस्तुति की योजना बनाना

जानकारी हासिल करने वाली प्रस्तुति का इस्तेमाल तब किया जाता है, जब हमारा प्राथमिक लक्ष्य किसी विषय पर किसी समूह के सुझावों व राय को सामने लाना हो। हम विचार-विमर्श के मुद्दे को जितनी स्पष्टता से पेश करते हैं, हमारे श्रोताओं की राय उतनी ही ज़्यादा सुस्पष्ट और उद्देश्यपूर्ण होगी।

जानकारी हासिल करने वाली आम प्रस्तुतियाँ ये हैं :

- विचारमंथन सत्र
- फ़ोकस ग्रुप
- प्रक्रिया विश्लेषण बैठकें
- समस्या सुलझाने वाली बैठकें
- सामरिक नियोजन सत्र

जानकारी हासिल करने वाली प्रस्तुति की योजना वैसी नहीं होती, जैसी जानकारी देने या राज़ी करने वाली प्रस्तुति की होती है। यह इससे अलग होती है। अपने श्रोताओं से राय माँगते वक़्त हमें कुछ अतिरिक्त मुद्दों पर ध्यान देना होता है। इन मुद्दों में ये शामिल हैं :

- *स्पष्टता के संभावित प्रतिरोध*

कुछ लोग अपनी राय और विचार बताने के इच्छुक नहीं होते। इसका कारण यह हो सकता है कि उन्हें विषय का ज्ञान ना हो या वे अपने विचार व्यक्त करने में अक्षम महसूस कर रहे हों या उनमें अनुभव की कमी हो या उनका

व्यक्तित्व ही ऐसा हो। हमें यह भी ध्यान रखना चाहिए कि यदि यह काम कारोबारी पृष्ठभूमि में हो रहा है, तो स्टाफ़ के सदस्य कंपनी या उसकी परंपराओं के प्रति अप्रसन्नता व्यक्त नहीं करना चाहेंगे। हमें अपने श्रोताओं को यह तसल्ली दे देनी चाहिए कि उनकी साफ़गोई की वजह से उनसे बदला नहीं लिया जाएगा या किसी तरह परेशान नहीं किया जाएगा।

- *विषय में रुचि के अभाव से उबरना*

हमारी तरह ही हमारे प्रतिभागियों की दिनचर्या भी व्यस्त होती है, जिसमें बहुत सारी प्राथमिकताएँ होती हैं। यह संभव है कि हमारा विषय कुछ प्रतिभागियों को प्राथमिक ना लगे और इस वजह से वे इसमें रुचि ना लें और अलग-थलग रहें।

- *जो प्रतिभागी तैयार नहीं हैं*

आदर्श स्थिति में हम मीटिंग से पहले ही प्रस्तावित विचार-विमर्श के बारे में प्रतिभागियों को जानकारी दे देते हैं। हम उन्हें बता देते हैं कि वे विचार-विमर्श करने के लिए उदाहरण, अनुभव और शोध के साथ तैयार होकर आएँ। कई बार वे ऐसा करने की जहमत उठा लेंगे, लेकिन कई बार वे बग़ैर तैयारी किए मीटिंग में आ जाएँगे या बहुत कम तैयारी के साथ आएँगे। जो श्रोता हमारी प्रस्तुति के लिए तैयारी करके नहीं आते हैं, उनके सामने विषय को सारांश में रखने को तैयार रहें।

नियोजन के चार विश्लेषण

अपनी प्रस्तुति की योजना बनाते समय हमें यह तय करना चाहिए :

1. मेरे विषय के संबंध में श्रोताओं की वर्तमान स्थिति क्या है? क्या यह विषय श्रोताओं के लिए ज्वलंत मुद्दा है? इस विषय के बारे में उन्हें कितना अनुभव है? क्या कोई ऐसी स्थिति हुई है, जिससे उनकी राय के प्रभावित होने की संभावना है?

2. श्रोता किन चुनौतियों का सामना कर रहे हैं? यदि इस बारे में श्रोता समूह की चिंताएँ हैं, तो वे कौन सी हैं? प्रस्तुति के पहले इनके उदाहरण खोजकर तैयारी कर लें, ताकि हम उचित रूप से प्रतिक्रिया कर सकें।

3. इस विषय के बारे में श्रोता किसे महत्त्वपूर्ण और महत्त्वहीन मानते हैं? प्रस्तुति से पहले चुनिंदा श्रोताओं से बात करके पता लगाएँ कि जिस विषय पर बातचीत होनी है, उसके बारे में वे कैसा महसूस करते हैं। यदि हम वही प्रस्तुति कई अलग-अलग श्रोता समूहों के सामने देने वाले हैं, तो हम यह उम्मीद कर सकते हैं कि हमारे विषय को कुछ समूह बाक़ी समूहों से ज़्यादा महत्त्वपूर्ण मानेंगे।

4. यदि श्रोता अपने विचार और राय का आदान-प्रदान करें, तो उन्हें क्या लाभ होगा? श्रोताओं के लिए यह आसान होता है कि वे शून्य या बहुत कम योगदान देकर पृष्ठभूमि में बने रहें और विचार-विमर्श को चलने दें। बताएँ कि किन प्रबल कारणों से यह उनके सर्वश्रेष्ठ हित में है कि वे विचारों का आदान-प्रदान करें और विचार-विमर्श का अनुकूल परिणाम निकले।

तंत्र

जानकारी हासिल करने की प्रस्तुतियों को इस तरह व्यवस्थित होना चाहिए :

1. विषय कथन

2. संभावित समाधानों का वर्णन, जिसमें हर समाधान के लाभ और हानियाँ बताई जाएँ

3. प्रश्न पूछकर पता लगाएँ कि क्या कोई अतिरिक्त समाधान हैं, जिन पर विचार करना चाहिए

4. प्रस्तावित समाधानों पर विचार-विमर्श के लिए प्रस्तुति को खोल दें

5. समेटें

जानकारी हासिल करने वाली नमूना प्रस्तुति

नीचे जानकारी हासिल करने वाली प्रस्तुति की "पटकथा" का संक्षिप्त नमूना दिया जा रहा है।

आरंभ – विषय कथन

"जैसा आपमें से ज़्यादातर जानते हैं, अगले दो महीनों तक हम अपने

ऑफ़िसों की रिमॉडलिंग करने वाले हैं, जिसका मतलब है कि हमें कई सप्ताह के लिए अस्थायी कार्यालयों में जाना होगा। हम आपकी राय जानना चाहते हैं कि इस प्रक्रिया को कार्यकुशल बनाने और अपने ग्राहकों को यथावत सेवा देते रहने का सर्वश्रेष्ठ तरीक़ा क्या है?"

संभावित समाधान, लाभ–हानियों के साथ

"हम इसके दो संभावित तरीक़े सोच रहे हैं। हमारा पहला प्रस्तावित समाधान यह है कि प्रशासन, वित्त और एचआर कर्मचारी दो महीनों तक हमारी उत्पादन इमारत में काम करें।"

"इस समाधान के लाभ ये हैं कि हर व्यक्ति एक दूसरे के क़रीब रहेगा और हम सभी एक छत के नीचे आसानी से संवाद कर सकते हैं।"

"नुक़सान यह है कि जगह कम रहने की वजह से वहाँ बहुत भीड़ हो जाएगी।"

"हमारा दूसरा प्रस्तावित समाधान यह है कि अगले दो महीनों तक हमारा ऑफ़िस ज़्यादातर इंटरनेट से चले और जहाँ तक संभव हो, हर व्यक्ति घर पर रहकर ही ऑफ़िस का काम करे।"

"इस समाधान के लाभ ये हैं कि हमें हर चीज़ को बार-बार इधर-उधर नहीं करना पड़ेगा और उत्पादन इमारत से दूर रहने वाले कर्मचारियों को ऑफ़िस आने-जाने में समय बर्बाद नहीं करना पड़ेगा।"

"नुक़सान ये हैं कि इसके बावजूद हर बुधवार को हमें टेलीकॉन्फ़्रेंस के लिए बार्सीलोना ऑफ़िस आना होगा और इसके लिए हमें दूसरों से लिफ़्ट लेनी होगी या सार्वजनिक यातायात का सहारा लेना पड़ेगा, क्योंकि पार्किंग उत्पादन कर्मचारियों के वाहनों से भरी होगी।"

अतिरिक्त समाधान खोजें

"इन दो सुझावों के अलावा क्या आपके पास और कोई सुझाव है?"

समाधानों पर बातचीत शुरू करें

प्रस्तुत विकल्पों को संक्षेप में बताएँ और प्रस्तावित समाधानों पर चर्चा को आमंत्रित करें। "तो आइए, अब हम बातचीत शुरू करते हैं और आपकी

राय सुनते हैं।" सृजनात्मक विचार हासिल करने के अन्य तरीक़ों के लिए अध्याय 4 में सृजनात्मकता और नवाचार संबंधी सामग्री को दोबारा पढ़ें।

समापन – समेटें

"आपके सभी अच्छे विचारों के लिए आपको बहुत-बहुत धन्यवाद। हम एक ईमेल में आपको इनका सार भेज देंगे और अपने अगले क़दम की जानकारी देंगे।"

राय हासिल करने का मानवीय पहलू

जिन प्रस्तुतियों में लोगों से योगदान देने को कहा जाता है, उनमें लोगों के नज़रिये बहुत अलग-अलग होते हैं। कुछ की उस विषय पर प्रबल राय होती है; बाक़ी की बहुत कम राय होती है या कोई राय ही नहीं होती है, इसलिए वे तुलनात्मक रूप से अलग-थलग रहते हैं। कुछ लोग अपने विचार बताने के लिए बेताब रहते हैं, जबकि बाक़ी ज़्यादा बोलना पसंद नहीं करते। प्रस्तुति देने वाले को प्रतिभागियों की विविधता को याद रखना चाहिए और अच्छे मानवीय संबंधों का इस्तेमाल करके योगदान देने के लिए उन्हें प्रोत्साहित करना चाहिए।

जानकारी हासिल करने वाली प्रस्तुतियाँ आयोजित करते समय *हाउ टु विन फ्रेंड्स ऐंड इन्फ़्लुएन्स पीपल* के नीचे दिए सिद्धांत याद रखें :

- ***आलोचना, निंदा या शिकायत ना करें :***

  आलोचना या मखौल सहभागिता को जितना हतोत्साहित करता है, उतना कोई दूसरी चीज़ नहीं करती। इससे प्रतिभागी तुरंत ही समझ जाते हैं कि निंदा से बचने का तरीक़ा यही है कि अपना मुँह बंद रखा जाए।

- ***ईमानदार, सच्ची प्रशंसा दें :***

  जब हमारे श्रोता हमें समूह के किसी दूसरे व्यक्ति की प्रशंसा करते सुनते हैं, तो उन्हें यह अहसास हो जाता है कि उनके योगदानों पर भी ग़ौर किया जाएगा, मान्यता दी जाएगी और मूल्यवान समझा जाएगा। इससे ज़्यादा सहभागिता और विचारों व रायों का आदान-प्रदान प्रोत्साहित होता है।

- ***श्रोताओं को महत्त्वपूर्ण महसूस कराएँ :***

  श्रोताओं को यह महसूस करना अच्छा लगता है कि वे विचार-विमर्श में मूल्यवान, महत्त्वपूर्ण योगदान दे रहे हैं। राय को प्रोत्साहित करने के सर्वश्रेष्ठ तरीक़ों में से एक हर व्यक्ति को यह महसूस कराना है कि उनके विचार मायने रखते हैं, भले ही संगठन में वे किसी भी पद पर हों।

- ***श्रोताओं के दृष्टिकोण से चीज़ें देखने की ईमानदार कोशिश करें :***

  प्रस्तुति में हमारी सफलता कुछ हद तक अपने श्रोताओं को यह विश्वास दिलाने पर निर्भर होगी कि हम भिन्न दृष्टिकोणों के प्रति खुली मानसिकता रखते हैं और उस विषय पर हर व्यक्ति के दृष्टिकोण को समझते हैं।

- ***हर व्यक्ति की राय के प्रति सम्मान दिखाएँ। कभी नहीं कहें, "आप ग़लत हैं" :***

  इस तरह की प्रस्तुति आयोजित करने के सबसे चुनौतीपूर्ण पहलुओं में से एक यह है कि हमें अपनी राय ख़ुद तक रखनी चाहिए और लोगों को उनके दृष्टिकोण पूरी तरह व्यक्त करने देना चाहिए, भले ही हम उनसे सहमत नहीं हों।

- ***योगदान देने वाले हर व्यक्ति को धन्यवाद दें :***

  इस प्रकार की प्रस्तुति में हमारी एक ज़िम्मेदारी यह है कि हम अपने हर श्रोता को उसके असली रूप में रहने दें और उसे अपने सच्चे दृष्टिकोण व्यक्त करने दें। यदि हम ऐसा नहीं करते हैं, तो फिर हमें श्रोताओं से विचार या राय हासिल करने की ज़रूरत ही क्या है। हम विचारों और राय के स्वतंत्र आदान-प्रदान को प्रोत्साहित करते हैं, जब हम अपने श्रोताओं को बता देते हैं कि हम उनकी अच्छी प्रतिष्ठा का सम्मान करते हैं।

हमारी बात दूसरों को सुनने में कैसी लगती है

हममें से बहुत कम लोगों को अहसास होता है कि जब हम बोलते हैं, तो हमारी बात कैसी सुनाई देती है; हम अपनी बात उस तरह से नहीं सुनते हैं,

जिस तरह से दूसरे सुनते हैं। एक सार्वजनिक संभाषण कोर्स में प्रशिक्षक ने विद्यार्थियों से कहा कि वे किसी ऐसे विषय पर संक्षिप्त प्रस्तावना वाला व्याख्यान दें, जिसके बारे में वे सचमुच जानते हैं और बात करना चाहते हैं। विद्यार्थियों को लगा कि वे उठकर फटाफट धाराप्रवाह व रोचक व्याख्यान दे देंगे। ग़लत! प्रोफ़ेसर ने व्याख्यानों को टेप करके उन्हें सुनाया। विद्यार्थी सदमे में थे। उन्हें कभी अहसास ही नहीं हुआ था कि उनकी आवाज़ कैसी सुनाई देती है।

ज़्यादातर व्याख्यान शब्दों के अंतरालों या अर्थहीन शब्दों से भरे हुए थे - जैसे अतिरिक्त ध्वनियाँ, शब्द या वाक्यांश जैसे "अर," "जैसे," "उह," और "आप जानते हैं," जिनका इस्तेमाल हम बातचीत में सारे समय करते हैं। इनसे हमारे श्रोताओं का ध्यान बहुत भटकता है। इसी तरह ख़राब व्याकरण, घिसे-पिटे जुमले और शब्दों का ग़लत उच्चारण हमारी प्रस्तुति के प्रभाव को कम कर देता है। हमें अपनी बातें टेप करनी चाहिए और बेमतलब शब्दों व वाक्यों, घिसी-पिटी बातों और "शब्दों के अंतराल" का पता लगाना चाहिए - और अपनी भाषाई आदतों से उन्हें हटा देना चाहिए।

यहाँ पर वक्ताओं के सामने आने वाले अन्य आम समस्याओं से जुड़ी कुछ सलाहें हैं, जो उनसे निबटने का तरीक़ा बताती हैं :

- ***बुदबुदाना :*** जो लोग बुदबुदाते हैं, वे अपने शब्द या वाक्य के अंतिम हिस्से को खा जाते हैं, जिससे यह पता लगाना मुश्किल होता है कि क्या कहा गया है। इस आदत से उबरना आसान होता है। आधा मुँह खोलकर ना बोलें। बोलते समय होंठ पूरे खोलें। किसी आईने के सामने इसका अभ्यास करें। इस समस्या को सही करने में ज़्यादा समय नहीं लगेगा।

- ***बहुत तेज़ या बहुत धीमे बोलना :*** हममें से कई में धड़धड़ाते हुए बोलने की प्रवृत्ति होती है, ख़ास तौर पर जब हम किसी श्रोतासमूह के सामने बोलते हैं। ओहो! हम जो कह रहे हैं, उसे लोगों को आत्मसात करने का मौक़ा तो दें। दूसरी ओर, यह भी हो सकता है कि हम उन धीमे वक्ताओं में से हों, जो बस रेंगते रहते हैं। श्रोता कूदकर आगे पहुँच जाएँगे और अटकल लगाने लगेंगे कि हम क्या कहने वाले हैं। यदि हम बहुत ज़्यादा धीमे बोलते रहेंगे, तो उन्हें नींद आने लगेगी। हमें अपनी

गति के बारे में जागरूक बनना चाहिए। किसी मित्र के सामने व्याख्यान देने का अभ्यास करें और इस बात का अहसास करें कि हम कितनी जल्दी बोल रहे हैं। समय का हिसाब लगाएँ। आम तौर पर, 130 से 150 शब्द प्रति मिनट की गति अच्छी मानी जाती है। जब हम कोई बिंदु रखें, तो धीमे हो जाएँ और रोमांच उत्पन्न करने के लिए गति को बढ़ाना नहीं भूलें।

- **एक ही सुर में बोलना :** एक ही सुर में बोलने से श्रोताओं को नींद आने लगती है। अपनी आवाज़ में उतार-चढ़ाव रखें। तीव्रता, उतार-चढ़ाव और गति में फ़र्क़ लाएँ।

- **किसी मूर्ति की तरह खड़े रहना :** बिंदुओं पर ज़ोर देने के लिए मुद्राओं का प्रयोग करने से हमारे श्रोताओं की रुचि बनी रहती है।

- **शब्दों का ग़लत उच्चारण करना :** यदि हमें किसी शब्द के उच्चारण के बारे में शंका है, तो सही उच्चारण का पता लगाएँ। यदि हम किसी के नाम का उच्चारण नहीं जानते हैं, तो उससे पूछ लें।

- **श्रोताओं का अवलोकन करने और उस पर प्रतिक्रिया करने की असफलता :** यदि हम यह देखते हैं कि श्रोता बेचैन हो रहे हैं, तो ठहरें, गति बदलें, या उनका ध्यान दोबारा आकर्षित करने के लिए कोई रोचक प्रसंग बता दें।

- **ख़ुद को सुनने की असफलता :** जैसा पहले ज़िक्र किया गया है, हम अपनी आवाज़ उस तरह नहीं सुनते हैं, जिस तरह दूसरे हमारी आवाज़ सुनते हैं। यहाँ तक कि अनुभवी वक्ताओं को भी प्रस्तुति की रिहर्सल को या वास्तविक प्रस्तुति को टेप करना चाहिए, ताकि हम अपने प्रदर्शन का मूल्यांकन कर सकें। एक बार जब हम वक्ता के रूप में अपनी कमज़ोरियाँ जान जाते हैं, तो हम उन्हें सुधारने की दिशा में काम कर सकते हैं।

वीडियो बनाना प्रस्तुतियों की रिकॉर्डिंग से भी ज़्यादा प्रभावी है। हमारा अंग विन्यास, हमारी मुद्राएँ और हमारी सकल उपस्थिति को देखकर हमें हैरानी हो सकती है। यह पता चलने पर हम बड़ी समस्याओं को सुधारने के क़दम

उठा सकते हैं और कम गंभीर ग़लतियों को बेहतर बना सकते हैं, जिससे हमारी प्रस्तुतियों में महत्त्वपूर्ण सुधार हो जाएगा।

सार

- यदि हम करियर में तरक़्क़ी के लिए ख़ुद को तैयार कर रहे हैं, तो हमें श्रोताओं के सामने प्रभावी ढंग से बोलना सीखना चाहिए।

- हमें प्रस्तुतियाँ तैयार करने की क़दम-दर-क़दम नीति सीखना चाहिए, ताकि हमारे संदेश स्पष्ट बनें, हमारे श्रोता दिलचस्पी लें और हम वे सारे प्रासंगिक बिंदु बता दें, जो हम बताना चाहते हैं।

- यह सुनिश्चित करना हमारे लिए एक बड़ी चुनौती है कि हम अपने श्रोतासमूह के ज्ञान और विशेषज्ञता के स्तर से ऊपर या नीचे नहीं बोलें। व्याख्यान की योजना बनाने से पहले श्रोताओं के बारे में ज़्यादा से ज़्यादा जानकारी हासिल करें।

- प्रस्तुति की योजना में सफलता के पाँच अति महत्त्वपूर्ण तत्व हैं :

  ◦ आसानी से समझ में आने वाली भाषा

  ◦ रेखाचित्र और उदाहरण

  ◦ विचारों को सावधानी से व्यवस्थित करें

  ◦ प्रस्तुति के केंद्रबिंदु को सीमित रखें

  ◦ सार बताएँ

- व्याख्यान का तंत्र

  ◦ आरंभ : विषय कथन

  ◦ मुख्य संदेश कथन : मनचाहा अंतिम परिणाम

  ◦ मुख्य बिंदुओं और अपेक्षित परिणामों को प्रस्तुत करना

  ◦ प्रमाण के साथ समर्थन करें

  ◦ संदेश को दोबारा दोहराकर समापन करें और दोहराएँ कि हम प्रतिभागियों से क्या कराना चाहते हैं

- संदेश को सशक्त बनाने के लिए विज़ुअल एड्स का इस्तेमाल करें। चार्ट, ग्राफ़, रेखाचित्र आदि कमरे की दीवारों पर लगाए जा सकते हैं या ईज़ल पर दिखाए जा सकते हैं। छोटी टीवी स्क्रीन पर वीडियो दिखाया जा सकता है। पॉवर पॉइंट प्रस्तुति को बड़े पर्दे पर दिखाया जा सकता है।
- आँकड़ों की टेबल और बड़ी संख्याओं को दिखाने वाले चार्ट पर्चे के रूप में सबसे अच्छी तरह प्रस्तुत किए जाते हैं।
- जानकारी हासिल करने वाली प्रस्तुतियाँ ये हैं :
  - विचार मंथन सत्र
  - फ़ोकस समूह
  - प्रक्रिया विश्लेषण बैठकें
  - समस्या सुलझाने वाली बैठकें
  - सामरिक नियोजन सत्र
- अगर हम अपने श्रोताओं से जानकारी हासिल करना चाहते हैं, तो कभी किसी वक्ता या उसके योगदान की आलोचना नहीं करें। हर व्यक्ति और उसके विचार के प्रति क़द्र दिखाएँ।
- अपनी रिहर्सल या वास्तविक प्रस्तुति को टेप करके हम यह पता लगा सकते हैं कि हमारी बात श्रोताओं को कैसी सुनाई देती है। सुनते समय ख़राब व्याकरण, शब्दों के बीच के अनावश्यक अंतराल, घिसे-पिटे शब्दों, ग़लत उच्चारण और अन्य ग़लतियों पर ध्यान दें। वीडियो टेप करने से हमें दिख जाएगा कि हमें अपनी मुद्राओं को कितना बदलने की ज़रूरत है और हमारा अंग-विन्यास आकर्षक और उचित है या नहीं।

6

....

लेखन की योग्यता को बढ़ाएँ

पिछले अध्याय में हमने इस विषय पर बातचीत की थी कि मौखिक प्रस्तुतियाँ कैसे तैयार करें। बहरहाल, हमें प्रायः अपने विचारों को लिखने की ज़रूरत होती है। यह लेखन ग्राहकों, सप्लायरों या दूसरों को भेजे जाने वाले पत्रों के रूप में हो सकता है; सहयोगियों, सुपरवाइज़रों या कंपनी के दूसरे लोगों को भेजे जाने वाले मेमो या पत्र के रूप में हो सकता है; या ईमेल या इलेक्ट्रॉनिक मीडिया के किसी दूसरे रूप में भी हो सकता है।

चाहे यह किसी भी रूप में हो, लिखित संप्रेषण इस बात में एक अहम भूमिका निभा सकता है कि हमारे मैनेजर हमें किस रूप में देखते हैं और यह हमारे करियर के बारे में उनके निर्णय पर प्रभाव डाल सकता है। चूँकि हमारी लिखी किसी भी बात की समीक्षा की जा सकती है - महीनों या सालों बाद भी - इसलिए यह एक मायने में हमारे व्यक्तिगत ब्रांड का स्थायी हिस्सा होता है।

हम चाहे पत्र लिख रहे हों या मेमो या ईमेल, हमें विशेष रूप से सावधान रहना चाहिए कि संप्रेषण की योजना कैसे बनाई जाए, उसे कैसे लिखा जाए और वितरित किया जाए। इस अध्याय में हम अपनी लेखन योग्यताएँ बढ़ाने के तरीक़े सुझाएँगे, ताकि हमारी लिखी हुई हर चीज़ का हमारी छवि पर अच्छा असर पड़े।

संदेश तैयार करना

हम जो भी दस्तावेज़ या लिखित सामग्री भेजते हैं, उसे लिखने से पहले सावधानी से तैयारी करना अनिवार्य है। यहाँ कुछ दिशानिर्देश दिए जा रहे हैं, जिनसे हम कुछ लिखते समय अपने ग़लत क़दमों को न्यूनतम कर सकते हैं। इनसे हम लिखित सामग्री को तरक़्क़ी में सहायक बनाने के अवसरों को भी अधिकतम कर सकते हैं।

तीन तरीक़े

एक बार जब हम संदेश के बारे में अच्छी तरह सोच-विचार कर लें, तो हमें यह व्यवस्थित करना चाहिए कि हम उसे किस तरह लिखेंगे। अच्छे संवाद के तीन सिद्धांतों को याद रखें।

हम जो भी लिखते हैं, वह हर चीज़ होनी चाहिए :

स्पष्ट - पढ़ने और समझने में आसान।

पूर्ण - वह सारी जानकारी प्रदान करना, जिसे हम पहुँचाना चाहते हैं।

संक्षिप्त - सारगर्भित और बिंदुवार।

मिसाल के तौर पर, यदि हम किसी ऑर्डर की स्थिति के संबंध में मेमो लिख रहे हैं, तो ऑर्डर नंबर, ऑर्डर की तारीख़, सामग्री का विवरण और अन्य प्रासंगिक जानकारी शामिल करें। विशेष प्रश्नों पर प्रतिक्रिया करना सुनिश्चित करें। अनावश्यक विस्तृत विवरण में ना जाएँ, जो पाठक का ध्यान भटका सकते हैं या उसे नीरस लग सकते हैं।

> *किसी चीज़ को लिखने का अनुशासन उसे साकार करने की दिशा में पहला क़दम है।*
>
> —ली आयाकोका

स्पष्टता के सहायक

यथासंभव स्पष्ट रहना अच्छे कारोबारी लेखन का लक्ष्य है। अपनी वाक्य संरचनाओं को जटिल नहीं बनाएँ। हमारी कथन-शैली असंयत नहीं होनी चाहिए। संप्रेषण को यथासंभव संक्षिप्त रखें। अपनी बात इस तरह रखें :

- हेडलाइन को बोल्ड करें।
- हर पूरक बिंदु के लिए अलग खंड लिखें।
- मुख्य बिंदुओं को इटेलिक या अलग फ़ॉन्ट द्वारा रेखांकित करें। यदि संदेश काग़ज़ों में है, तो हाइलाइटर से मुख्य संदेशों पर निशान लगाएँ। यदि संदेश इलेक्ट्रॉनिक है, तो अलग रंग का इस्तेमाल करें।
- अपने शब्दों के प्रभाव को बढ़ाने के लिए ग्राफ़, चार्ट या अन्य विज़ुअल एड्स का इस्तेमाल करें।

प्रूफ़रीडिंग करें

बाहर जाने वाली जिस भी लिखित सामग्री पर हमारा नाम होता है, वह हमारे बारे में बहुत कुछ बताती है। भले ही हमने कंप्यूटर से अपने संदेश की स्पेलिंग चेक कर ली है, लेकिन फिर भी दोबारा पढ़ लें, ताकि कहीं ग़लतियाँ नहीं छूट गई हों। हमारे वर्ड प्रोसेसर की स्पेलचेक सुविधा से बहुत मदद मिलती है, क्योंकि यह टाइपिंग की ज़्यादातर त्रुटियों और ग़लत स्पेलिंगों को पकड़ लेती है, लेकिन यह अचूक नहीं है। मिसाल के तौर पर, स्पेलचेकर हमें यह नहीं बताएगा कि हमने "का" की जगह पर "के" का इस्तेमाल कर दिया है। हमारे लेखन में कोई ग़लती या त्रुटि नहीं है, यह सुनिश्चित करने का एक अच्छा तरीक़ा यह है कि हम संदेश को ज़ोर से पढ़ें। इस तकनीक से ऐसी ग़लतियाँ भी पकड़ में आ जाती हैं, जो कई मर्तबा आँखों से चूक जाती हैं।

लेखन औपचारिक नहीं होना चाहिए

पुराने ज़माने में कारोबारी पत्र इस तरह लिखा जाता था : "उपर्युक्त तिथि को हमारी दूरभाष वार्ता के तारतम्य में पूरे माह में पूर्ण कार्यों के इनवॉइस एतद् द्वारा प्रेषित किए जाते हैं।" मूर्खतापूर्ण लगता है, है ना? यह अस्वाभाविक था। आज हम इस तरह के पत्र नहीं लिखते हैं, लेकिन फिर भी हम अपने पत्राचार में बहुत ज़्यादा औपचारिक होते हैं।

हममें से कई लोगों के मन में यह धारणा होती है कि मौखिक के बजाय लिखित संप्रेषण करते समय हमें ज़्यादा औपचारिक होना चाहिए।इसी वजह से पत्रों तथा कारोबारी संप्रेषण में हम अस्वाभाविक भाषा का इस्तेमाल करते हैं।

ऐसी औपचारिक भाषा को कृत्रिम या पाखंडी माना जा सकता है। हम जिस तरह बोलते हैं, यदि हम उसी तरह लिखें, तो हमारा संदेश पाठक के लिए ज़्यादा स्पष्ट होगा और उसे पाठक ज़्यादा आसानी से स्वीकार भी करेगा। वह वाक्य ज़्यादा स्पष्ट होता, अगर उसे इस तरह लिखा जाता :

"जैसा मैंने आपसे फ़ोन पर वादा किया था, मैं इस माह पूरे हुए काम के इनवॉइस भेज रहा हूँ।"

दूसरी ओर, हम जितनी आसानी और तेज़ी से इलेक्ट्रॉनिक संदेश भेज सकते हैं, उससे एक विपरीत लेखन आदत भी शुरू हुई है – ऐसी भाषा, जो ज़रूरत से ज़्यादा अनौपचारिक होती है। हम जिस तरह बोलते हैं, हमें उसी तरह लिखना चाहिए (धाराप्रवाह और अनौपचारिक अंदाज़ में), लेकिन हमें यह ध्यान भी रखना चाहिए कि हमारा संदेश अस्वाभाविक महसूस नहीं हो।

अपने विचारों को काग़ज़ पर बातचीत की तरह उतारना

कारोबार के सिलसिले में लिखते समय हममें से कुछ लोग अनावश्यक औपचारिकता के जाल में फँस जाते हैं। अगर हमारा यही अनुभव है, तो इससे उबरने के लिए हम यह नाटक कर सकते हैं कि हम आमने-सामने या फ़ोन पर उस व्यक्ति से बोल रहे हैं, जो उस पत्र को पढ़ने वाला है।

यहाँ कुछ सुझाव हैं, ताकि हम अपना लेखन उस तरह कर सकें, जिस तरह हम बोलते हैं :

लिखते समय अपने विचार बोलें : हम आम तौर पर जिस शब्दावली, स्वराघात, मुहावरों और अभिव्यक्तियों का इस्तेमाल करते हैं, लिखते समय भी उन्हीं का इस्तेमाल करें। हम सामान्य तौर पर यह नहीं कहेंगे, "विदित हो कि आकस्मिक तूफ़ान के आगमन के फलस्वरूप आपका सामान आगामी सप्ताह तक विलंबित होगा।" इसके बजाय सीधे-सीधे यह लिखें, "तूफ़ान के कारण आपका ऑर्डर अगले सप्ताह भेजा जाएगा।"

सीमित शब्दों का प्रयोग करें : "आप फलां मॉडल नहीं बना रहे हैं" या "मैं मीटिंग में नहीं आ सकता" लिखने के स्थान पर "हम कर रहे हैं" या "मैं नहीं कर सकता" का प्रयोग करें। अक्सर प्रयोग किए जाने वाले शब्द आपके संप्रेषण को अधिक व्यक्तिगत बनाते हैं।

पाठक की रुचि जाग्रत करें : मौखिक बातचीत एकतरफ़ा नहीं होती। पहले एक व्यक्ति बोलता है, फिर दूसरा टिप्पणी करता है या कोई प्रश्न पूछता है। बीच में प्रश्न पूछकर या किसी दूसरी तरह संवाद को व्यक्तिगत बनाकर हम अपने संदेश की प्रासंगिकता पर पाठक का ध्यान केंद्रित करते हैं। मिसाल के तौर पर, "हम आपकी आवश्यकताओं के अनुरूप बनाने के लिए इस प्रॉडक्ट का विशिष्ट निर्माण कर सकते हैं" लिखने के बजाय यह लिखें, "हम आपकी ख़ास ज़रूरतें पूरी करने के लिए यह प्रॉडक्ट कैसे बना सकते हैं?" इससे पाठक यह विचार करने के लिए मजबूर हो जाता है कि आपका संदेश उसके लिए कितना महत्त्वपूर्ण है।

पत्र को व्यक्तिगत बनाएँ : बोलते वक़्त हम "मैं," "हम," और "आप" जैसे सर्वनामों का बहुत ज़्यादा इस्तेमाल करते हैं। लेकिन कारोबारी पत्र लिखते वक़्त हम ज़्यादा औपचारिक बन जाते हैं। सर्वनामों का इस्तेमाल करने के बजाय हम कुछ इस तरह के वाक्य लिखते हैं, "यह माना जाता है...," "यह सुझाव दिया जाता है...," या "जाँच की जाएगी और इसकी पूर्णता पर आपके सम्मानित संगठन को एक रिपोर्ट प्रेषित की जाएगी।" स्पष्टता से यह क्यों ना कहें : "हम मामले की जाँच कर रहे हैं और जैसे ही हमें जानकारी मिलेगी, हम आपको बता देंगे।"

किसी पत्र को व्यक्तिगत बनाने का एक प्रभावी तरीक़ा यह है कि उसमें सामने वाले के नाम का इस्तेमाल किया जाए। यदि सामने वाला हमारा मित्र है, तो पहले नाम का इस्तेमाल करें; यदि सिर्फ़ कारोबारी परिचय है, तो सरनेम का इस्तेमाल करें। "इससे बिक्री में वृद्धि होगी," यह लिखने के बजाय यह लिखें, "टिम (या श्री हंट), इससे इलाक़े में आपकी बिक्री बढ़ जाएगी।"

हमें अपने पत्रों पर मानवीय छाप छोड़नी चाहिए और ख़ुद को स्वाभाविक अंदाज़ में व्यक्त करने की सबसे अच्छी कोशिश करनी चाहिए। शिष्ट, विनम्र और रुचिवान बनें। दोस्ताना लेखन शैली से पाठक ख़ुश हो जाएगा, जबकि भावहीन शैली उसे बिचका देगी।

घिसे-पिटे कारोबारी जुमलों के इस्तेमाल से बचें

अपने लेखन को दोस्ताना रखने का एक और तरीक़ा यह है कि हम कारोबारी संप्रेषणों के औपचारिक घिसे-पिटे जुमलों का इस्तेमाल करने से बचें।

यह लिखने के बजाय	यह लिखें
बाद की तिथि में	बाद में (या सटीक समय)
वर्तमान समय में	अभी
इस तथ्य के बावजूद	हालाँकि
एक वर्ष की अवधि के लिए	एक साल के लिए
आपके आग्रह के तारतम्य में	आपके आग्रह पर
निकट भविष्य में	जल्दी (या मई में)
यह राय दी जाती है कि	मुझे विश्वास है कि
परिवर्तन की प्रक्रिया पूर्ण की	परिवर्तन किया
अधोहस्ताक्षरकर्ता या लेखक	मैं
हम यहाँ पर संलग्न कर रहे हैं	संलग्न हैं
हम यह कार्य करने की स्थिति में नहीं हैं	हम ऐसा नहीं कर सकते
इसके अपवाद के साथ	इसे छोड़कर

जटिल या लंबे वाक्यों से बचें

छोटे वाक्यों (बीस शब्द या इससे कम) को पढ़ना और समझना सबसे आसान होता है। हर वाक्य को सिर्फ़ एक विचार तक सीमित रखें। लंबे शब्दों के बजाय छोटे शब्दों का इस्तेमाल करने से भी मदद मिलती है। ज़ाहिर है, अगर हम तकनीकी रूप से प्रशिक्षित लोगों के लिए तकनीकी मामलों पर लिख रहे हैं, तो हमें तकनीकी भाषा का ही इस्तेमाल करना चाहिए। लेकिन जब हम ऐसे लोगों के लिए लिख रहे हों, जिनके पास तकनीकी पृष्ठभूमि नहीं है, तो ऐसी भाषा और शब्दावली से बचें, जो उनकी समझ से परे हो सकती है।

अपनी योजना को लिख लें। जिस पल आप यह कर लेते हैं, आप अमूर्त इच्छा को निश्चित रूप से ठोस रूप दे देते हैं।

—नेपोलियन हिल

पत्राचार को यादगार बनाएँ

जब हम पढ़ते हैं, तो मस्तिष्क शब्दों का अर्थ उसी तरह लगाता है, जिस तरह सुने हुए शब्दों का लगाता है। हम विज़ुअल एड्स की सहायता से अपने शब्दों (और कारोबारी संप्रेषणों) को ज़्यादा असरदार बना सकते हैं।

ग्राफ़िक्स का इस्तेमाल करें

ज़्यादातर लोग आँकड़ों का कॉलम पढ़ने के बजाय ग्राफ़ या चार्ट को ज़्यादा पसंद करते हैं। जानकारी को ग्राफ़िक में बदलने में थोड़ा समय ज़रूर लगता है, लेकिन इससे हमारे मेमो और रिपोर्टों का प्रभाव बहुत बढ़ जाता है। यदि ड्रॉइंग, फ़ोटो या अन्य दृश्यात्मक चित्रों का इस्तेमाल संभव हो, तो इससे पत्र या मेमो सजीव बन जाता है। जिन लोगों को आँकड़े पढ़ना पसंद है, उनके लिए आँकड़े अलग से दिए जा सकते हैं।

कई कंप्यूटर प्रोग्राम आसानी से आँकड़ों को ग्राफ़ या चार्ट में बदल सकते हैं। यदि इन चार्टों को रंगीन बना दिया जाए, तो इससे उनका प्रभाव और भी बढ़ जाता है।

अपने संदेश में कहानी का इस्तेमाल करें

जहाँ ग्राफ़िक्स नहीं दिए जा सकते हों, वहाँ लेखन में वर्णनात्मक कहानियों का इस्तेमाल करें। कहानी से पाठक अपने मन में हमारी कही गई बात की तसवीर देख लेता है।

आइए, हम दो मेमो देखते हैं, जो कर्मचारियों के काम छोड़कर जाने के बारे में लिखे गए हैं : "शिपिंग विभाग में नौकरी छोड़कर जाने वालों की भारी संख्या से शिपिंग कर्मचारियों पर काम का बोझ बहुत बढ़ गया है, जिससे दुर्घटनाएँ होती हैं, थकान के कारण बीमारी होती है और अधिक इस्तीफ़े दिए जाते हैं। इस वजह से ऑर्डर नहीं भेजे जा रहे हैं और ग्राहकों की शिकायतें बढ़ती जा रही हैं।"

यह बहुत अच्छा मेमो है, लेकिन आइए देखते हैं कि एक छोटी कहानी में यह जानकारी कैसे बताई जा सकती है : "मैं आज सुबह शिपिंग विभाग में गया। वहाँ दस लोगों के पूरे स्टाफ़ के बजाय सिर्फ़ छह लोग ही काम कर रहे थे। वे ऑर्डर पूरे करने की कोशिश में भारी दबाव में काम कर रहे थे।

कल उन्होंने दस घंटे लगाए थे और मुझे उनके चेहरे पर और काम करने के अंदाज़ में थकान साफ़ दिख रही थी। एक कर्मचारी छुटपुट दुर्घटना की वजह से लँगड़ा रहा था। जब मैं वहाँ पर था, तो तीन ग्राहकों के शिकायती फ़ोन आए कि तय तारीख़ पर उनका सामान क्यों नहीं पहुँचा था।"

पहले मेमो ने तथ्य बताए थे, लेकिन दूसरे मेमो ने पाठक को स्थिति का चित्र "दिखा" दिया। जहाँ उचित हो, वहाँ विज़ुअल एड्स और वर्णनात्मक कहानियों के इस्तेमाल से हमारे पत्र ज़्यादा स्पष्ट और दिलचस्प बन जाएँगे।

इलेक्ट्रॉनिक संप्रेषण

पिछले कुछ वर्षों में इंटरनेट संवाद के एक बड़े नवाचारी साधन के रूप में उभरा है, जिसके माध्यम से जानकारी भेजी और पाई जा सकती है।

ई-मेल, टेक्स्ट मैसेज, सोशल नेटवर्क संदेश और अन्य इलेक्ट्रॉनिक संप्रेषण भी हमें उतने ही ध्यान से लिखना चाहिए, जितने ध्यान से हम पत्र या मेमो लिखते हैं। याद रखें, ईमेल भी लिखित संप्रेषण की श्रेणी में ही आता है। यह फ़ोन कॉल का विकल्प नहीं है, इसलिए इसे शैली या सामग्री की ज़्यादा परवाह किए बिना यूँ ही नहीं भेज देना चाहिए। फ़ोन कॉल के विपरीत इलेक्ट्रॉनिक संदेश सुरक्षित रखे जा सकते हैं और दोबारा पढ़े जा सकते हैं। वे "निजी" नहीं होते और उन्हें अदालत में प्रमाण के रूप में पेश किए जा सकते हैं। यह ध्यान में रखते हुए हमें उनकी सावधानी से योजना बनानी चाहिए और सावधानी से लिखना भी चाहिए।

बेहतर इलेक्ट्रॉनिक संदेश भेजना

किसी इलेक्ट्रॉनिक संदेश को लिखने से पहले अच्छी तरह से सोच लें कि हम क्या लिखना चाहते हैं। हमें इसकी योजना भी उतनी ही सावधानी से बनानी चाहिए, जितनी सावधानी से हम औपचारिक पत्र की योजना बनाते हैं। यदि हम निर्देश दे रहे हैं, तो सुनिश्चित करें कि पाठक सटीकता से जानता हो कि हम किस काम का आग्रह कर रहे हैं। यदि हम पूछताछ का जवाब दे रहे हैं, तो उसे अच्छी तरह पढ़ लें, ताकि यह तसल्ली हो सके कि हमारे पास सामने वाले के प्रश्नों का जवाब देने के लिए सारी आवश्यक जानकारी है।

पाठक का ध्यान खींचना

हमारे पास हर दिन दर्जनों, यहाँ तक कि सैकड़ों, इलेक्ट्रॉनिक संदेश आते हैं। हमारे संदेश तुरंत पढ़ लिए जाएँ, यह सुनिश्चित करने के लिए विषय वाले खंड में ऐसी चीज़ लिखें, जो सामने वाले के लिए अर्थपूर्ण हो। मिसाल के तौर पर, "रि : 6/25 का आपका ईमेल" के बजाय विषय की पंक्ति में या शुरुआती पंक्ति में उस संदेश में दी गई जानकारी का ज़िक्र करें, मिसाल के तौर पर, "जून के बिक्री आँकड़े।" जैसा पत्र और मेमो लिखने के बारे में ऊपर बताया गया है, हमें ईमेल और अन्य इलेक्ट्रॉनिक संदेश लिखते समय तीन बातों का ध्यान रखना चाहिए : स्पष्ट, पूर्ण और सारगर्भित।

ग़ौर करें कि अगर ईमेल के साथ फ़ाइलें अटैच हैं, तो संदेश में बता दें कि कौन सी फ़ाइलें अटैच की गई हैं, ताकि पाठक यह सुनिश्चित कर सके कि वे सभी उसे मिल गई हैं। जहाँ अटैचमेंट का इस्तेमाल नहीं किया जाता है, वहाँ फ़ाइल या यूआरएल का उल्लेख करें, जहाँ प्रासंगिक दस्तावेज़ पाए जा सकते हैं।

"सेंड" बटन दबाने से पहले पूरा संदेश सावधानी से पढ़ें और स्पेलिंग की जाँच करें। इसे ज़ोर से पढ़ना अच्छा विचार है, क्योंकि इससे हमें छूटी हुई बातों या अन्य भूलों को पकड़ने में मदद मिलती है। भेजने से पहले यह सुनिश्चित करें कि संदेश सभी मायनों में सही हो।

ईमेल की बाढ़ के कारण हमारा संदेश अनजाने में ही नज़रअंदाज़ या डिलीट किया जा सकता है। इसलिए सामने वाले से संदेश मिलने की पुष्टि करने को कहें। यदि मामला अत्यंत महत्त्वपूर्ण है, तो फ़ोन करके यह सुनिश्चित करें कि संदेश मिल गया है और समझ लिया गया है।

गोपनीयता की चिंताएँ

जैसा हम पहले ही बता चुके हैं, इलेक्ट्रॉनिक संदेशों की गोपनीयता की कोई गारंटी नहीं होती है। हमें ऐसे हैकर्स की ख़बरें अक्सर दिखती हैं, जो बहुत ही आधुनिक प्रणालियों में सेंध लगा देते हैं। हमें यह मानकर चलना चाहिए कि हम इलेक्ट्रॉनिक माध्यम से जो भी भेजते हैं, उसे दूसरे पढ़ सकते हैं। गोपनीयता की आवश्यकता होने पर इलेक्ट्रॉनिक मीडिया का इस्तेमाल शायद सबसे अच्छा नहीं रहेगा।

याद रखें कि कंपनी के कंप्यूटर से भेजा गया हर ईमेल कंपनी के दूसरे लोग पढ़ सकते हैं। पिछले कुछ वर्षों में कुछ कर्मचारियों को नौकरी से निकाल दिया गया, क्योंकि उनके भेजे ईमेलों से कंपनी के नियमों का उल्लंघन हुआ था। अमेरिका की अदालतों ने कर्मचारियों के निजता के अतिक्रमण के दावों को ख़ारिज कर दिया।

उन कर्मचारियों के मामले ज़्यादा गंभीर हैं, जो अपने संदेशों में अनुचित टिप्पणियाँ या मज़ाक़ शामिल करते हैं। जब भी हम अपने नियोक्ता के सर्वर का इस्तेमाल करें, हमें यह मानकर चलना चाहिए कि हमारे संदेश या सर्च की सामग्री कंपनी में और अंततः हर एक के द्वारा पढ़ी जा सकती है। अनुचित यौन या प्रजातीय टिप्पणियाँ कभी नहीं करना चाहिए। बात ख़त्म। कर्मचारियों की कंपनियों के ख़िलाफ़ मुक़दमों में ऐसे संदेशों को प्रमाणस्वरूप रखा गया, हालाँकि कंपनी के अधिकारियों को तो इन संदेशों की जानकारी भी नहीं थी। इसके बाद संदेश भेजने वालों को नौकरी से निकाल दिया गया, साथ ही भेजने वालों तथा कंपनियों दोनों के ख़िलाफ़ क़ानूनी कार्रवाई भी की गई।

अंत में, हमें हमेशा अपने इलेक्ट्रॉनिक संदेशों की अच्छी तरह जाँच कर लेनी चाहिए। "रिप्लाई ऑल" ना करें, अगर हम सिर्फ़ मूल संदेश भेजने वाले को ही जवाब देना चाहते हों।

> इलेक्ट्रॉनिक संदेशों को फ़ोन और व्यक्तिगत संपर्कों का विकल्प नहीं बनाएँ। जिन लोगों से हम नियमित रूप से पेश आते हैं, उनके साथ आवाज़-से-आवाज़ या चेहरे-से-चेहरे का संपर्क व्यक्तिगत संबंध को मज़बूत करता है, जो तालमेल बनाने और क़ायम रखने में बेहद महत्त्वपूर्ण होता है।
>
> —चार्ल्स वैंग,
> पूर्व सीईओ, कंप्यूटर एसोसिएट्स

इलेक्ट्रॉनिक संदेशों के मामले में क्या करें और क्या नहीं करें

1. संदेशों की योजना सावधानी से बनाएँ।

2. अपने संदेशों को संक्षिप्त रखें। यदि हमें कई पैराग्राफ़ वाला इलेक्ट्रॉनिक संदेश भेजना हो, तो संदेश के ऊपरी हिस्से में सामने वाले को चेतावनी दे दें, और शुरुआत में ही सारांश बता दें।

3. सब्जेक्ट लाइन में सटीक विषय लिखें। अपने पाठकों को असमंजस में ना रखें कि संदेश किस बारे में है; हो सकता है कि वे इसे पढ़ें ही नहीं।
4. संदेश की सामग्री और शैली को पेशेवर रखें। हालाँकि अनौपचारिकता ठीक है, लेकिन हमें बहुत ज़्यादा अल्पविरामों और संक्षिप्त रूपों, क्लिप आर्ट और जटिल लेआउट के अति इस्तेमाल से बचना चाहिए। पूरा पत्र कैपिटल लेटर में टाइप नहीं करें, क्योंकि पूरे कैपिटल लेटर वाले पत्र को चिल्लाना समझा जाता है।
5. वर्तनी, व्याकरण और विराम सही हैं, यह सुनिश्चित करने के लिए स्पेल-चेकर का इस्तेमाल करें। इसके बाद ख़ुद संदेश पढ़कर देखें कि यह हर तरह से सही है।
6. सामने वाले को बता दें कि कब संदेश का जवाब देने की आवश्यकता नहीं है। इससे आप दोनों का समय बचेगा।
7. “सेंड” बटन दबाने से पहले अपना संदेश दोबारा पढ़ें।
8. पैराग्राफ़ के बजाय उचित होने पर बुलेट का इस्तेमाल करें। बुलेट के इस्तेमाल से अक्सर पढ़ना और मुख्य बिंदुओं को समझना ज़्यादा आसान हो जाता है।
9. आने वाले ईमेल पर तुरंत प्रतिक्रिया करें, ख़ास तौर पर जब त्वरित ध्यान आवश्यक हो। संप्रेषण की गति ही इस माध्यम का मुख्य लाभ है।
10. सीसी और बीसीसी का इस्तेमाल कभी-कभार ही करें और सावधानी से करें।
11. “फ़ॉरवर्ड” बटन का इस्तेमाल भी कभी-कभार ही करें।
12. “रिप्लाई” कमांड का इस्तेमाल उदारता से करें। यह संदेश के लिए पृष्ठभूमि बनाने का आसान तरीक़ा है।
13. यह बता दें कि क्या संदेश सिर्फ़ सामने वाले की जानकारी के लिए भेजा गया था या उसे कोई काम करना है या जवाब देना है।
14. जाँच करें कि सामने वाले को महत्त्वपूर्ण संदेश मिल गया है या नहीं।

सामने वाले से इसके मिलने की पुष्टि करने को कहें और/या फ़ोन करके पता लगाएँ।

15. "सेंड" बटन दबाने से पहले सोचें। भेजने से पहले जिस ईमेल संदेश पर अच्छी तरह विचार नहीं किया जाता है, वह बाद में हमें परेशानी में डाल सकता है। कारोबारी पत्राचार में अतिशयोक्तिपूर्ण या हास्यपूर्ण बनने के प्रति सावधान रहें, वरना इससे हमारे इरादों को ग़लत समझा जा सकता है।

16. कोई भी संदेश दो बार से ज़्यादा फ़ॉरवर्ड नहीं करें, क्योंकि इसके बाद पुराने संदेशों को पढ़ना ज़्यादा मुश्किल होता जाता है।

17. अनावश्यक फ़ाइलें अटैच नहीं करें।

18. ईमेल का इस्तेमाल टेलीफ़ोन या व्यक्तिगत संपर्क के रूप में नहीं करें। जिन लोगों के साथ हम व्यवहार करते हैं, उनसे आवाज़-से-आवाज़ और चेहरे-से-चेहरे के संबंधों को क़ायम रखना महत्त्वपूर्ण होता है।

19. कंपनी के समय में और कंपनी के कंप्यूटरों पर इलेक्ट्रॉनिक गेम नहीं खेलें, चेन लेटर ना तो भेजें, ना ही उनका जवाब दें या ऐसे ही समय बर्बाद करने वाले दूसरे काम ना करें।

20. कंपनी के कंप्यूटरों पर अश्लील सामग्री या जातीय या प्रजातीय समूहों के लिए निंदापूर्ण चीज़ें डाउनलोड नहीं करें। याद रखें कि कोई भी हमारे संदेश और हमारी सर्च को पढ़ सकता है और इससे संगठन के दूसरे लोगों को ठेस पहुँच सकती है। ऐसी हरकत शर्मिंदगी और यौन या प्रजातीय उत्पीड़न के संभावित आरोपों की ओर ले जा सकती है।

21. इलेक्ट्रॉनिक माध्यम से अफ़वाहें नहीं फैलाएँ। टेलीफ़ोन पर या आमने-सामने के संपर्क में अफ़वाह फैलाना ही पर्याप्त बुरा है, लेकिन ईमेल ऐसी जानकारी पाने वाले लोगों की संख्या को बहुत ज़्यादा बढ़ा देती है।

22. अपनी पूरी सूची को कोई संदेश तब तक नहीं भेजें, जब तक कि वह हर एक के लिए नहीं हो।

23. कंपनी के ईमेल पर वाहियात चुटकुले या कहानियाँ नहीं भेजें।

निशाने पर लगने वाली रिपोर्ट लिखना

अपने अधिकारियों या संगठन के दूसरे प्रबंधकों को रिपोर्ट भेजना अक्सर मैनेजर का एक महत्त्वपूर्ण काम होता है। ख़राब तरीक़े से तैयार की गई, ख़राब ढंग से सोची गई और ख़राब तरीक़े से लिखी गई रिपोर्ट भेजने से तरक़्क़ी में बाधा पड़ती, इसलिए यह अनिवार्य है कि हम इन दस्तावेज़ों को तैयार करने और लिखने में ज़्यादा मेहनत करें।

आइए, मान लेते हैं कि हमारी कंपनी एक नए सॉफ़्टवेयर पैकेज को ख़रीदने की सोच रही है और हमारे बॉस ने इस पर शोध करके रिपोर्ट तैयार करने को कहा है। एक अच्छी रिपोर्ट में बुनियादी जानकारी से ज़्यादा होनी चाहिए। इसे पाठक को आवश्यक निर्णय लेने लायक़ सारा ज्ञान देना चाहिए। जैसा दूसरे संप्रेषणों में बताया गया है, इसमें तीन गुण होने चाहिए (स्पष्टता, पूर्णता और सारगर्भिता)।

मेरे लिए शोध लेखन जितना या उससे भी ज़्यादा महत्त्वपूर्ण है। यही वह बुनियाद है, जिस पर पुस्तक खड़ी होती है।

—लियॉन यूरिस

सावधानी से तैयारी करें

1. स्पष्ट रूप से समझ लें कि उस रिपोर्ट का उद्‌देश्य किस समस्या या मुद्‌दे को सुलझाना है। जिस मैनेजर ने हमें काम सौंपा है, उसके साथ रिपोर्ट के उद्‌देश्य पर बातचीत करें। सचमुच क्या चाहा गया है, यह जाने बिना रिपोर्ट तैयार करने वाले लोगों ने बहुत सारा समय, प्रयास और पैसा बर्बाद किया गया है। अगर हमें यह स्पष्ट पता नहीं है कि रिपोर्ट का कैसे इस्तेमाल होगा, तो हम सचमुच महत्त्वपूर्ण क्षेत्रों के बजाय स्थिति के गौण पहलुओं पर ज़रूरत से ज़्यादा समय लगा सकते हैं। नए सॉफ़्टवेयर वाली रिपोर्ट में हमारी तीन मुख्य चिंताएँ हैं : टेलीमार्केटिंग में सॉफ़्टवेयर की उपयोगिता, लागत और तकनीकी सेवा की उपलब्धता।
2. यदि हम दूसरों को रिपोर्ट के हिस्से तैयार करने का काम सौंप रहे हैं, तो प्रोजेक्ट के हिस्से बना लें और हर हिस्से पर शोध करने के लिए

एक व्यक्ति को नियुक्त कर दें। हमारा काम समन्वय करना, निष्कर्ष देना और अनुशंसा करना है।

3. तथ्य हासिल करें। सारी आवश्यक जानकारी इकट्ठी करें। मिसाल के तौर पर, जो लोग इस रिपोर्ट के लिए सौंपा गया काम करेंगे, उन्हें सॉफ़्टवेयर का इस्तेमाल करने वाले कर्मचारियों से बात करके यह पता लगाना चाहिए कि वे इससे दरअसल क्या चाहते हैं। उन्हें सॉफ़्टवेयर के बारे में सारी जानकारी हासिल करनी चाहिए। उन्हें पता लगाना चाहिए कि तकनीकी जर्नल इसके बारे में क्या कहते हैं और उन्हें दूसरी कंपनियों के कर्मचारियों से भी बात करनी चाहिए, जो प्रॉडक्ट का इस्तेमाल करते हैं। सप्लायर के बिक्री प्रतिनिधियों से जानकारी लेने के अलावा प्रतिस्पर्धी सॉफ़्टवेयर सप्लायरों के प्रतिनिधियों से भी जानकारी लेनी चाहिए। हम जितनी ज़्यादा जानकारी हासिल कर सकते हों, उतना ही बेहतर होता है।

4. तथ्यों का विश्लेषण करें। एक बार जानकारी इकट्ठी होने के बाद तथ्यों का आपस में संबंध जोड़ना चाहिए और विश्लेषण करना चाहिए। जिस सॉफ़्टवेयर पर विचार किया जा रहा है, उसके लाभों और सीमाओं की सूची बना लें। दूसरे सॉफ़्टवेयर के लिए भी ऐसी ही सूची बना लें, जो व्यावहारिक हो सकता है।

5. यह पता लगाएँ कि रिपोर्ट को पढ़ने वाले को कौन सी शैली पसंद है। रिपोर्ट की भाषा और स्वरूप उस व्यक्ति या व्यक्तियों की पसंद के होने चाहिए, जिन्हें इसे पढ़ना है। मिसाल के तौर पर, अगर कोई इंजीनियर ग़ैर-तकनीकी प्रबंधकों के लिए रिपोर्ट लिख रहा है, तो उसे ज़्यादा से ज़्यादा ग़ैर-तकनीकी भाषा में लिखने की कोशिश करनी चाहिए। यदि रिपोर्ट में तकनीकी भाषा का इस्तेमाल अनिवार्य हो, तो लेखक को रिपोर्ट में तकनीकी शब्दावली का अर्थ पहले इस्तेमाल के समय स्पष्ट कर देना चाहिए।

इसके अलावा, यह पता लगाएँ कि पाठक भाषा, सामग्री के विवरण, ग्राफ़िक्स के इस्तेमाल आदि के संदर्भ में क्या उम्मीद करता है। अगर हम अपने बॉस या किसी दूसरे अच्छी तरह परिचित मैनेजर के लिए रिपोर्ट लिख रहे हैं,

जिसके साथ हम नियमित व्यवहार करते हैं, तो हम शायद जानते हैं कि कैसी रिपोर्ट तैयार करनी है; शंका होने पर मार्गदर्शन हासिल करने के लिए दूसरों की भेजी रिपोर्टों की समीक्षा करें। कुछ मुद्दों पर विचार किया जाना चाहिए :

- उसे संक्षिप्त, सटीक रिपोर्ट पसंद है या वह बहुत सारे विवरण चाहता है।

- वह आँकड़ों की सारणी पसंद करता है या ग्राफ़/चार्ट पसंद करता है अथवा उसे दोनों को देखना पसंद है।

- वह राशियों को सटीक दशमलव में पसंद करता है या फिर उसे लगभग पूर्णांक आँकड़े पसंद हैं।

- विशेषज्ञ जानकारी या शैलियाँ, जिनका इस्तेमाल पाठक अपनी रिपोर्ट में करता है।

लेखन विचार को निश्चित रूप देता है और विचार कर्म को उत्पन्न करता है।

—*पॉल जे. मेयर,*
परामर्शदाता और लेखक

रिपोर्ट लिखना

हालाँकि कोई आदर्श रिपोर्ट शैली नहीं होती है, लेकिन नीचे दिए गए दिशानिर्देश रिपोर्ट को बेहतर बनाने में सहायक सिद्ध होंगे :

उद्देश्य बताएँ : शुरुआत करने का एक अच्छा तरीक़ा यह है कि शुरू में ही रिपोर्ट का उद्देश्य बता दिया जाए। मिसाल के तौर पर, "जैसा आपके मेमो में एक्सवायज़ेड सॉफ़्टवेयर प्रोग्राम के संदर्भ में आग्रह किया गया है, हमारे यहाँ इसकी व्यावहारिकता पर निर्णय लेने के लिए आवश्यक जानकारी यहाँ दी जा रही है।"

सार और अनुशंसाएँ : हालाँकि कई बार सार रिपोर्ट के अंत में बताया जाता है, लेकिन कई मैनेजर रिपोर्ट की शुरुआत में ही निष्कर्षों और अनुशंसाओं

के सार को पढ़ना पसंद करते हैं। इस तरह उन्हें वे परिणाम तुरंत पता चल जाते हैं; बाक़ी का विवरण वे समय मिलने पर पढ़ सकते हैं।

विस्तृत जानकारी पेश करें : सार के बाद व्यवस्थित वर्णन दें। सार और अनुशंसाओं का समर्थन करने वाले सारे विवरण शामिल करें। यदि चार्ट, ग्राफ़ और टेबल से रिपोर्ट में दी गई जानकारी स्पष्ट या सुदृढ़ होती है, तो उनका भी इस्तेमाल करें।

अपनी भाषा पर निगाह रखें : अपनी भाषा स्पष्ट और बिंदुवार रखें। ज़्यादातर वर्ड प्रोसेसर्स में इतने ज़्यादा फ़ॉन्ट और शैलियाँ होती हैं कि रिपोर्ट को बहुत आकर्षक और रोचक प्रारूप में प्रस्तुत किया जा सकता है। इस विकल्प का लाभ लेते समय ध्यान रखें कि हम अपनी प्रस्तुति को आकर्षक और पढ़ने में आसान बनाना चाहते हैं। कुछ लोग डिस्प्ले टाइप और अन्य चमक-दमक वाले फ़ॉन्ट के मामले में अति कर जाते हैं। इस तरह की रिपोर्ट को पढ़ना भी मुश्किल हो सकता है और ये बिज़नेस रिपोर्ट के लिहाज़ से अति "सुंदर" भी हो सकते हैं।

रिपोर्ट की लंबाई : बिज़नेस रिपोर्ट की कोई आदर्श लंबाई नहीं होती। यह इतनी लंबी होनी चाहिए कि पूरी कहानी बता दे - और इससे एक शब्द भी ज़्यादा नहीं हो। अनावश्यक दोहराव से बचें - शायद हमें रिपोर्ट के अंत में अपने निष्कर्ष को दोबारा बताना चाहिए, लेकिन इसके अलावा हमें विचारों को दोहराना नहीं चाहिए।

पढ़ें और दोबारा पढ़ें : रिपोर्ट पेश करने से पहले सावधानी से इसकी प्रूफ़रीडिंग करें। अगर वर्तनी की ग़लतियाँ हों, व्याकरण की ख़राब संरचना हो या लापरवाह टाइपिंग हो, तो एक अच्छी रिपोर्ट भी विश्वसनीयता खो देती है। आँकड़ों की जाँच सावधानी से करनी चाहिए। इसे दोबारा पढ़ें। यदि संभव हो, तो इसे एक या अधिक सहयोगियों से पढ़वाएँ। इसके बाद आवश्यक परिवर्तन कर लें। फिर एक बार और पढ़कर पूरी तरह संतुष्ट हो जाएँ।

यह पता लगाएँ कि हमारा मैनेजर रिपोर्ट कैसे पाना चाहता है। कुछ मैनेजर काग़ज़ों में रिपोर्ट चाहते हैं, कुछ डाउनलोड करने के लिए ईमेल में रिपोर्ट चाहते हैं और कुछ दोनों तरह से चाहते हैं।

संगठन के दूसरे लोगों को प्रतियाँ नहीं भेजें, जब तक कि हमारे बॉस या उस अधिकारी ने ऐसा करने का आग्रह ना किया हो, जिसके लिए हम रिपोर्ट तैयार कर रहे हैं। जब तक कि विपरीत आदेश ना दिया गया हो, तब तक हमें अपनी हार्ड ड्राइव में एक प्रति रखनी चाहिए, ताकि हम इसकी समीक्षा कर सकें या ज़रूरत पड़ने पर इसे दोबारा भेज सकें। रिपोर्ट तैयार करने में प्रयुक्त सारी स्रोत सामग्री को हमेशा सँभालकर रखें, जिसमें वह शोध सामग्री शामिल है, जिसका हमने रिपोर्ट में इस्तेमाल नहीं किया है। जब हमसे रिपोर्ट बढ़ाने को कहा जाएगा या उन बिंदुओं पर सवाल पूछे जाएँगे, तो यह शोध सामग्री मूल्यवान हो सकती है।

मौखिक रूप से रिपोर्ट पेश करना : ऐसे मौक़े आते हैं, जब हमसे किसी मीटिंग में मौखिक रिपोर्ट पेश करने को कहा जाता है। अगर हम जानकारी देने वाली प्रस्तुतियाँ तैयार करने के सुझावों के हिसाब से (देखें अध्याय 5) रिपोर्ट लिखते हैं, तो हम इस आकस्मिक घटना के लिए तैयार होंगे।

अच्छा बोध अच्छे लेखन का प्रथम मुख्य स्रोत भी है और मूल स्रोत भी।

—होरेस

सार

हम जो भी लिखते हैं, वह होना चाहिए :

1. स्पष्ट – पढ़ने और समझने में आसान।

2. पूर्ण – हम जो जानकारी देना चाहते हैं, उसे पूरी दें।

3. सारपूर्ण – संक्षिप्त और बिंदुवार।

   • जिस भी लिखी हुई चीज़ पर हमारा नाम होता है, वह हमारी छवि पर प्रभाव डालती है। दोबारा पढ़कर ग़लतियों को पकड़ें। स्पेलचेकर पर इतना ज़्यादा भरोसा नहीं करें कि यह सभी तरह की ग़लतियों को पहचान लेगा।

- अति औपचारिक भाषा के इस्तेमाल से बचें, क्योंकि इसे कृत्रिम और अक्सर पाखंडी माना जा सकता है। जिस तरह हम बोलते हैं, उसी तरह लिखें।

- किसी पत्र को व्यक्तिगत बनाने का प्रभावी तरीक़ा सामने वाले के नाम का इस्तेमाल करना है।

- यदि आँकड़ों को ग्राफ़िक के रूप में पेश किया जाए, तो मेमो और रिपोर्ट ज़्यादा प्रभावशाली बनेंगे।

- हमें ई-मेल, टेक्स्ट मैसेज, सोशल नेटवर्क संदेश और इसी तरह के संप्रेषण लिखने का काम भी उतनी ही सावधानी से करना चाहिए, जितनी सावधानी हम सामान्य पत्र और मेमो लिखने में रखते हैं।

- संदेश लिखने से पहले इस बारे में सावधानी से सोचें कि हम क्या लिखेंगे। इसकी योजना उतनी ही सावधानी से बनाएँ, जितनी सावधानी से किसी औपचारिक पत्र की बनाते हैं। यदि हम निर्देश दे रहे हों, तो सुनिश्चित करें कि पाठक को अच्छी तरह पता चल जाए कि हम उससे कौन सा काम कराना चाहते हैं। यदि हम किसी पूछताछ का जवाब दे रहे हैं, तो सुनिश्चित करें कि हमारे पास वह सारी जानकारी है, जो पूछे गए प्रश्नों का उचित जवाब देने के लिए चाहिए।

- इलेक्ट्रॉनिक संदेशों में क्या करें और क्या नहीं करें की समीक्षा करें। इन दिशानिर्देशों पर अमल करें। इन नियमों को जानने और पालन करने के लिए अधीनस्थों को प्रशिक्षित करें।

- अधिकारियों या संगठन के दूसरे प्रबंधकों को रिपोर्ट भेजना मैनेजर का एक महत्त्वपूर्ण कार्य है। ख़राब तरीक़े से लिखी गई रिपोर्ट पेश करने से तरक़्क़ी में बाधा पड़ेगी, इसलिए यह अनिवार्य है कि हम इसे तैयार करने और लिखने में अतिरिक्त प्रयास करें।

- हालाँकि कोई आदर्श रिपोर्ट शैली नहीं है, लेकिन नीचे दिए गए दिशानिर्देश रिपोर्ट तैयार करने में सहायक सिद्ध होंगे :

○ उद्देश्य बताएँ।

○ निष्कर्ष का सार और अनुशंसाएँ दें।

○ सार के बाद अनुशंसाओं का समर्थन करने वाले विवरण दें। चार्ट, ग्राफ़ और टेबल का इस्तेमाल करें।

○ हमारी रिपोर्ट की आदर्श लंबाई उतनी ही होनी चाहिए, जितनी पूरी कहानी बताने के लिए ज़रूरी हो; इसमें कुछ भी अनावश्यक नहीं होना चाहिए।

○ रिपोर्ट पेश करने से पहले उसकी प्रूफ़रीडिंग कर लें। आँकड़ों की दोबारा जाँच करें और एक बार फिर पढ़कर संतुष्टि कर लें।

○ पता लगाएँ कि हमारे अधिकारी या रिपोर्ट हासिल करने वाले को कौन सा प्रारूप पसंद है; उसकी पसंद के अनुरूप रिपोर्ट तैयार करें।

○ कुछ मैनेजर रिपोर्ट को हार्डकॉपी में पसंद करते हैं, कुछ कंप्यूटर पर डाउनलोड होने वाले ईमेल पसंद करते हैं; कुछ दोनों को पसंद करते हैं।

○ रिपोर्ट बनाने में प्रयुक्त सारी स्रोत सामग्री को हमेशा अपने पास रखें, जिसमें इस्तेमाल नहीं हुई सामग्री शामिल है। अगर हमसे अपनी रिपोर्ट का विस्तार करने को कहा जाता है, तो यह सामग्री हमारे लिए मूल्यवान साबित हो सकती है।

7

कंपनी के भीतर प्रगति करें

करियर में तरक़्क़ी के कई तरीक़े हैं। हम अपनी वर्तमान कंपनी में आगे बढ़ सकते हैं, या फिर अपने ही क्षेत्र में कंपनी बदल सकते हैं अथवा फिर अपने करियर को बदल सकते हैं। इस अध्याय में हम अपनी वर्तमान कंपनी में अवसरों की जाँच करेंगे। बाद वाले अध्यायों में हम यह देखेंगे कि कब और कैसे क़दम बढ़ाना है।

हमारी वर्तमान स्थिति

हमें पहला निर्णय तो यह लेना चाहिए कि क्या वर्तमान कंपनी में रुकना हमारे लिए सबसे अच्छा है या फिर किसी दूसरी कंपनी में जाना बेहतर रहेगा। हमारे अवसर चार बातों से तय होते हैं : इस समय हम किस उद्योग में काम करते हैं, हमारी कंपनी, हमारा पद और हमारी वर्तमान स्थिति।

हमारा उद्योग

यदि हमारे उद्योग में विकास की संभावना ज़्यादा नहीं है, तो इसका निश्चित रूप से हमारे भविष्य पर असर होगा। प्रौद्योगिकी में हुए परिवर्तनों की वजह से कुछ उद्योग लगभग लुप्त हो चुके हैं; कई अन्य उद्योग अपने प्रांत या देश से भी बाहर चले गए हैं। मिसाल के तौर पर, मीरा ने महिलाओं के पोशाक उद्योग में करियर बनाया था, लेकिन समय के साथ महिलाओं की पोशाक का ज़्यादातर उत्पादन अन्य देशों में होने लगा। अब इस क्षेत्र में

बहुत कम अवसर हैं। हालाँकि हम सटीक भविष्यवाणी तो नहीं कर सकते, लेकिन हम परिवर्तन के सूचकों के बारे में सतर्क अवश्य रह सकते हैं। हमें पूछना चाहिए :

- क्या हमारे उद्योग में विकास का प्रबल इतिहास है?

- क्या हमारा उद्योग इस वक़्त विकास के दौर में है?

- क्या हमारा उद्योग प्रौद्योगिकी में अपनी प्रगति के लिए मशहूर है?

- क्या हमारे उद्योग का बाज़ार फैला हुआ है? (यानी इसकी बिक्री या आपूर्ति का ऊँचा प्रतिशत सरकार या किसी ख़ास उद्योग पर तो निर्भर नहीं है?)

- क्या संभावित बाज़ार विकास कर रहा है?

- हमारे उद्योग में नौकरी करने वाले लोगों की संख्या हाल के वर्षों में बढ़ रही है या घट रही है?

हमारी कंपनी

हम अपने पेशे या काम में चाहे जितने निपुण हों, हमारी वर्तमान कंपनी हमारे भविष्य को तय करने में एक बड़ी भूमिका निभाती है। यदि हमारी कंपनी समृद्ध होती है, तो हम भी तरक़्क़ी करेंगे; यदि यह ठहर जाती है, तो हमारा विकास भी ठहर जाएगा।

अपनी कंपनी के बारे में इन सवालों के जवाब दें :

- क्या कंपनी अपने उद्योग में लीडर है?

- क्या उद्योग की तुलना में हमारी कंपनी की बिक्री बढ़ी है?

- क्या कंपनी ने नए प्रॉडक्ट या सेवाएँ शुरू की हैं?

- क्या कंपनी उद्योग में हुए प्रौद्योगिकी परिवर्तनों से क़दम मिलाकर चली है?

- क्या प्रतिस्पर्धी, ग्राहक और सप्लायर कंपनी का सम्मान करते हैं?

- क्या कंपनी की वित्तीय नींव सुदृढ़ है?

- क्या कंपनी अपने कर्मचारियों की संख्या बढ़ा रही है?

- क्या कंपनी भीतर से प्रमोशन देने की परंपरा पर चलती है?

- क्या कंपनी में प्रमोशन वरिष्ठता के नहीं, योग्यता के आधार पर मिलता है?

- क्या प्रमोशन में भाई-भतीजावाद या पक्षपात एक महत्त्वपूर्ण घटक होता है?

हमारा पद

हर कंपनी में ऐसे पद होते हैं, जिनकी प्रकृति ही ऐसी होती है कि वे तरक़्क़ी की ओर ले जाते हैं, जबकि बाक़ी पद बंद गली की श्रेणी में आते हैं। जब तक हमारा पद पूर्व श्रेणी में नहीं आता हो, हमें कंपनी के भीतर तबादला कराने पर विचार करना चाहिए। अपने वर्तमान पद के बारे में इन सवालों का जवाब दें :

- क्या हमारा पद प्रमोशन की पंक्ति में है?

- क्या हमारे पूर्व उस पद पर काम करने वालों को प्रमोशन मिला है?

- क्या यह पद तरक़्क़ी के लिए प्रशिक्षण स्थल की श्रेणी में आता है?

- क्या यह पद हमें निर्णय लेने के अवसर देता है?

- क्या इस पद पर हम कंपनी के लोगों की निगाह में आते हैं?

- क्या इस पद पर उच्चाधिकारियों से मेलजोल करने के अवसर मिलते हैं?

- क्या इस पद पर बैठने वाला व्यक्ति दूसरे लोगों का प्रबंधन करता है?

- क्या इस पद पर हमें कंपनी के संसाधनों (पैसा, सामग्री, मशीनें, कामकाजी समय आदि) को लगाने का अधिकार है?

- क्या इस पद को कंपनी के भीतर प्रतिष्ठापूर्ण माना जाता है?

- क्या यह पद किसी ऐसे अधिकारी के अधीन है, जो तरक़्क़ी की अनुशंसा कर सकता है?

व्यक्तिगत स्थिति

अपने करियर की संभावनाओं के विश्लेषण में हमें व्यक्तिगत घटकों पर भी ध्यान देना चाहिए। हमें अपने काम में आनंद आना चाहिए। किसी पद में चाहे कितनी ही ख़ूबियाँ हों, यह निश्चित रूप से बेहतर होगा, अगर हमें हर दिन काम पर जाने से दहशत ना होती हो।

अपने वर्तमान पद के बारे में स्पष्टवादी रहने से लाभ होता है।

खुले और निष्पक्ष रहकर नीचे दिए गए प्रत्येक बिंदु का तब तक मूल्यांकन करें, जब तक कि हम पूरी तरह संतुष्ट नहीं हो जाएँ :

- हमारा वेतन
- हम इस वक़्त किस तरह का काम कर रहे हैं
- कंपनी में हमारी प्रगति
- हमारे प्रमोशन के अवसर
- हमारे सुपरवाइज़र के अधीन काम करने का अनुभव
- क्या हम अपने सुपरवाइज़र से सीख सकते हैं?
- हमारा कामकाजी परिवेश
- विभाग के कर्मचारियों का मनोबल
- कंपनी के भीतर दूसरे कर्मचारियों का मनोबल
- ज्ञान और अनुभव हासिल करना, जो प्रमोशन पाने में हमारी मदद करें
- ज्ञान और अनुभव प्राप्त करना, जो हमारी पेशेवर योग्यताओं को बेहतर बनाएँ
- ऐसी चीज़ें सीखना, जो हमें किसी दूसरी कंपनी के लिए मूल्यवान बना देंगी, बशर्ते हम यह कंपनी छोड़ने का चुनाव करें।
- मुझे अपने वरिष्ठ अधिकारियों, सहकर्मियों और अधीनस्थों से कितना सम्मान मिलता है?
- मुझे अगला प्रमोशन (वांछित समय बताएँ) तक मिल जाना चाहिए

• इन बिंदुओं का विश्लेषण करने से हमें निष्पक्ष निर्णय लेने में मदद मिलेगी, जो भावनाओं से दूषित नहीं होगा

तबादला

इस विश्लेषण के बाद हमें यह पता लग सकता है कि हमारे वर्तमान पद में तरक़्क़ी की राह में कई गतिरोध हैं, लेकिन कंपनी के भीतर विकास की कई संभावनाएँ मौजूद हैं। समाधान यह नहीं है कि हम कंपनी बदल लें। समाधान तो यह है कि हम कंपनी के भीतर किसी दूसरे विभाग में तबादला करा लें।

कंपनी के भीतर तबादला कई तरीक़ों से कराया जा सकता है। बहुत कुछ बॉस के साथ हमारे संबंध पर निर्भर करता है। मान लें, हम कई वर्षों से अपने पद पर काम कर रहे हैं। हमारे बॉस के कुछ समय तक आगे के पद पर पहुँचने की संभावना नहीं है। यदि उसके साथ हमारे अच्छे संबंध हैं, तो हम दोस्ताना चर्चा कर सकते हैं। उसे बता दें कि हमारे वर्तमान विभाग में जितनी प्रगति की जा सकती है, हम उससे ज़्यादा तेज़ी से प्रमोशन चाहते हैं। उसे बता दें कि इसी कारण हम किसी दूसरे विभाग में तबादला कराना चाहते हैं, जहाँ हम अपने लक्ष्य हासिल करने के लिए ज़्यादा तेज़ी से तरक़्क़ी कर सकते हैं।

यदि हमारा बॉस इनकार कर दे या हम उससे तबादले के बारे में बातचीत नहीं कर सकते, तो हम ज़्यादा वरिष्ठ अधिकारी से बात करने का निर्णय ले सकते हैं - शायद हमारे बॉस का बॉस। गोपनीय बातचीत का आग्रह करें। ध्यान रखें कि उसके पास हमारी पृष्ठभूमि का सिर्फ़ सतही ज्ञान ही होगा, इसलिए अपनी उपलब्धियों और तरक़्क़ी की इच्छा का वर्णन करने को तैयार रहें। यह बता दें कि हम कंपनी को बहुत ज़्यादा पसंद करते हैं और इसमें तरक़्क़ी करना चाहते हैं, लेकिन चूँकि हमारे वर्तमान पद की वजह से तरक़्क़ी रुकी हुई है, इसलिए हम उस पद से तबादला चाहते हैं। ज़्यादा वरिष्ठ अधिकारी के पास हमारी इच्छा पूरी करने की शक्ति होती है, लेकिन यह याद रखें कि वह शायद इस बारे में हमारे सुपरवाइज़र से बात करेगा और हमारे सुपरवाइज़र को बुरा लग सकता है कि हमने उसे दरकिनार करके सीधे उसके अधिकारी से बात क्यों की। अगर हमारा तबादला नहीं होता है, तो शायद सुपरवाइज़र के साथ हमारे संबंध कमज़ोर रहेंगे। हमें इस जोखिम के लिए तैयार रहना चाहिए।

कई कंपनियों में तबादला कराने का आदर्श तरीक़ा मानव संसाधन विभाग की सहायता लेना है। सामान्यतः एचआर स्टाफ़ तटस्थ रहता है। इसका उद्देश्य सभी कर्मचारियों का इस्तेमाल करके कंपनी के और उनके सर्वश्रेष्ठ लाभ की व्यवस्था करना होता है।

एचआर सहयोगी के साथ अनौपचारिक या औपचारिक चर्चा की जा सकती है। अनौपचारिक चर्चा ज़्यादा आम है। हमें आश्वासन दिया जा सकता है कि हमारे विश्वास का सम्मान किया जाएगा और हमारी सहमति के बिना हमारे सुपरवाइज़र को इस बातचीत के बारे में नहीं बताया जाएगा। एचआर सहयोगी हमें कंपनी में अपनी स्थिति का निष्पक्ष मूल्यांकन बता सकता है। यह हमें बता सकता है कि हम अपनी वर्तमान स्थिति से कहाँ जा सकते हैं और हम कौन से क़दम उठाने के लिए पात्र हैं। वह यह सुझाव दे सकता है कि हम कुछ समय तक अपने वर्तमान पद पर ही बने रहें। वह यह सलाह भी दे सकता है कि हम तबादले के लिए औपचारिक आवेदन भेज दें। या फिर वह हमें कंपनी के भीतर कई ऐसे पद बता सकता है, जिनके बारे में हमने सोचा ही नहीं था।

तबादले का औपचारिक आग्रह इस प्रारंभिक अनौपचारिक चर्चा के साथ भी किया जा सकता है और इसके बिना भी, हालाँकि प्रारंभिक चर्चा करना बहुत लाभकारी होता है। हो सकता है, कंपनी हमसे एक विशेष फ़ॉर्म भरने को कहे। कुछ कंपनियों में यह हमसे यह उम्मीद भी की जाती है कि हम जिन विभागों में आवेदन कर रहे हैं, वहाँ के प्रबंधकों के विचार-विमर्श करने के लिए विस्तृत बायोडाटा भेजें। कंपनी के कुछ अन्य अधिकारी हमारा इंटरव्यू भी ले सकते हैं।

यदि हमारी कंपनी में यही प्रणाली चलती है, तो किसी दूसरी कंपनी में पद के आवेदन करने वाली नीति का पालन करें (वर्तमान कंपनी के बाहर इंटरव्यू पर अधिक विवरण के लिए अध्याय 9 देखें)।

वेतनवृद्धि

पहले ज़्यादातर कंपनियों में वेतनवृद्धि लगभग स्वचालित होती थी और हम वार्षिक वेतनवृद्धि या समय-समय पर मिलने वाली योग्यता वृद्धि पर भरोसा कर सकते थे। जब मज़दूरों की यूनियन अपने सदस्यों के लिए वेतनवृद्धि की

सौदेबाज़ी करती थी, तो अक्सर सुपरवाइजऱों और पेशेवर व मैनेजमेंट स्टाफ़ को भी उतनी ही वेतनवृद्धि दे दी जाती थी। इस तरह की वेतनवृद्धियों पर हमारा या तो बहुत कम नियंत्रण होता है अथवा बिलकुल भी नहीं होता। यह आज भी कुछ हद तक होता है, लेकिन बहुत से संगठनों में वेतनवृद्धियाँ अब अपेक्षित या नियमित रूप से नहीं मिलती हैं। यदि वेतनवृद्धियाँ नियमित रूप से नहीं मिलती हैं या जब हम कोई विशेष वेतनवृद्धि चाहते हैं, तो उसे हासिल करने के लिए हमें ख़ास कोशिश करनी होगी।

पारंपरिक रूप से हमें ज़्यादा पैसे तब मिलते हैं, जब हमारा प्रमोशन ज़्यादा ज़िम्मेदारी के पद पर हो। कभी-कभार हमें महसूस हो सकता है कि हम वेतनवृद्धि के हक़दार हैं, हालाँकि हमें निकट भविष्य में कोई प्रमोशन नहीं मिलने वाला है। इस तरह की वेतनवृद्धि हमें तभी मिलेगी, जब हम इसे माँगेंगे। तार्किक दृष्टि से हमें अपने अधिकारी से वेतनवृद्धि माँगनी चाहिए। ज़्यादातर कंपनियों में वही एकमात्र व्यक्ति होता है, जो वेतनवृद्धि की सिफ़ारिश कर सकता है, हालाँकि आम तौर पर संगठन के उच्चाधिकारियों को उसका अनुमोदन करना होता है।

वेतनवृद्धि माँगने से पहले कंपनी की वेतन नीति संबंधी जानकारी हासिल करें। यदि वेतनवृद्धियों के बारे में नियम कठोर हैं, तो देखें कि वे हमारे मामले में कहाँ और कैसे लागू होते हैं। ज़्यादातर मामलों में कठोर नियम भी निश्चित परिस्थितियों में मोड़े जा सकते हैं। वेतन श्रृंखला में हमारा वर्तमान वेतन कहाँ पर है? यदि हम अपने पद के वेतन के शिखर पर हैं, तो किसी भी हालत में वेतनवृद्धि तब तक नहीं मिल सकती, जब तक कि हमें प्रमोशन ना मिल जाए या हमारे पद को ऊपर ना उठा दिया जाए। यदि हम अपने पद के वेतन के शिखर से नीचे हैं, तो हमें वेतनवृद्धि मिल सकती है।

अपने बॉस से व्यक्तिगत इंटरव्यू का आग्रह करें। दूसरे कर्मचारियों से वेतनवृद्धि की इच्छा/आग्रह के बारे में बातचीत नहीं करें। हमारी वेतनवृद्धि से सहकर्मियों को समस्याएँ हो सकती हैं, जो हमारा सुपरवाइज़र शायद नहीं चाहता हो। अपने बॉस से कभी किसी पार्टी या सामाजिक समारोह में वेतनवृद्धि या प्रमोशन के बारे में बात नहीं करें। बॉस जब कुछ पैग लगा लेता है, तो वह अक्सर वेतनवृद्धि का वादा कर लेता है, लेकिन अगली सुबह तक यह बात "भूल" भी जाता है।

अपने सुपरवाइज़र के साथ बातचीत करते समय अपनी विशेष उपलब्धियों का उल्लेख करें। इसमें क़तई संकोच नहीं बरतें। बताएँ कि हमने उस पद की बुनियादी आवश्यकताओं से ज़्यादा और परे क्या किया है। याद दिलाएँ कि उन्होंने अब तक हमारे काम की कितनी प्रशंसा की है। संभावित आपत्तियों का अनुमान लगाएँ। मिसाल के तौर पर :

सुपरवाइज़र : "कारोबार पिछले साल के मुक़ाबले ज़्यादा कमज़ोर है। जब तक परिस्थितियाँ बेहतर नहीं हो जातीं, तब तक इंतज़ार करें।"

हम : "मैं समझता हूँ, लेकिन इस साल मेरा उत्पादन काफ़ी ज़्यादा रहा है और कंपनी में मेरे योगदान को पुरस्कृत करना चाहिए।"

सुपरवाइज़र : "आपको छह महीने पहले ही वेतनवृद्धि मिली थी।"

हम : "हाँ, मैं उस वेतनवृद्धि की क़द्र करता हूँ, लेकिन वह सबको मिलने वाली एक स्वचालित वेतनवृद्धि थी। मुझे लगता है कि मेरे काम को विशेष मान्यता मिलनी चाहिए।"

सुपरवाइज़र : "यह कंपनी की नीति के ख़िलाफ़ है।"

हम : "मैं कंपनी को विचलित नहीं करना चाहता, लेकिन वेतन नीति में थोड़ा लचीलापन है। मुझे लगता है कि मेरी स्थिति पर ख़ास विचार की ज़रूरत है।"

सुपरवाइज़र : "जैसे ही अगले स्तर का पद ख़ाली होता है, आप प्रमोशन की कतार में हैं।"

हम : "मैं इस बात की क़द्र करता हूँ और इसका इंतज़ार भी करूँगा। बहरहाल, इसके जल्दी होने के कोई आसार नहीं हैं और मुझे महसूस होता है कि मैं इस वक़्त एक असाधारण योगदान दे रहा हूँ।"

ग़ौर करें कि हमने अपनी व्यक्तिगत आवश्यकता के कारण वेतनवृद्धि का आग्रह नहीं किया है। यह तो कंपनी के प्रति हमारे योगदान के आधार पर किया गया है। दरअसल हमारी व्यक्तिगत वित्तीय आवश्यकताएँ हमारे नियोक्ता की ज़िम्मेदारी नहीं हैं, इसलिए इन मसलों से बचने की सलाह दी

जाती है। जब तक कि हमारे बॉस के साथ मज़बूत व्यक्तिगत संबंध नहीं हों, तब तक हमारे परिवार में किसी नए सदस्य के आने या हमारे नए मकान को ख़रीदने का परिणाम पर बहुत कम असर होगा।

ग़ौर करें कि हमने कंपनी छोड़ने की चेतावनी नहीं दी है। अपने सुपरवाइज़र को कभी धमकी नहीं दें। अगर हम "जीत" भी गए, तब भी हमें हमेशा ब्लैकमेलर माना जाएगा। अगर हम हार गए, तो हमें नौकरी से निकाल दिया जाएगा!

सावधानी से सही समय चुनें। वेतनवृद्धि के आग्रह का अच्छा समय तब है, जब हमें अच्छी मूल्यांकन रिपोर्ट मिली हो या जब हमने किसी मुश्किल प्रोजेक्ट पर बेहतरीन काम किया हो। ग़लत समय आग्रह करने के बजाय इंतज़ार करना बेहतर है।

वही लोग इस संसार में आगे निकलते हैं, जो उठकर अपनी मनचाही परिस्थितियों की तलाश करते हैं और यदि वे उन्हें नहीं मिलती हैं, तो वे उन्हें बना लेते हैं।

—जॉर्ज बरनार्ड शॉ

प्रमोशन

ग्रीन्सबरो, एन.सी. में सेंटर फ़ॉर क्रिएटिव लीडरशिप की डायरेक्टर मैरियन रडरमैन ने प्रमोशन संबंधी तीन आम मिथक बताए हैं :

1. *लोगों को प्रदर्शन के आधार पर प्रमोशन मिलता है :* हालाँकि प्रदर्शन और उपलब्धियाँ बड़ी भूमिका निभाती हैं, लेकिन सही समय सही जगह पर रहना एक बड़ा घटक है। दूसरे शब्दों में, परिस्थितियाँ और अवसर इस बात में एक बड़ी भूमिका निभाते हैं कि किसे प्रमोशन मिलता है। सुपरवाइज़र जब यह निर्णय लेते हैं कि प्रमोशन किसे देना है, तो अक्सर अपने ख़ुद के आंतरिक बोध और दूसरे लोगों की राय पर भरोसा करते हैं। वे उन लोगों को बहुत तवज्जो देते हैं जिन पर वे विश्वास करते हैं और जो ख़ुद को अच्छी तरह पेश करते हैं। हमें अपने लिए अच्छे अवसर बनाने के बारे में हमेशा सतर्क रहना चाहिए।

2. *लोगों को प्रमोशन इसलिए मिलता है, क्योंकि उनकी योग्यताएँ ख़ाली हुए ऊँचे पद के लिए उपयुक्त होती हैं :* हालाँकि लोगों की ख़ास योग्यताओं का उपयोग करने के लिए उन्हें प्रमोशन दिया जा सकता है, लेकिन अक्सर पद को किसी कर्मचारी की योग्यताओं के अनुरूप बनाया या ढाला जाता है। जब कंपनी विकास करती है, तो पदों को अक्सर उम्मीदवार की योग्यताओं के अनुरूप बनने के लिए ढाला जाता है। हमें अपनी योग्यताएँ सबके सामने उजागर करनी चाहिए।

3. *हम प्रमोशन के लिए कई अन्य उम्मीदवारों के ख़िलाफ़ प्रतिस्पर्धा कर रहे हैं :* अक्सर सुपरवाइज़र अच्छी तरह जानता है कि वह किसे प्रमोशन देना चाहता है। यदि यह हम हैं, तो हमारा काम उसे यह विश्वास दिलाना है कि वह सही निर्णय ले रहा है। अगर हमें पक्का विश्वास नहीं है, तो हमें अपनी दर्शनीयता को बढ़ाना चाहिए और अपने गुणों का प्रदर्शन करना चाहिए।

ऊपर उठना

तरक़्क़ी और अधिक धन का आम मार्ग यह है कि कंपनी के पदों पर समय-समय पर प्रमोशन मिलता रहे। प्रमोशन सुनिश्चित करने के लिए पहला और स्पष्ट क़दम यह है कि हम अपने काम में अव्वल रहें। यदि हम निचले स्तर पर प्रदर्शन नहीं कर रहे हैं, तो आम तौर पर ऊँचे पद के लिए हमारे नाम पर विचार भी नहीं किया जाएगा। लेकिन सिर्फ़ बेहतरीन प्रदर्शन ही प्रमोशन दिलाने के लिए काफ़ी नहीं है। इसके साथ कई अन्य घटक भी जुड़े होते हैं।

शुरुआती प्रमोशन

कई कंपनियों में निचले स्तरों पर लगभग स्वचालित पदोन्नति योजना होती है। प्रशिक्षु प्रबंधक के पद से नौकरी में आने वाला युवक प्रबंधन के निचले पदों तक आसानी से तरक़्क़ी कर लेगा, बशर्ते उसका काम औसत से कमतर नहीं हो। कंपनी की नीति और संगठनात्मक तंत्र आसानी से इन लोगों को समाहित कर सकता है।

बहरहाल, ऐसे प्रमोशन भ्रामक हो सकते हैं। वे पद और शुरुआती ज़िम्मेदारी के मामले में तरक़्क़ी तो देते हैं, लेकिन कहीं नहीं पहुँचाते हैं।

करियर-केंद्रित व्यक्तियों को अपनी तरक़्क़ी की सही सीढ़ी वाला पद चुनना चाहिए, भले ही इसके लिए उन्हें उस प्रमोशन को ठुकराना पड़े, जो उनके करियर में सहायक नहीं है।

बेन एक बड़ी उत्पादक कंपनी के मानव संसाधन विभाग में रोज़गार साक्षात्कारकर्ता है। दो साल बाद उसके सामने वरिष्ठ साक्षात्कारकर्ता के पद पर प्रमोशन लेने का प्रस्ताव रखा गया। उसने प्रमोशन ठुकराने के लिए अपने सुपरवाइज़र से मुलाक़ात का आग्रह किया। बेन को महसूस हुआ कि अपने पेशे में तरक़्क़ी करने के लिए उसे मानव संसाधन प्रबंधन के दूसरे पहलुओं का ज़्यादा व्यापक अनुभव होना चाहिए। सुपरवाइज़र ने सहमत होकर प्रमोशन का प्रस्ताव वापस ले लिया। छह महीने बाद बेन का प्रमोशन प्लांट के स्तर पर एचआर असिस्टेंट मैनेजर के पद पर कर दिया गया, जहाँ उसे विविध अनुभव मिल सकता था।

प्रमोशन का प्रस्ताव मिलने पर हमें सावधानी से इस बारे में सोचना चाहिए कि क्या हम सचमुच उस पद पर पहुँचना चाहते हैं। हमें ख़ुद से ये बातें पूछनी चाहिए :

* क्या यह पद सीधे ज़्यादा ऊँचे पद की ओर ले जाएगा? क्या मैं इस पद पर वह अनुभव हासिल करूँगा, जिससे मैं कंपनी के लिए ज़्यादा मूल्यवान बन जाऊँगा?

* क्या यह पद मुझे निर्णय लेने का अवसर देगा? अगर हम निर्णय लेने वाले पद पर रहते हैं, तो हम ख़ुद को ज़्यादा तेज़ी से साबित कर सकते हैं। ज़ाहिर है, इसमें जोखिम भी ज़्यादा होता है, क्योंकि एक भी ख़राब निर्णय के नकारात्मक परिणाम हो सकते हैं।

* क्या यह पद एक अच्छा अल्पकालीन क़दम है - भले ही इसका मेरे करियर के लक्ष्य से सीधा लेना-देना नहीं है? मिसाल के तौर पर, कुछ समय तक किसी वरिष्ठ अधिकारी के सहयोगी के रूप में काम करना एक अच्छा अल्पकालीन प्रोजेक्ट होता है। इससे हम कंपनी के कई पहलुओं के बारे में काफ़ी कुछ सीख सकते हैं। लेकिन ज़्यादा लंबे समय तक सहयोगी का काम करने पर हम असली प्रबंधक अनुभव हासिल नहीं कर पाएँगे। हमें एक-दो साल बाद इस पद से बाहर निकलकर प्रबंधक के पद पर पहुँच जाना चाहिए।

- क्या यह पद मुझे उन लोगों की निगाह में लाएगा, जिनके पास मेरे करियर को आगे बढ़ाने की शक्ति है? चाहे हम अपने काम में कितने ही योग्य क्यों ना हों, यदि किसी को यह बात पता नहीं होगी, तो हम कभी आगे नहीं बढ़ पाएँगे। कुछ पद ऐसे होते हैं, जहाँ दूसरे पदों के मुक़ाबले ज़्यादा पूछ-परख होती है। जिस पद में शीर्ष प्रबंधन के साथ अक्सर संपर्क की ज़रूरत होती है, वह उस पद से ज़्यादा लाभकारी है, जिसमें संपर्क की आवश्यकता नहीं होती। जो व्यक्ति कंपनी के भीतर दीर्घकालीन विकास के बारे में पहले सोचता है, उसे कंपनी में अपनी तरक़्क़ी की रूपरेखा तैयार करते वक़्त सावधानी से इस घटक की जाँच कर लेनी चाहिए।

हम जिस पद पर हैं, और हमारे काम की जो उत्कृष्टता है, उसके अलावा हमारे प्रमोशन के अवसरों के लिए दो अन्य घटक महत्त्वपूर्ण हैं : व्यक्तिगत दर्शनीयता और कंपनी की राजनीति।

व्यक्तिगत दर्शनीयता

हमें ऐसे पद पर होना चाहिए, ताकि हम दूसरों की निगाह में रहें। इसके अलावा, हमें अपने समकक्षों और वरिष्ठ अधिकारियों के बीच लोकप्रिय व सम्मानित भी होना चाहिए। जब कंपनी के लोग हमें अपने क्षेत्र में प्रतिष्ठित व्यक्ति मानने लगते हैं, तो हम तरक़्क़ी के एक बुनियादी अवरोध से उबर चुके हैं - गुमनामी।

कुछ उदीयमान अधिकारियों ने अधिकतम दर्शनीयता हासिल करने के लिए जनसंपर्क विशेषज्ञों तक को नियुक्त किया है, लेकिन यह ज़रूरी नहीं है। बस यह सुनिश्चित करें कि हमारी उपलब्धियों का पता उन लोगों को चल जाए, जो मायने रखते हैं।

तरक़्क़ी के संघर्ष में झूठी विनम्रता की कोई जगह नहीं है। आइए, कुछ उदाहरण देखते हैं।

जब जॉश को पता चला कि अपने विभाग के मुखिया के पद पर प्रमोशन के लिए उसके नाम पर विचार भी नहीं किया गया था, तो वह टूट गया। पिछले पाँच साल से उसके तात्कालिक बॉस टॉड उसे आश्वस्त कर रहे थे कि जब वे रिटायर होंगे, तो वे उस पद के लिए जॉश के नाम की

सिफ़ारिश कर देंगे। दुर्भाग्य से टॉड सेवानिवृत्ति से दो साल पहले ही स्वर्ग सिधार गए और कंपनी ने एक बाहरी व्यक्ति को नया मैनेजर नियुक्त कर दिया।

कंपनी के अधिकारियों ने जॉश के नाम पर विचार क्यों नहीं किया? क्योंकि टॉड के अलावा कोई भी जॉश की क्षमताओं के बारे में नहीं जानता था। वास्तव में, ऊपरी स्तर का कोई मैनेजर जॉश को जानता भी नहीं था। वह "अदृश्य" था। ज़्यादातर संगठनों में कई बहुत सक्षम लोग होते हैं, जो जॉश की तरह ज़्यादा तरक़्क़ी कभी नहीं कर पाएँगे, क्योंकि कोई नहीं जानता कि वे कौन हैं। अपने करियर में ऊपर उठने के लिए इंसान को अपने मैनेजर के अलावा दूसरे प्रबंधकों की निगाह में भी रहना चाहिए।

इंसान लोगों की निगाह में कैसे आता है? पहली शर्त है सक्षमता। यदि हम अक्षम हैं और लोगों की निगाह में आते हैं, तो यह बात हमारे ख़िलाफ़ जाती है। जॉश सक्षम था, लेकिन सिर्फ़ सक्षम होना ही काफ़ी नहीं होता।

जब जॉश ने अपने मैनेजर के साथ बैठकों में हिस्सा लिया था, तो उसने कभी अपनी तरफ़ से विचार सामने नहीं रखे थे। जब उसे कोई बात कहनी होती थी, तो वह उसे पर्ची पर लिखकर अपने बॉस को थमा देता था, जो उसे बोलते थे। जब उससे पूछा गया कि उसने अपने विचार ख़ुद पेश क्यों नहीं किए, तो उसने स्वीकार किया कि वह दूसरे लोगों के सामने बोलने में झिझकता था।

बोलें

अपने संगठन के अधिकारियों द्वारा जाने-पहचाने जाने के सबसे प्रभावी तरीक़ों में से एक बैठकों में सक्रियता से भागीदारी करना है। जो लोग अपने क्षेत्र में आगे होते हैं, उनमें से ज़्यादातर लोगों के पास पेश करने के लिए बहुत कुछ होता है। लोगों के सामने बोलने का डर सबसे ज़्यादा आम डरों में से एक है।

लेकिन इस डर को प्रशिक्षण और अभ्यास से दूर किया जा सकता है। ज़्यादातर कॉलेजों में सार्वजनिक संभाषण के कोर्स होते हैं। इसके अलावा, डेल कारनेगी कोर्स इन इफ़ेक्टिव स्पीकिंग ऐंड ह्यूमन रिलेशन्स जैसे विशेष कार्यक्रमों ने इस डर से उबरने में असंख्य लोगों की मदद की है।

दूसरों के लक्ष्यों में रुचि दिखाएँ

जब वेलेरी से पूछा गया कि वह कंपनी में अपनी तीव्र उन्नति का श्रेय किसे देती है, तो उसने प्रतिक्रिया की : "अपने बड़े कानों को।" उसने आगे बताया : "मैं दूसरे लोगों की बात सचमुच सुनती हूँ - सिर्फ़ तभी नहीं, जब वे मुझसे बात करते हैं, बल्कि तब भी जब वे मेरे आस-पास दूसरे लोगों से बात करते हैं। अपने करियर की शुरुआत में मैं एक मीटिंग शुरू होने का इंतज़ार कर रही थी और मेरे बग़ल वाला व्यक्ति किसी के साथ आँकड़ों के गुणवत्ता नियंत्रण पर बात कर रहा था। कुछ सप्ताह बाद इसी विषय पर मुझे एक व्यापारिक प्रकाशन में लेख दिखा। उस बातचीत को याद करके मैंने वह लेख काटकर उसे भेज दिया, जिसने इसमें रुचि दिखाई थी। उसने धन्यवाद दिया और दूसरे प्रबंधकों को भी बताया कि मैं कितना ध्यान रखती हूँ। चूँकि वह छोटा सा काम उसके लिए बहुत मायने रखता था, इसलिए मैंने कंपनी के कई लोगों को लेखों की प्रतियाँ भेजने की आदत डाल ली। जल्द ही मेरी यह प्रतिष्ठा बन गई कि मैं दूसरों की परवाह करती हूँ और हमेशा ऐसी जानकारी की तलाश में रहती हूँ, जो दूसरों के लिए उपयोगी हो सकती है। इससे अधिकारी अपने विभाग में मेरा तबादला करने का आग्रह करने लगे और हर तबादला मेरे लिए एक तरक़्क़ी था।"

वेलेरी की मिसाल पर चलकर हम कभी-कभार किसी अधिकारी को ख़ास तौर पर रोचक लेख भेज सकते हैं, जिसके साथ हमारा थोड़ा संपर्क रहा हो। ग़ौर करें, यदि हम सामान्य तौर पर उनके साथ काम नहीं करते हैं, तो प्रेसिडेंट या अन्य वरिष्ठ अधिकारियों से संपर्क करना समझदारीपूर्ण नहीं है। अपने ठीक ऊपर के स्तर पर ही यह काम करें।

स्वयंसेवा करें

जब बिल ने कॉलेज की उपाधि ली, तो इसके बाद वह एक बड़ी, फ़ॉर्च्यून-500 कंपनी के मानव संसाधन स्टाफ़ में शामिल हो गया। उसे यह अहसास करने में ज़्यादा समय नहीं लगा कि कम से कम बीस अन्य प्रतिभाशाली युवक थे, जिनसे उसे सीधे प्रतिस्पर्धा करनी होगी, तभी उसे तरक़्क़ी मिल सकती है। अपने प्रतिस्पर्धियों को हराने के लिए उसे अपने काम में असाधारण प्रदर्शन करने से ज़्यादा करने की ज़रूरत थी।

कुछ महीनों बाद बिल ने युनाइटेड वे के लिए वार्षिक चंदा उगाहने के कंपनी अभियान की अध्यक्षता करने की स्वैच्छिक पहल की। इस प्रोजेक्ट में वह मुख्यालय में हर विभाग में गया और कंपनी के ज़्यादातर अधिकारियों से मिला। अगले तीन साल तक हर साल बिल ने उस मुहिम की अध्यक्षता की।

कंपनी का एक वाइस प्रेसिडेंट उस काम के प्रति बिल के समर्पण और पेशेवर अंदाज़ से बहुत प्रभावित था। उन्होंने एक ऐसे पद का ज़िक्र किया, जिसका वे अपने विभाग में सृजन करना चाहते थे और यह भी कहा कि बिल इसके लिए सही व्यक्ति हो सकता है। बिल ने उनकी पेशकश को स्वीकार कर लिया। अब एचआर विभाग में तरक़्क़ी के लिए कई प्रतिस्पर्धियों में से एक रहने के बजाय वह एक वरिष्ठ अधिकारी के संरक्षण में आ गया, जिसके सामने एक स्पष्ट करियर मार्ग है।

आज ज्ञान में शक्ति है। यह अवसर और तरक़्क़ी तक पहुँच को नियंत्रित करता है।

—पीटर ड्रकर

पेशेवर संगठनों में सक्रिय बनें

सामंता अमेरिका की एक बहुत प्रतिष्ठित कंपनी के मार्केटिंग विभाग की नौकरी छोड़ने को तैयार थी। उसे यह समझ नहीं आ रहा था कि जब इतने सारे लोग तरक़्क़ी के लिए उससे प्रतिस्पर्धा कर रहे हैं, तो उसे तरक़्क़ी कैसे मिल पाएगी।

हार मानने के बजाय उसने निर्णय लिया कि उसे अपने विभाग के उच्चाधिकारियों की निगाह में आना होगा, ताकि वे उसकी क्षमता को पहचान लें।

सामंता अमेरिकन मार्केटिंग असोसिएशन के स्थानीय खंड की सदस्य थी। अपनी योजना पर अमल करने के लिए वह प्रोग्राम कमेटी में सेवा करने के लिए तैयार हो गई। उसका पहला काम था अप्रैल की बैठक के लिए वक्ता को खोजना। उसने अपनी कंपनी के मार्केटिंग के वाइस प्रेसिडेंट को चुना। हालाँकि उसने पहले कभी इस एक्ज़ीक्यूटिव से बात नहीं की थी और उसे विश्वास था कि वे तो यह जानते भी नहीं होंगे कि वह कौन है, लेकिन इसके

बावजूद सामंता ने उन्हें वक्ता बनने के लिए आमंत्रित कर लिया। उन्होंने ना सिर्फ़ मीटिंग में बोलने के लिए सहमति दी, बल्कि सामंता को बताया कि इस आमंत्रण को वे सम्मान मानते हैं। मीटिंग से पहले दो मौक़ों पर उन्होंने सामंता को व्याख्यान संबंधी विचार-विमर्श करने के लिए बुलाया। मीटिंग में वह वक्ता के बग़ल में मंच पर बैठी और समूह को उनका परिचय दिया। इसके बाद सामंता उस वाइस प्रेसिडेंट की निगाह में आ गई और विभाग में उत्कृष्ट प्रगति करने लगी।

निगाह में आने के दूसरे साधनों में व्यापारिक जर्नलों में लेख लिखना शामिल है। यदि हमारे लेख में कंपनी में हमारी गतिविधियाँ शामिल हों, तो इसे भेजने से पहले अपने अधिकारी की अनुमति अवश्य लें। इससे हम शर्मिंदगी से बच जाएँगे, अगर उस लेख में कोई ऐसी जानकारी शामिल है, जो प्रकाशित नहीं होनी चाहिए। ज़्यादातर मामलों में हमारे लेख का अनुमोदन हो जाएगा और कंपनी में हमारा ओहदा ऊपर उठ जाएगा।

हमें किसी व्यापारिक या पेशेवर संघ का अधिकारी बनने पर भी विचार करना चाहिए और कंपनी की दिलचस्पी वाली सामाजिक गतिविधियों में शामिल होने के बारे में भी सोचना चाहिए।

अपने प्रदर्शन को सुपरवाइज़र के ध्यान में लाने का एक बेहतरीन तरीक़ा यह है कि कोई ग्राहक या सप्लायर उनके सामने हमारी प्रशंसा करे। यदि कोई ग्राहक या सप्लायर हमारी प्रशंसा करता है, तो उसे यह सुझाव देना पूरी तरह उचित है कि वह हमारे सहयोगी स्वभाव या अच्छी सेवा के बारे में हमारे बॉस को प्रशंसात्मक पत्र या ईमेल लिख दे। इस तरह का सकारात्मक फ़ीडबैक हमारे विभाग और पूरे संगठन में हमारे महत्त्व को अच्छी तरह प्रकट करता है।

सक्षमता और पेशेवर अंदाज़ सफलता के लिए बुनियादी हैं, लेकिन हम चाहे जितने प्रभावी बन जाएँ, यदि हमारी कंपनी के उच्चाधिकारियों को यह बात पता नहीं हो, तो हमें नज़रअंदाज़ किया जा सकता है। लोगों की निगाह में आने की योजना बनाने और उस पर अमल करने से करियर विकास के हमारे अवसर महत्त्वपूर्ण रूप से बढ़ जाने चाहिए।

लोगों की निगाह में आना हमारे वर्तमान पद पर आगे बढ़ने में ही अहम भूमिका नहीं निभाता है। यह तो हमारे उद्योग, हमारे समुदाय और

हमारे जीवन के दूसरे पहलुओं के भीतर भी हमारे अवसरों का विस्तार करता है। यह संगठन के दूसरे लोगों, सप्लायरों, ग्राहकों और प्रतिस्पर्धियों तक से जानकारी हासिल करने में एक सहायक साधन बन जाता है। यह नेटवर्किंग का अधिकतम लाभ उठाने में भी सक्षम बनाता है (अध्याय 8 में इस पर अधिक बात की गई है)।

स्व–विज्ञापन

स्व-विज्ञापन तैयार करना अपनी दर्शनीयता को बढ़ाने का बेहतरीन तरीक़ा है, ताकि जब हम कंपनी में या कंपनी के बाहर किसी से मिलें, तो हम स्पष्ट, सारगर्भित अंदाज़ में बता सकें कि हम कौन हैं, हम क्या करते हैं और हमारा कारोबार में क्या महत्त्व है। इसे स्व-विज्ञापन इसलिए कहते हैं, क्योंकि यह इतना सारगर्भित और विश्वसनीय होता है कि लोग समझ सकते हैं कि वे हमसे दरअसल कौन से परिणाम हासिल कर सकते हैं। जैसा कोई भी विज्ञापन एक्ज़ीक्यूटिव हमें बता सकता है, ऐसा सृजनात्मक और सारगर्भित कथन तैयार करना आसान नहीं होता। उद्देश्य है स्पष्ट होना और रुचि जाग्रत करना और यह काम 150 से कम शब्दों में करना (साठ सेकेंड से ज़्यादा नहीं)।

स्व–विज्ञापन के लक्ष्य

स्व-विज्ञापन का लक्ष्य श्रोताओं की रुचि जगाना है। इससे उन्हें इतना जिज्ञासु बना दें कि वे ज़्यादा जानना चाहें। अच्छी तरह रिहर्सल किया गया प्रभावी स्व-विज्ञापन असीमित जगहों पर उपयोगी हो सकता है। कारोबारी संघ की मीटिंग, सामाजिक समारोह, पेशेवर समूह और तुरंत होने वाली बैठकें – इन सभी जगहों पर इसका उपयोग किया जा सकता है।

स्व–विज्ञापन तैयार करना

आइए, मान लेते हैं कि हम पहली बार अपने संगठन के किसी वरिष्ठ मैनेजर से मिल रहे हैं। हम ऐसी छाप छोड़ना चाहते हैं, जिसे वह सकारात्मक रूप से याद रखे। बहुत संभव है कि देर-सबेर वह हमसे पूछेगा कि हम संगठन में क्या करते हैं। हालाँकि हम दोनों एक ही कंपनी में काम करते हैं, लेकिन यह मानकर नहीं चलें कि सिर्फ़ पद बताना ही काफ़ी है। हमारा उद्देश्य

पद का वर्णन करना नहीं है, बल्कि यह संकेत करना है कि उस काम को करने वाले दूसरे कर्मचारियों से हम किस तरह अलग, बेहतर, और/या अधिक प्रभावी हैं।

ऐसा करने का एक उपाय एक मिनट की "प्रस्तावना" तैयार करना है कि हम कौन हैं और हमने क्या-क्या हासिल किया है। जिस तरह सार हमारी कहानी बताने के बाद दोहराया जाता है, उसी तरह "प्रस्तावना" आने वाली कहानी का संकेत होती है, जो बाद में सामने आएगी। इसमें नौकरी में हमारी सबसे महत्त्वपूर्ण उपलब्धियों को सारांश में बता दें।

उदाहरण : "मैं सहायक एचआर मैनेजर हूँ। मैं अपनी नौकरी से प्रेम करता हूँ, क्योंकि इसमें मुझे सृजनात्मक बनने का अवसर मिलता है। मिसाल के तौर पर, मैंने नए टीम लीडरों के लिए एक नेतृत्व प्रशिक्षण योजना तैयार की, जिसकी बदौलत वे अपने नए पद पर ज़्यादा तेज़ी से उत्पादक बन सके। इसके लिए मैंने कंप्यूटर 'गेम्स' की एक शृंखला डिज़ाइन की, जिसमें नए टीम लीडरों के सामने आने वाली ज़्यादातर समस्याओं को बताया गया है, ताकि हर प्रशिक्षु अपनी ख़ुद की गति और अपने ख़ुद के समय में सीख सके। इसके बाद हमने कई पारस्परिक अभ्यास किए और अंत में एक व्यावहारिक अभ्यास सत्र भी रखा, जिसमें एक अनुभवी टीम लीडर ने मार्गदर्शक की भूमिका निभाई। इस वजह से प्रशिक्षण अवधि 30 प्रतिशत तक कम हो गई।"

"प्रस्तावना" का कई बार रिहर्सल करें। इसे टेप करके सुनने से अच्छी मदद मिलेगी। यह ताज़गीपूर्ण लगे, यह सुनिश्चित करने के लिए इसे कंठस्थ नहीं करें। इसमें फ़ेरबदल करने को तैयार रहें, ताकि हम अपनी वे उपलब्धियाँ सामने रख सकें, जिनमें सामने वाले की बहुत रुचि हो। यह श्रोता को हर बार रटी-रटाई बात के बजाय मौलिक और अर्थपूर्ण लगे।

कंपनी की राजनीति

चाहे यह कंपनी में हो या सामाजिक क्लब में, जब भी लोग इकट्ठे काम करते हैं, राजनीतिक घटक सामूहिक संबंधों में दाख़िल हो जाते हैं।

—इरविन स्टैंटन,
मनोवैज्ञानिक

अक्सर किसी कंपनी में कई समूह वर्चस्व के लिए संघर्ष करते हैं। छोटी कंपनी में भी कई गुट तरक़्क़ी के लिए प्रतिस्पर्धा करते हैं और प्रबंधन के दूसरे लोगों का समर्थन हासिल करने के लिए बहुत से पैंतरों का इस्तेमाल करते हैं।

किसी नए कर्मचारी के लिए सबसे अच्छा नियम यह है कि वह गुटों के विवादों से दूर रहे। सबसे अच्छा यही रहता है कि किसी गुट के साथ नहीं जुड़ा जाए, जब तक कि हमें विकल्प चुनने के लिए मजबूर ही ना कर दिया जाए। आम तौर पर किसी कंपनी में राजनीति से दूर रहना मुश्किल होता है। अंततः प्रबंधन के सबसे नादान लोगों को छोड़कर सभी ख़ुद को एक या दूसरे गुट में पाएँगे। अक्सर हमारा गुट स्वतः ही चुन लिया जाता है। हमें एक बॉस दे दिया जाता है और हम अपने आप उसके पसंदीदा राजनीतिक समूह से जुड़ जाते हैं। यदि हम विजेता टीम में हैं, तो यह हमारे लिए लाभकारी होता है। जब हमारी टीम का लीडर शक्ति हासिल करता है, तो हमें प्रमोशन और इससे जुड़े लाभों का पुरस्कार मिलेगा। बहरहाल, यदि हमें किसी पराजित राजनीतिक गुट का सदस्य माना जाता है, तो हम निम्न-स्तरीय पद के लिए अभिशप्त हो सकते हैं या हमें बाहर निकलने के लिए भी विवश किया जा सकता है।

पक्ष चुनना बहुत मुश्किल निर्णय होता है। सबसे अच्छा यह है कि हम ज़्यादा से ज़्यादा समय तक तटस्थ रहें। किस पक्ष के जीतने की सबसे ज़्यादा संभावना है, इसके लिए कंपनी का ज्ञान, इसके कर्मचारियों का ज्ञान और इसके परिवेश का पूर्ण ज्ञान आवश्यक होता है। स्थिति को ग़ौर से देखने के बाद हम कंपनी के अंदरूनी संघर्ष में विजेताओं के पाले में जा सकते हैं। बहरहाल, यदि हम पराजितों के खेमे में हैं, तो यह दूसरी नौकरी खोजने का बाध्यकारी कारण हो सकता है।

कंपनी के अंदर की ज़्यादातर राजनीति जीत-हार समाधान से नहीं सुलझती है।

यह तो बरसों तक बिना किसी निश्चित निष्कर्ष के चलती रहती है। हमें मूल्यांकन करना चाहिए कि हम अंदरूनी समूह के साथ कहाँ खड़े हैं। हमें सारे गुटों के साथ अच्छे संबंध क़ायम रखना चाहिए। बिना थोड़ी शर्मिंदगी के पक्ष नहीं बदला जाता है, लेकिन इसे किया जा सकता है। यह

कब और कैसे करना है, यह जानकारी कंपनी में हमारे अस्तित्व को सुरक्षित बना सकती है।

प्रतिस्पर्धा

ज़्यादातर कंपनियों में हमें उच्च-स्तरीय पदों के लिए अपने विभाग के अंदर और बाहर दोनों जगह के व्यक्तियों से प्रतिस्पर्धा करनी होगी। जैसे-जैसे हम अपने संगठन के पदक्रम में ज़्यादा ऊपर उठते हैं, स्वाभाविक रूप से पदों की संख्या घटती जाती है। उनके लिए प्रतिस्पर्धा बहुत पैनी हो जाती है।

ऊपर की राह पर चलते समय हमें अपने मनचाहे पदों के प्रतिद्वंद्वियों के बारे में लगातार जागरूक रहना चाहिए। हमें अपने विरोधियों की थाह लेनी चाहिए और श्रेष्ठ प्रदर्शन व बढ़ी हुई दर्शनीयता का प्रयास करना चाहिए।

यदि हम किसी पारिवारिक स्वामित्व के व्यवसाय में हैं, तो संभवतः केवल परिवार के सदस्य ही शीर्ष प्रबंधन में पहुँच सकते हैं। किसी भी कंपनी में कोई प्रतिस्पर्धी बॉस का ख़ास हो सकता है और दौड़ में हमसे काफ़ी आगे हो सकता है। इनमें से किसी भी स्थिति में हमारे लिए यह लाभकारी रहता है कि हम अपनी तरक़्क़ी में निचले स्तर से ही संतुष्ट हो जाएँ। हम ज़्यादा से ज़्यादा सीखने और फिर कंपनी के भीतर किसी दूसरे पद पर जाने का चुनाव भी कर सकते हैं, जहाँ ज़्यादा अवसर हों। हम किसी दूसरी कंपनी में जाने का विकल्प भी चुन सकते हैं। बहरहाल, यदि हमें महसूस होता है कि हम प्रतिस्पर्धा कर सकते हैं, तो हमें ख़ुद को साबित करने की सर्वश्रेष्ठ कोशिश करनी चाहिए।

हमें अपने प्रतिद्वंद्वियों की चालों से सतर्क रहना चाहिए। हर इंसान न्यायपूर्ण ढंग से प्रतिस्पर्धा नहीं करेगा। दुर्भाग्य से, हमारे कुछ प्रतिस्पर्धी हर मौक़े पर हमारी पीठ में छुरा भोंकेंगे, बशर्ते इससे उनकी प्रतिष्ठा बढ़ती हो।

हालाँकि ये चालें कुछ अधिकारियों को रास आती हैं, लेकिन समझदार अधिकारी उनके बारे में जागरूक होते हैं और उन्हें नापसंद करते हैं। अपने सहकर्मियों को नीचा दिखाना ख़राब विवेक की पराकाष्ठा है। फिर भी हमारे कुछ प्रतिद्वंद्वी हमें और दूसरे प्रतिस्पर्धियों को बदनाम करके आगे बढ़ने की कोशिश कर सकते हैं।

आइए, इनमें से कुछ चालों को देखते हैं और यह विचार भी करते हैं कि हम उनसे कैसे मुक़ाबला कर सकते हैं :

• चुगलखोर : चुगलखोर हमारे हर क़दम पर निगाह रखते हैं। यदि हम कोई ग़लती करते हैं, तो वे उसके बारे में पूरे प्रबंधन को बताना अपनी ज़िम्मेदारी समझते हैं। वे हमारी हर ग़लती पर ख़ुश होते हैं। ऊपर बताए तरीक़े से अपनी उपलब्धियों का प्रचार करके हम इससे मुक़ाबला कर सकते हैं। यदि हम कभी-कभार ही ग़लतियाँ करते हैं (जो सबसे होती हैं), तो हमारी उपलब्धियाँ हमारी ग़लतियों से भारी पड़ेंगी।

• नकारात्मक लोग : नकारात्मक लोग हमारे विचारों और योजनाओं को ग़ौर से सुनते हैं। वे आम तौर पर तब तक इंतज़ार करते हैं, जब तक कि हम उच्च-स्तरीय प्रबंधकों की मीटिंग में उन पर बात नहीं करते। फिर वे वार कर देते हैं! वे योजना की सारी ख़ामियाँ बताते हैं और नकारात्मक पहलुओं पर ज़ोर देते हैं (जैसे लागत बहुत ज़्यादा है; इसे कभी नहीं आज़माया गया है; इसे स्वीकार नहीं किया जाएगा आदि), हालाँकि हमने दिखा दिया है कि सकारात्मक पहलू किस तरह उनसे भारी पड़ते हैं। वे विकल्प नहीं सुझाते हैं। उनका उद्देश्य तो हमें रक्षात्मक बनाना और मूर्ख दिखाना है। जब तक कि हम इसके लिए तैयार ना हों, यह जोखिम रहता है कि दूसरे अधिकारियों पर हमारी ख़राब छाप छूटेगी। बाद में हम योजना को उचित स्पष्टीकरण के साथ दोबारा पेश कर सकते हैं, लेकिन हम एक महत्त्वपूर्ण मुक़ाबले में हार चुके हैं। हमारी ख़राब छवि बनाने के उनके मंसूबे पूरे हो गए हैं, क्योंकि वह छवि हमारे वरिष्ठ प्रबंधकों के दिमाग़ में बस चुकी है। ऐसे हमले का प्रतिरोध करने के लिए हमें भावनात्मक नहीं, तार्किक दृष्टि से अपने विचारों की रक्षा करने को तैयार रहना चाहिए। नकारात्मक लोग चाहते हैं कि हम बॉस के सामने भड़क जाएँ। इससे हमारी तरक़्क़ी की संभावना जितनी कम होगी, उतनी ज़्यादातर चीज़ों से नहीं होगी।

• आपसे-बेहतर : नकारात्मक लोगों के विपरीत आपसे-बेहतर हमें एक अलग तरीक़े से नीचा दिखाते हैं। वे हमारे विचार से मिलता-जुलता एक नया विचार रख देते हैं, जो कम से कम सतही तौर पर हमारे

विचार से ज़्यादा चमकदार दिखता है। मिसाल के तौर पर, हमने एक विज्ञापन योजना का सुनियोजित विचार दिया है, जिसमें किसी मशहूर हस्ती से अपने प्रॉडक्ट का विज्ञापन कराने का सुझाव दिया गया है। आपसे-बेहतर लोग हमारे विचार का अपहरण करके किसी बहुत ग्लैमरस सितारे का सुझाव दे सकते हैं। फिर वे पूरी चर्चा "उनके" सितारे के चारों तरफ़ केंद्रित कर लेते हैं और इसे अपना विचार शिशु बना लेते हैं।

आपसे-बेहतर से जूझने के लिए उनके संशोधन को उचित परिप्रेक्ष्य में रखें। यदि इसमें बहुत कम दम है, तो अपने विचार की शक्ति को दोहराएँ। यदि इसमें थोड़ा मूल्य है, तो अपनी योजना में योगदान देने के लिए उन्हें धन्यवाद दें, लेकिन अपने विचार के अमल में व्यापक संभावनाओं पर ज़ोर दें।

- चापलूस : हर कंपनी में जी-हुजूरी करने वाले लोग होते हैं। कुछ बॉस अपने अहं की तुष्टि के लिए ख़ुद को चापलूसों से घेरे रहते हैं। कब और कैसे बॉस को मस्का लगाना है, यह जानना कई लोगों के लिए सफल करियर की बुनियाद होता है। लेकिन कभी-कभार की मस्केबाज़ी और चापलूसी में फ़र्क़ होता है। चापलूस अपने सुपरवाइज़रों की चापलूसी करने के बहाने खोजते हैं। वे उनकी हर इच्छा पूरी करने के लिए दौड़ते हैं, वे कभी असहमत नहीं होते हैं और आम तौर पर अपने बॉस के विचारों को रट्टू तोते की तरह दोहराते रहते हैं।

हमारी सर्वश्रेष्ठ नीति अपने सुपरवाइज़र को परखना है : यदि वह असुरक्षित है, जिसे अहं की तुष्टि की ज़रूरत है, तो हम चापलूसों के खेल में शामिल हुए बिना उन्हें नहीं हरा सकते। लेकिन ज़्यादातर अधिकारी इन जी-हुज़ूरिए लोगों की हक़ीक़त भाँप लेते हैं और उनसे प्रभावित होने के बजाय बस आनंदित होते हैं।

हमें अपने प्रति सच्चा होना चाहिए और अपने विचारों पर डटे रहना चाहिए। आवश्यकतानुसार अपने सुपरवाइज़र की बात से सहमत या असहमत हों और अपनी असहमति को स्पष्टता व ईमानदारी से पेश करें। ज़्यादातर अधिकारी हमें ऐसा करने का अधिकार देते हैं। यदि उन्हें हमारे

तर्कों के बावजूद यह विश्वास नहीं है कि हम सही हैं, तब भी वे असहमत होने के हमारे अधिकार का सम्मान करेंगे।

अपने प्रतिद्वंद्वियों को पहचानना सीखें और उनसे जूझने के लिए विश्लेषण करें कि वे कैसे काम करते हैं और उनसे निबटने के लिए तैयार रहें।

अच्छा काम और इसकी मान्यता अब भी कंपनी के अंदर विकास करने की सबसे तीव्र राह है। चालबाज़ प्रतिद्वंद्वी अल्पकालीन झटके तो दे सकते हैं, लेकिन हमारी अखंडता हमें हमेशा उनसे उबार लेगी।

प्रदर्शन समीक्षा

प्रदर्शन समीक्षा कंपनी के भीतर हमारी तरक़्क़ी तय करने में एक बहुत महत्त्वपूर्ण घटक है। ज़्यादातर कंपनियों में सुपरवाइज़र आम तौर पर यह समीक्षा वार्षिक रूप से करते हैं।

हममें से कई लोग इस मीटिंग से घबराते हैं। डर और तनाव इस अति महत्त्वपूर्ण मीटिंग में हमारे ख़िलाफ़ काम कर सकते हैं। सावधानीपूर्वक योजना बनाकर हम इस बातचीत को लाभकारी अवसर में बदल सकते हैं।

अपने प्रदर्शन की समीक्षा ख़ुद करना

अपनी प्रदर्शन समीक्षा से अधिकतम लाभ लेने के लिए इसकी सावधानी से तैयारी करना अनिवार्य है। सुपरवाइज़र के साथ बैठक से पहले उस अवधि में अपने प्रदर्शन की निष्पक्ष समीक्षा करें। अगर हमने अपने कामों की पूरी सूची बना रखी है, तो यह काम आसानी से किया जा सकता है। यदि हमने ऐसा नहीं किया है, तो सभी उपलब्ध रिकॉर्ड देखें।

अपनी उपलब्धियों की सूची बनाएँ

अपने लॉग, लिखित रिकॉर्ड या स्मृति की सहायता से पिछले साल की बड़ी उपलब्धियों को लिख लें। उन सभी ख़ास कामों को शामिल करें, जिन्होंने विभाग की सफलता में योगदान दिया है। मिसाल के तौर पर, हमारे दिए सुझावों की सूची बनाएँ, जिन पर अमल किया गया, जैसे सुरक्षा योजना शुरू करना, जिसकी बदौलत दुर्घटनाएँ महत्त्वपूर्ण रूप से कम हुईं; समय

बचाने वाली प्रणाली विकसित करना, जिसकी बदौलत हम एक बहुत मुश्किल डेडलाइन पूरी कर पाए; किसी नए कर्मचारी को मार्गदर्शन देना, ताकि वह ज़्यादा तेज़ी से उत्पादक बन जाए; किसी काम में निर्धारित लक्ष्य से बहुत आगे निकलना और ऐसी ही उपलब्धियाँ।

अपनी कमियों को नज़रअंदाज़ नहीं करें

हममें से कोई भी आदर्श नहीं होता। कुछ ऐसी गतिविधियाँ होती हैं, जिनमें हम बेहतर हो सकते हैं। इस बात की संभावना है कि समीक्षा में हमारा सुपरवाइज़र इन मुद्दों को उठाएगा। सोचें कि हम किस तरह अपने प्रदर्शन को बेहतर बना सकते हैं और इन उपायों को सामने रखने के लिए तैयार रहें।

मिसाल के तौर पर, हो सकता है कि हम कुछ तकनीकी प्रणालियों के बारे में उतना नहीं जानते हों, जितना हमें जानना चाहिए। इस बात की बहुत संभावना है कि बॉस इस कमी पर टिप्पणी करेगा, इसलिए यह बताने को तैयार रहें कि हम उस ज्ञान को हासिल करने के लिए इस समय क्या कर रहे हैं।

समीक्षा चर्चा में हमारी भूमिका

याद रखें, प्रदर्शन समीक्षा सुपरवाइज़र और हमारे बीच होने वाली बातचीत है। इसका मतलब यह नहीं है कि बॉस हमें यह बताए, "तुमने ये काम अच्छे किए; तुमने ये काम ख़राब किए।" इसे दोतरफ़ा संवाद होना चाहिए। सच है, इस संवाद में हमें बोलने से ज़्यादा सुनना होता है, लेकिन हमारी टिप्पणियाँ महत्त्वपूर्ण होती हैं।

ग़ौर से सुनें। बात नहीं काटें, लेकिन स्पष्टीकरण के प्रश्न पूछें। सुपरवाइज़र की बात यदि स्पष्ट नहीं है, तो उसकी कही बात को अपने शब्दों में दोहराएँ। पूछें, "क्या आपका आशय यह था...?" या फिर कथन के बारे में कोई निश्चित सवाल पूछें। अपनी बात कहने से पहले सुपरवाइज़र को उसकी बात पूरी कर लेने दें।

सृजनात्मक बनें। यदि हम बॉस की टिप्पणियों से सहमत नहीं हैं, तो हमें उनका खंडन करना चाहिए। चूँकि हमने अपनी उपलब्धियों की सूची सावधानी से तैयार की है और हम अपनी कमियों से वाक़िफ़ हैं, इसलिए हम

अपनी बात रखने के लिए पूरी तरह तैयार हैं। पिछले साल सुपरवाइज़र के समर्थन के लिए उन्हें धन्यवाद देकर बात शुरू करना एक अच्छा विचार है। फिर कहें : "मैं आपके द्वारा अभी कही गई हर बात को समझता हूँ और मैं आपकी साफ़गोई की क़द्र करता हूँ। बहरहाल, कुछ ख़ास उपलब्धियाँ हैं, जिन पर मुझे ख़ास गर्व है और जिनके लिए आपने उस वक़्त मुझे बधाई दी थी। हो सकता है कि आपने उन पर अभी विचार नहीं किया हो।" फिर इन बिंदुओं को गिनाएँ।

यदि बताई गई कमियाँ सचमुच हैं, तो उनके लिए बहाने नहीं बनाएँ। इसके बजाय, यह बताएँ कि उनसे उबरने के लिए हम क्या कर रहे हैं। यह सुझाव दें कि हमारा सुपरवाइज़र हमारे प्रदर्शन को बेहतर बनाने की हमारी कोशिशों पर विचार करने के बाद ही मूल्यांकन को अंतिम रूप दे।

प्रदर्शन समीक्षाएँ दोतरफ़ा मार्ग हैं। सुपरवाइज़र और अधीनस्थ दोनों को इसे प्रदर्शन के सृजनात्मक मूल्यांकन का अवसर और सतत सुधार की योजनाएँ बनाने का अवसर मानना चाहिए।

—स्कॉट वेंट्रेला,
परामर्शदाता और लेखक

भविष्य के लिए लक्ष्य तय करें

कई कंपनियों में प्रदर्शन समीक्षा अवधि अगली अवधि के लिए लक्ष्य तय करने का समय होती है। इस बारे में बातचीत करें कि हम पिछली समीक्षा में तय लक्ष्यों तक पहुँचने के कितने क़रीब पहुँचे। यदि वे लक्ष्य इस साल पूरे नहीं हो पाए थे, तो परिस्थितियों को स्पष्ट करें।

इस बारे में बातचीत करें कि आगामी अवधि में हमारे लक्ष्य क्या हैं। ये विशिष्ट काम-संबंधी उद्देश्य के रूप में हो सकते हैं, जैसे उत्पादन बढ़ाना या नए प्रोजेक्ट तैयार करना अथवा कारोबार संबंधी व्यक्तिगत लक्ष्य हो सकते हैं जैसे कोई नई भाषा या कंप्यूटर प्रोग्राम सीखना या कॉलेज की उपाधि हासिल करने की दिशा में काम करना। सुनिश्चित करें कि ये लक्ष्य कंपनी के लिए महत्त्वपूर्ण हैं और इनसे तरक़्क़ी के हमारे अवसर बढ़ेंगे। यह इंगित करें कि हम इन्हें हासिल करने के लिए समर्पित हैं।

यदि हम इन सुझावों पर अमल करते हैं, तो हम अपनी प्रदर्शन समीक्षाओं से फ़ायदा उठा सकते हैं और इसे अपने करियर की तरक़्क़ी में एक मूल्यवान पायदान बना सकते हैं।

सार

- अपने उद्योग, कंपनी और वर्तमान पद तथा व्यक्तिगत लक्ष्यों की स्थिति का अध्ययन करके अपने अवसरों का विश्लेषण करें।

- यदि हम अपनी कंपनी में संतुष्ट हैं, लेकिन हमारे पद पर तरक़्क़ी के अवसर मौजूद नहीं हैं, तो कंपनी के भीतर किसी दूसरे पद पर तबादला कराने के बारे में सोचें।

- यदि प्रमोशन या तबादले का विकल्प मौजूद नहीं है, तो वेतनवृद्धि पाने के लिए इस अध्याय में दिए सुझावों का अनुसरण करें।

- प्रमोशन में अपने अवसरों को बढ़ाने के लिए :

  ○ अपने काम में विशेषज्ञ बनें और अपनी प्रतिभा को सामने रखने, प्रॉडक्ट बनाने, किसी समस्या को दुरुस्त करने और/या परिणाम पाने के अवसरों का लाभ लें।

  ○ उत्कृष्ट संप्रेषण, नेतृत्व और प्रस्तुतिकरण संबंधी योग्यताओं को प्रदर्शित करें।

  ○ अपेक्षाओं से आगे बढ़ जाएँ। वादे से ज़्यादा काम करें, बजट के अंदर काम करें और डेडलाइनों को पछाड़ दें।

  ○ सीखने की सच्ची इच्छा दिखाएँ। प्रश्न पूछें, अच्छे श्रोता बनें और दूसरों में रुचि प्रदर्शित करें। इस मामले में रुचि लें कि उनका काम हमसे किस तरह संबंधित है।

  ○ सीखने का प्रभावशाली उत्साह और इतिहास प्रदर्शित करें।

  ○ बॉस की प्राथमिकताओं को जानें और उनके प्रिय प्रोजेक्टों में योगदान दें।

  ○ प्रशिक्षण अवसरों का लाभ लें और उनकी तलाश करें।

  ○ राजनीति और बुराई-भलाई से दूर रहें।

○ अलग-अलग तरह के लोगों से प्रभावी ढंग से निबटना सीखें।

○ अध्ययन करें। मनचाहे पद या प्रमोशन के बारे में शोध करें। अपनी आकांक्षाएँ सबको पता चल जाने दें।

○ कंपनी की बैठकों में बोलें - लेकिन सुनिश्चित करें कि आप सिर्फ़ प्रासंगिक और सही बात कहें।

○ यदि आपने नौकरी में कोई उल्लेखनीय योगदान दिया है, तो इसके लिए श्रेय लें (और जिन्होंने हमारी मदद की, उन्हें भी श्रेय देना सुनिश्चित करें)। इस श्रेय को हासिल करने के लिए अतिशयोक्ति करना या दूसरों की निंदा करना आवश्यक नहीं है।

○ व्यापारिक और तकनीकी जर्नल पढ़ें। ऐसे लेख काटें या ईमेल से भेज दें, जो हमारे हिसाब से हमारे सुपरवाइज़र को रुचिकर लग सकते हैं। कभी-कभार किसी उच्चाधिकारी को कोई विशेष रोचक लेख भेजें, जिसके साथ हमारा थोड़ा संपर्क रहा हो।

○ पेशेवर और व्यापारिक संघों की बैठकों में शामिल हों और नोट्स लें। महत्त्वपूर्ण बातों की जानकारी अपने अधिकारियों को दें।

○ व्यापारिक प्रकाशनों में लेख लिखें। यदि लेखों में कंपनी की गतिविधियों का ज़िक्र हो, तो उन्हें भेजने से पहले अपने सुपरवाइज़र का अनुमोदन ले लें।

○ नवाचार करें। प्रॉडक्ट्स और/या सेवा में बेहतरी के सुझाव दें। लेकिन सुनिश्चित करें कि हमारे सुझाव कंपनी के लक्ष्यों के तालमेल में हों। सिर्फ़ ध्यान आकर्षित करने के लिए कमज़ोर सुझाव देने से नुक़सान हो सकता है।

○ किसी पेशेवर या व्यापारिक संघ में सक्रिय बनें। शोधपत्र पढ़ने या किसी मीटिंग की व्यवस्था करने या अध्यक्षता करने की स्वयंसेवी पहल करें। सुपरवाइज़र को उस कार्यक्रम में आने या शिरकत करने का आमंत्रण दें।

○ अपने विकास की संभावनाओं के बारे में बॉस से सलाह और परामर्श लें। सुझाव माँगें कि हम कौन से कोर्स कर सकते हैं या हमें कौन सी पुस्तकें पढ़नी चाहिए।

- यदि कोई ग्राहक, सप्लायर या बाहरी व्यक्ति हमारे काम की प्रशंसा करे, तो उस व्यक्ति से हमारे बॉस को पत्र लिखने को कहें। ज़ाहिर है, हम इस तरह की प्रशंसा को जबरन नहीं माँगते हैं, लेकिन यदि कोई ग्राहक बार-बार हमारी प्रशंसा करे, तो इस तरह की टिप्पणी अनुचित नहीं होगी, "मुझे ख़ुशी है कि मेरे सुझाव से आपका वह सिर दर्द सुलझ गया। अगर आप यह बात रॉन को बता दें, तो उन्हें अच्छा लगेगा।"
- कर्तव्य से परे और ज़्यादा कुछ करें। सुनिश्चित करें कि यह कोई ऐसी चीज़ हो, जिसे कंपनी में प्रचार मिले। कंपनी के परोपकारी अभियान के मुखिया बनें, कोई ऐसा काम माँग लें जिसे कोई दूसरा नहीं करना चाहता है, कंपनी के न्यूज़लेटर के लिए लेख लिखें आदि। पूरी कंपनी में अपने नाम का डंका बजने दें।
- पूरे साल में अपनी उपलब्धियों की सूची बनाकर प्रदर्शन समीक्षाओं की तैयारी करें और बताएँ कि हम अपनी कमियों से उबरने के लिए क्या कर रहे हैं।
- धैर्यवान बनें। प्रमोशन रातोंरात नहीं मिलते हैं।

जब एक दरवाज़ा बंद होता है, तो दूसरा खुल जाता है, लेकिन अक्सर हम बंद दरवाज़े को इतनी देर तक और इतने अफ़सोस से देखते रहते हैं कि हम उस दरवाज़े को नहीं देख पाते हैं, जो हमारे लिए खोल दिया गया है।

—बेंजामिन डिज़राइली

8

....

नई नौकरी खोजना – नौकरी के स्रोत

हो सकता है कि हम मजबूरी में कोई नई नौकरी खोज रहे हों, क्योंकि हमें वर्तमान नौकरी से निकाल दिया गया है। वर्तमान अर्थव्यवस्था में छँटनियाँ आम हो चुकी हैं। अगर हमारी कंपनी अपने स्टाफ़ की छँटनी करके हमें निकाल देती है, तो हमें काम-धंधे के लिए किसी दूसरी जगह की तलाश करने को तैयार रहना चाहिए।

दूसरी तरफ़, अपनी वर्तमान स्थिति का मूल्यांकन करने और इसके निष्कर्षों का अध्ययन करने के बाद (अध्याय 7 में सुझाव दिया गया है) हम यह निर्णय ले सकते हैं कि वर्तमान कंपनी में हमारे अवसर सीमित हैं, इसलिए हमें किसी दूसरी कंपनी में नई नौकरी की तलाश करनी चाहिए। सावधान! स्वेच्छा से नौकरी बदलना एक गंभीर मामला है और नौकरी बदलने का निर्णय हल्केपन में नहीं लेना चाहिए। किसी नई नौकरी की तलाश शुरू करने से पहले हमें निम्न बातों पर विचार करना चाहिए :

- पद और कंपनी के अपने मूल्यांकन की समीक्षा करके सुनिश्चित करें कि कंपनी छोड़ने का पर्याप्त कारण है।

- विशुद्ध भावनात्मक कारणों से नौकरी नहीं बदलें। यदि हम इसलिए नौकरी छोड़ रहे हैं, क्योंकि हमें सुपरवाइज़र पसंद नहीं है, तो यह नापसंदगी कंपनी के दूसरे लाभों से ज़्यादा भारी होनी चाहिए। किसी दूसरे विभाग में तबादला ज़्यादा अच्छा विकल्प हो सकता है।

- किसी असहमति के कारण ना तो कभी नौकरी छोड़ें, ना ही छोड़ने की धमकी दें। तब तक पुरानी नौकरी करते रहें, जब तक कि नई नौकरी हासिल नहीं हो जाती। पुरानी नौकरी करते रहने से बेरोज़गारी के वित्तीय और भावनात्मक दबाव निश्चित रूप से कम हो जाते हैं। इसके अलावा, कई कंपनियाँ ऐसे लोगों को नियुक्त करना ज़्यादा पसंद करती हैं, जो वर्तमान में किसी दूसरी जगह नौकरी कर रहे हैं।

आगे बढ़ने का रहस्य शुरू करना है। शुरू करने का रहस्य जटिल, भारी-भरकम कामों को छोटे, आसान कामों में तोड़ना है और फिर पहले काम से शुरुआत करना है।

—मार्क ट्वेन

नौकरी खोजने की योजना बनाना

नौकरी खोजना एक बड़ा काम है और इसकी सावधानी से योजना बनानी चाहिए। इसे लापरवाह अंदाज़ में नहीं किया जा सकता। इसे एक बिक्री अभियान मानें, जिसमें हम संभावित नियोक्ता को अपनी योग्यता बेच रहे हैं। इस योजना में ये शामिल हैं :

- अपनी पृष्ठभूमि का सावधानीपूर्ण विश्लेषण - हम उस नियोक्ता के सामने क्या पेश करते हैं।
- नौकरी के सुराग़ों की सूची तैयार करना।
- प्रभावशाली आत्म-परिचय लिखना।
- इंटरव्यू की तैयारी करना।

इस अध्याय में हम पहले दो बिंदुओं पर बातचीत करेंगे। आख़िरी दो बिंदुओं पर अध्याय 9 में बातचीत की जाएगी।

हमारी व्यक्तिगत उपलब्धि जाँच सूची

हमारी नौकरी की खोज में पहला क़दम है अपनी पृष्ठभूमि की समीक्षा करना और अपनी उपलब्धियों की सूची तैयार करना। आगे कुछ चीज़ें दी जा रही हैं, जो हमें बतानी चाहिए :

शिक्षा

यदि हम कॉलेज स्नातक नहीं हैं, तो हमारे मनचाहे पद के लिए प्रासंगिक सारी शिक्षा या प्रशिक्षण का उल्लेख करें।

यदि हम कॉलेज स्नातक हैं, तो कॉलेज, उपाधि(याँ) और विशेष उपलब्धियों या सम्मानों का उल्लेख करें। यदि हमें कॉलेज से निकले हुए पाँच साल या इससे कम हुए हैं, तो शिक्षा के बारे में विस्तार से बताएँ; यदि हमें कॉलेज छोड़े हुए पाँच साल से ज़्यादा समय हो चुका है, तो शिक्षा कामकाजी अनुभव से कम महत्त्वपूर्ण हो जाती है, इसलिए अपने शैक्षणिक अनुभव को विस्तार से बताने की कोई ज़रूरत नहीं है।

इनमें से चाहे जो स्थिति हो, विशिष्ट कोर्सों का उल्लेख करें, जिनसे यह पता चले कि हम अपने क्षेत्र में होने वाली नवीनतम प्रगति के साथ चल रहे हैं। प्रमाणीकरणों और लाइसेंसों का ज़िक्र करें, जैसे सीपीए, पीई, स्टेट बार के सदस्य आदि।

पेशेवर, व्यावसायिक या औद्योगिक संगठनों की सदस्यताओं का भी ज़िक्र करें। यदि प्रासंगिक हो, तो उन प्रकाशनों की सूची बनाएँ, जिनमें हमारे लेख प्रकाशित हुए हैं। औद्योगिक सम्मेलनों आदि में सहभागिता का भी उल्लेख करें।

कामकाजी अनुभव

आप जितने भी पदों पर रहे हैं, हर एक की सूची बनाएँ। अपने वर्तमान या सबसे नवीन पद से शुरुआत करें और फिर पीछे चलते जाएँ। संभावना इस बात की है कि हमारे मनचाहे पद के लिए हमारे नवीनतम अनुभव की ही सबसे ज़्यादा आवश्यकता होगी। हर पद के लिए :

कंपनी का नाम-पता, रोज़गार की तिथियाँ और पदनाम की सूची बनाएँ। यदि हम उसी कंपनी में कई पदों पर रहे हैं, तो हर पद को एक अलग नौकरी के रूप में लिखें। शुरुआती और वर्तमान वेतन बनाएँ, सुपरवाइज़र का नाम बताएँ और नौकरी छोड़ने का कारण बताएँ।

टीप : हम अपने आत्म-परिचय में इस सारी जानकारी का इस्तेमाल नहीं करेंगे (अध्याय 9 देखें), लेकिन कंपनी के आवेदन फ़ॉर्मों और इंटरव्यू में हमें अक्सर इसकी ज़रूरत पड़ती है।

ऊपर दिए गए क्षेत्रों में जो प्रश्न पूछे जा सकते हैं, उनके जवाब तैयार करते वक़्त उन विशिष्ट समस्याओं की सूची बनाएँ, जिनका हमने सामना किया था और हम उनसे कैसे निबटे थे। ये समाधान हमारी उपलब्धियों का सबूत देंगे।

व्यक्तिगत उपलब्धि सूची बनाने के बाद हम अपना आत्म-परिचय लिखने, अपने नेटवर्क के लोगों के साथ अपनी पृष्ठभूमि पर बात करने और इंटरव्यू में पूछे जा सकने वाले संभावित प्रश्नों पर प्रतिक्रिया करने की राह पर होंगे।

> *आम आदमी अपने कामकाज में अपनी सिर्फ़ 25 फ़ीसदी ऊर्जा लगाता है। संसार उन लोगों को सलाम करता है, जो अपनी 50 फ़ीसदी क्षमता से ज़्यादा लगाते हैं और यह उन लोगों के लिए तो सिर के बल खड़ा हो जाता है, जो 100 फ़ीसदी लगा देते हैं।*
> *—ऐंड्रयू कारनेगी*

नौकरी के सुराग़ों के स्रोत

नौकरी के अवसरों की जानकारी देने वाले बहुत सारे स्रोत हैं। नौकरी खोजते समय हमें खुली मानसिकता रखनी चाहिए, क्योंकि हम कभी नहीं जानते कि हमें नई नौकरी कैसे मिलेगी।

इंटरनेट संदर्भ सेवाओं का इस्तेमाल करना

इंटरनेट संदर्भ सेवा अख़बार में "पद ख़ाली है" का ऑनलाइन समतुल्य है। नौकरी खोजने वाले इन सेवाओं का इस्तेमाल दो तरीक़ों से कर सकते हैं। पहला तरीक़ा है पदों की सूचियों में खोजबीन करना; दूसरा तरीक़ा है उनके डाटा बैंक में अपना आत्म-परिचय डालना। इन दोनों ही सेवाओं के लिए आवेदकों से कोई शुल्क नहीं लिया जाता है।

वर्तमान में कई इंटरनेट संदर्भ सेवाएँ ऑनलाइन हैं और कई अन्य हर महीने शुरू हो रही हैं।

ज़्यादातर सेवा कंपनियाँ कंपनियों से वेबसाइट पर नौकरी के विज्ञापन डालने के लिए शुल्क लेती हैं। आवेदकों से कोई शुल्क नहीं लिया जाता है। जब आवेदक उनकी वेबसाइट पर रजिस्टर कर लेता है, तो वह उनकी फ़ाइलों में सर्च कर सकता है, अपना ख़ुद का आत्म-परिचय डाल सकता है, आत्म-परिचय लिखने के बारे में सलाह भी हासिल कर सकता है और इस सेवा के इस्तेमाल पर सलाह भी पा सकता है। इस तरह की सेवाओं में सबसे शीर्षस्थ नाम ये हैं : करियर बिल्डर्स (www.careerbuilder.com), मॉन्स्टर (www.monster.com) और इन्डीड (www.indeed.com)। क्रैगलिस्ट में भी नौकरी के पद पोस्ट होते हैं और कुछ रोज़गार वेबसाइटें ख़ास उद्योगों और पेशों में विशेषज्ञता रखती हैं।

नौकरी की सूचियों में खोजना

भले ही किसी कंपनी की अपनी ख़ुद की वेबसाइट हो, लेकिन यह इस भरोसे नहीं रह सकती कि उस पद के लिए सबसे उपयुक्त आवेदक इसकी साइट पर आएगा। ज़्यादा बड़ा जाल बिछाने के लिए कंपनियाँ एक या कई इंटरनेट संदर्भ सेवाओं पर विज्ञापन डाल देती हैं। चूँकि ये विज्ञापन अख़बारी विज्ञापनों से ज़्यादा व्यापक होते हैं, इसलिए हमें उनसे पद के बारे में कहीं ज़्यादा पता लग सकता है। मुख्य शब्दों का इस्तेमाल करके हम उचित सूचियों का चुनाव कर सकते हैं और यदि हमारी रुचि है, तो नियोक्ता से सीधे संपर्क भी कर सकते हैं।

जॉब बैंक में अपना आत्म-परिचय डालना

किसी पद को खोजने का बहुत प्रभावी तरीक़ा जॉब बैंक में अपना आत्म-परिचय डालना है। जिस तरह हम नौकरी की सूचियों की खोजबीन करते हैं, उसी तरह नियोक्ता भी पदों के लिए आवेदकों की खोजबीन करते हैं।

याद रखें, हमारे आत्म-परिचय पर नियोक्ता का ध्यान जाए, इसका एक ही तरीक़ा है और वह है सर्च का परिणाम। जिस तरह कंपनी अपनी सूचियों में आवेदकों को आकर्षित करने के लिए मुख्य शब्दों का इस्तेमाल करती है, इसी तरह हमें भी उन मुख्य शब्दों का इस्तेमाल करना चाहिए, जिनकी नियोक्ता खोज करेंगे और जो उस पद के लिए हमारी योग्यताओं

को बताएँगे। पदनाम अक्सर बहुत आम या कंपनी विशिष्ट होते हैं। लेकिन अगर हम पदनाम का उल्लेख करेंगे, तो हमारा आत्म-परिचय खो जाएगा। सामान्य के बजाय विशिष्ट पदनाम का इस्तेमाल करें। यदि हम सूची में “मैनेजर” शब्द डालते हैं, तो हमारा आत्म-परिचय सभी प्रकार के प्रबंधकों के साथ जुड़ जाएगा। उस पदनाम का ज़िक्र करें, जो सबसे अच्छी तरह वर्णन करता हो, जैसे “उत्पादन नियंत्रण मैनेजर,” या “पुरुषों का परिधान स्टोर मैनेजर,” या “प्रशिक्षण और विकास मैनेजर।”

अपने आत्म-परिचय को रोज़गार डाटाबेस में रखते वक़्त पदनाम का इस्तेमाल करना ज़रूरी नहीं है। चूँकि नौकरियाँ पदनाम से वर्णक्रम के अनुसार नहीं रखी जाती हैं (जैसी कि अख़बार के वर्गीकृत विज्ञापनों में होता है), बल्कि मुख्य शब्द से छाँटी जाती हैं, तो कोई ऐसा शब्द या शब्द-समूह चुनें, जिसके बारे में यह संभावना हो कि कंपनी जिस पद को भरना चाहती है, उसका वर्णन करने के लिए उसी शब्द या शब्द-समूह को चुनेगी। “कंप्यूटर साइंटिस्ट” लिखने के बजाय ज़्यादा विशिष्ट वाक्यांश का इस्तेमाल करें, जैसे “सॉफ़्टवेयर डिज़ाइनर,” या “फ़ाइनैंशियल सिस्टम्स एनालिस्ट।”

आत्म-परिचय में ऐसे मुख्य शब्दों को शामिल करें, जो हमारे अनुभव को विस्तार से बताते हों, जैसे “डिज़ाइनर और डेवलपर” या ऐसी शब्दावली जो विशेषज्ञतापूर्ण ज्ञान को बताए। कंप्यूटर विशेषज्ञ प्रयुक्त प्रोग्रामों या सिस्टमों के नाम की सूची भी बना सकता है; मानव संसाधन मैनेजर “यूनियन सौदेबाज़ी” या “एक्ज़ीक्यूटिव विकास” जैसे अनुभव के बड़े क्षेत्रों का उल्लेख कर सकता है। सेल्स एक्ज़ीक्यूटिव अपने बाज़ारों को रेखांकित कर सकता है, जैसे “बड़ी फ़ूड चेन्स” या “औद्योगिक उत्पादक।”

जब कोई कंपनी हमारा आत्म-परिचय चुन लेती है, तो इसके बाद यह मेल, फ़ोन या पत्र द्वारा हमसे संपर्क करेगी। प्रायः कंपनी का प्रतिनिधि ज़्यादा जानकारी माँगेगा और/या फ़ोन पर इंटरव्यू लेगा, इसके बाद ही वह यह निर्णय लेगा कि हमें आमंत्रित किया जाए या नहीं। किसी भी पूछताछ पर प्रतिक्रिया करने से पहले कंपनी की वेबसाइट पर जाएँ और उस कंपनी के बारे में ज़्यादा से ज़्यादा जानकारी हासिल करें। इससे हम संपर्क के दौरान ज़्यादा प्रभावी ढंग से ख़ुद को पेश करने के लिए तैयार होंगे।

नौकरी का बाज़ार माँग और पूर्ति का है। आप प्रॉडक्ट हैं और
आप जैसे लाखों हैं। इसी अनुसार तालमेल बैठाएँ।

—मेगन पिट्सली,
करियर कोच

'कर्मचारी चाहिए' वाले विज्ञापनों का जवाब देना

नौकरी खोजने का एक और स्रोत अख़बारों और पत्रिकाओं में प्रकाशित होने वाले कर्मचारी चाहिए के विज्ञापन हैं। इंटरनेट पर डाले गए पदों की तरह ही इन विज्ञापनों से आने वाले आवेदनों की संख्या बहुत ज़्यादा होती है, इसलिए किसी विज्ञापन से अपना मनचाहा पद पाने की संभावना बहुत कम होती है। बहरहाल, इन विज्ञापनों को पढ़ने और उन पर प्रतिक्रिया करने से लाभ होता है, जिनमें आवश्यकताएँ हमारी पृष्ठभूमि के क़रीब हों।

हर बड़े शहर और कई छोटे समुदायों में कम से कम एक अख़बार होता है, जो कर्मचारी चाहिए वाले विज्ञापन प्रकाशित करता है। इसके अलावा कई अख़बार एक्ज़ीक्यूटिव और तकनीकी पदों के लिए आम तौर पर वित्तीय या कारोबारी पन्नों पर ज़्यादा बड़े विज्ञापन छापते हैं, जिन्हें डिस्प्ले विज्ञापन कहा जाता है।

स्थानीय या बड़े शहर के अख़बारों में विज्ञापन नई नौकरियों के लिए सिर्फ़ एक स्रोत होते हैं। हर उद्योग और पेशे में व्यापारिक प्रकाशन भी होते हैं, जो कर्मचारी चाहिए के विज्ञापन छापते हैं। मिसाल के तौर पर, एक्ज़ीक्यूटिव्ज़ और प्रशासकीय कर्मचारियों के लिए *द वॉल स्ट्रीट जर्नल* नई नौकरियों का एक उत्कृष्ट स्रोत है।

वेब पर नए पदों की जानकारी की तरह ही कई अख़बारी विज्ञापन भी विज्ञापन देने वाली कंपनी का नाम उजागर नहीं करते हैं। इसके बजाय कंपनी की पहचान सिर्फ़ एक बॉक्स नंबर से होती है। कंपनियाँ कई कारणों से "अनाम विज्ञापनों" का इस्तेमाल करती है। एक कारण तो यह है कि वे अपने ख़ुद को स्टाफ़ को यह पता नहीं चलने देना चाहतीं कि वे किसी को निकालकर किसी दूसरे को रखने की सोच रही हैं। इसके अलावा, हो सकता है कि वे यह भी ना चाहती हों कि आवेदक सीधे उन्हें फ़ोन करे। इसके अलावा, शायद वे इस मुश्किल स्थिति से भी बचना चाहती हों कि

मित्र, रिश्तेदार, ग्राहक और अन्य लोग अयोग्य आवेदकों पर विचार करने और उनका इंटरव्यू लेने का दबाव डालें।

यदि हम बेरोज़गार हैं या किसी पद को खुलेआम चाहते हैं, तो अनाम विज्ञापन का जवाब देने में कोई समस्या नहीं है। बहरहाल, यदि हम इस समय कोई नौकरी कर रहे हैं, तो हमें ऐसे विज्ञापन का जवाब देने में काफ़ी सावधानी रखनी चाहिए, क्योंकि हो सकता है कि यह विज्ञापन हमारी ही कंपनी ने दिया हो।

सबसे अच्छी सलाह तो यह है कि किसी भी अनाम विज्ञापन का जवाब नहीं दें, अगर उसका वर्णन हमारी वर्तमान कंपनी से बहुत मिलता-जुलता लग रहा हो।

ज़ाहिर है, यदि विज्ञापन में कहा गया है कि पद रबर उद्योग में है और हम मद्यनिर्माणशाला में काम करते हैं, तो कोई ख़तरा नहीं है। यदि कंपनी के सामान्य क्षेत्र को पहचानने का कोई तरीक़ा नहीं हो, तो ऐसे में समझदारी इसी में है कि उस विज्ञापन पर प्रतिक्रिया ना की जाए।

यदि पद का वर्णन कंपनी की पहचान बता देता है, तो हम इस तरह की शंका से मुक्त हो जाते हैं। आम तौर पर कोई कंपनी किसी विज्ञापन पर "हस्ताक्षर" करेगी, अगर यह उन कर्मचारियों को आकर्षित करना चाहती है, जो कंपनी की प्रतिष्ठा को जानते हैं और जब यह चाहती है कि उम्मीदवार इस डर के बिना जवाब दे कि यह उनकी ख़ुद की कंपनी हो सकती है।

किसी भी विज्ञापन (अनाम या हस्ताक्षरित) का जवाब देने से पहले मसौदे को सावधानी से पढ़ना सुनिश्चित करें। पता लगाएँ कि कंपनी क्या चाहती है। क्या हमारी पृष्ठभूमि में कोई ऐसी ख़ास चीज़ है, जो उसके लिए ख़ास तौर पर प्रासंगिक है? यदि हमारा आत्म-परिचय इन बातों को रेखांकित नहीं करता हो, तो अपने आत्म-परिचय की जानकारी के साथ एक कवर लेटर भेजकर नियोक्ता द्वारा दिए क्षेत्रों में अपनी पृष्ठभूमि बता दें।

कवर लेटर को संक्षिप्त रखें और नौकरी की आवश्यकताओं के लिहाज़ से बिंदु दर बिंदु उपयुक्त बनाएँ। जब विज्ञापन कंपनी की आवश्यकताओं के मान से बहुत सटीक हो, तो यह ख़ास तौर पर सहायक होता है। संलग्न आत्म-परिचय बाक़ी की कहानी बता देगा।

रोज़गार एजेंसियों का इस्तेमाल करना

प्रभावी ढंग से किसी रोज़गार एजेंसी का इस्तेमाल करने के लिए यह समझना ज़रूरी है कि वे कैसे काम करती हैं और उनसे सर्वश्रेष्ठ परिणाम पाने के लिए हम क्या कर सकते हैं।

किसी एजेंसी के बारे में पता लगाने वाली सबसे पहली चीज़ों में से एक यह है कि क्या यह उस तरह के पदों में काम करती है, जिनमें हमारी रुचि है। किसी ऐसी एजेंसी में आवेदन देने से शायद ही कभी लाभ होता है, जो हमारे क्षेत्र और/या हमारी ख़ास वेतन श्रेणी में पदों का विज्ञापन नहीं देती है या बहुत कम देती है।

जब हमें कोई संभावनापूर्ण एजेंसी मिल जाए, तो वहाँ जाकर सुनिश्चित करें कि उसके स्टाफ़ के सदस्य हमारी आवश्यकताओं को सचमुच समझते हों और उनके पास हमारी तरफ़ से सर्वश्रेष्ठ काम करने के लिए विशेषज्ञता और संपर्क हों। एजेंसी में हमारे लिए एक परामर्शदाता नियुक्त किया जाएगा। इस व्यक्ति को रोज़गार बाज़ार से परिचित होना चाहिए और हमें हमारे क्षेत्र की वर्तमान संभावनाओं के बारे में अच्छी जानकारी देनी चाहिए। उसे हमारे आत्म-परिचय की समीक्षा करके सुझाव देने चाहिए कि इसे किन तरीक़ों से बेहतर बनाया जा सकता है (इसके लिए तैयार रहें)। यदि कोई ख़ास पद है, जिसके लिए हम योग्य हो सकते हैं, तो परामर्शदाता हमें सुझाव दे सकता है कि हमारे आत्म-परिचय को हमारी पृष्ठभूमि के उन पहलुओं पर ज़ोर देने के लिए कैसे ढाला जा सकता है, जो उस नियोक्ता के लिए सबसे ज़्यादा मूल्यवान होंगे।

किसी रोज़गार एजेंसी से सर्वाधिक लाभ पाने के लिए :

- अपने उद्देश्यों पर बातचीत करते वक़्त परामर्शदाता के साथ पूरी तरह स्पष्टवादी रहें।

- नौकरी के बाज़ार में अपनी योग्यताओं को बेचने के बारे में उसका मूल्यांकन हासिल करें।

- यह ध्यान रखें कि एजेंसी स्टाफ़ के सदस्यों को वेतन श्रेणियों और लाभों का अंतरंग ज्ञान होता है और आम तौर पर हम जहाँ हैं, उसके अलावा दूसरे स्थानों पर भी इसी तरह के आँकड़े होते हैं।

- पूर्व में तय अंतरालों में परामर्शदाता के संपर्क में रहें, ताकि उसे हमारी रुचि और उपलब्धता पर विश्वास हो।

- जब किसी संभावित नियोक्ता को हमारा संदर्भ दिया जाए, तो एजेंसी को अपनी प्रगति की क़रीबी जानकारी देते रहें। यह ऐसी स्थिति में ख़ास तौर पर अनिवार्य होता है, जहाँ कंपनी के प्रस्ताव देने से पहले कई इंटरव्यू तय हों। ऐसे मामलों में एजेंसी - हमारे और संभावित नियोक्ता - दोनों के संपर्क में रहकर - अतिरिक्त सलाह और इंटरव्यू के बीच में जानकारी देने में सक्षम होती है, जो अक्सर बहुत मूल्यवान हो सकती है।

हमें कितनी एजेंसियों की मदद लेनी चाहिए? सिर्फ़ एक तक सीमित रहने में समझदारी नहीं है। दूसरी तरफ़, हमें अपना आत्म-परिचय अपने शहर की हर एजेंसी को अंधाधुंध भी नहीं भेजना चाहिए। अपने शहर के रोज़गार एजेंसी विज्ञापनों को पढ़ना एक अच्छा विचार है, साथ ही उन इलाक़ों के लिए भी, जहाँ आप जाकर बस सकते हों। भले ही हमारी आवश्यकताओं के लिए उपयुक्त कोई विशिष्ट सूची ना हो, लेकिन यदि रोज़गार एजेंसियों के पास हमारी रुचि के सामान्य क्षेत्रों में अवसर मौजूद रहते हैं, तो उनसे संपर्क करने से लाभ होता है।

बहुत बार संभावित नियोक्ता, कारोबारी मित्र और कार्मिक अधिकारी (एजेंसियों से सरोकार रखने वाली कंपनियों के भीतर) संपर्क करने के लिए अच्छी एजेंसियों की सलाह दे सकते हैं। इस बारे में सर्वश्रेष्ठ सलाह हासिल करें कि कौन सी एजेंसियाँ सबसे मेहनती और सबसे सफल हैं। इससे हमारा समय बचेगा! जो सुझाव निजी रोज़गार सेवाओं पर लागू होते हैं, वही तब भी अच्छी तरह काम करते हैं, जब हम अपनी उपलब्धता के बारे में तकनीकी और पेशेवर समितियों, कॉलेज पूर्व छात्र रोज़गार ऑफ़िसों और अन्य संगठनों को बताते हैं, जो रोज़गार चाहने वालों का संदर्भ दे सकते हों।

एक्ज़िक्यूटिव नियुक्तिकर्ता

यदि हम हर साल एक लाख डॉलर से ज़्यादा के वेतन वाला पद खोज रहे हैं, तो एक्ज़िक्यूटिव नियुक्तिकर्ता एक और अच्छा स्रोत हैं। ये पेशेवर एजेंसियाँ

इस मायने में रोज़गार एजेंसियों से भिन्न होती हैं, क्योंकि वे पूरी तरह से नियोक्ताओं के लिए काम करती हैं और उनमें विशिष्ट क्षेत्रों या उद्योगों के व्यक्तियों के साथ काम करने की प्रवृत्ति होती है। मैनेजर नियुक्तिकर्ता अपने पदों का शायद ही कभी विज्ञापन करते हैं। आम तौर पर वे उपयुक्त उम्मीदवारों को पहचानने के लिए किसी क्षेत्र में शोध करते हैं और फिर सीधे उनसे संपर्क करते हैं। इस तकनीक से नियुक्त हो सकने वाले ज़्यादातर लोग वर्तमान में दूसरी नौकरी कर रहे होते हैं और जब उनसे संपर्क किया जाता है, तो हो सकता है कि वे करियर या पद बदलने के बारे में ना सोच रहे हों। नियुक्तिकर्ता रोज़गार खोजने में किसी आवेदक की मदद नहीं करते हैं। दरअसल इससे उनका उद्देश्य ही असफल हो जाएगा।

नियुक्तिकर्ताओं के दोहन के सबसे अच्छे और आसान स्रोत उनकी खुद की फ़ाइलें होती हैं। इसलिए यह सलाह दी जाती है कि हम अपनी रुचि के क्षेत्रों में काम करने वाले नियुक्तिकर्ताओं को आत्म-परिचय भेज दें। हमारे वेतन की आवश्यकताओं, दूसरी जगह जाने की इच्छा और अन्य प्रासंगिक जानकारी के साथ संक्षिप्त पत्र लिखें। हो सकता है, कुछ नियुक्तिकर्ता हमें बातचीत के लिए आमंत्रित कर लें। बहरहाल, ज़्यादातर नियुक्तिकर्ता उस पत्र को भावी उपयोग के लिए फ़ाइल में लगा लेंगे। आज शायद वे हमसे कहें कि हम इलेक्ट्रॉनिक माध्यम से अपना आत्म-परिचय फ़ाइल कर दें। अगर हमारी फ़ाइल किसी सर्च में खुलेगी, तो वे हमसे संपर्क करेंगे।

मैनेजर नियुक्तिकर्ता को टेलीफ़ोन करना समय की बर्बादी है। इस आम नियम का एकमात्र अपवाद तब होता है, अगर नियुक्तिकर्ता किसी साझे सहकर्मी या किसी कंपनी के प्रति शिष्टाचार की ख़ातिर हमसे मिलने के लिए तैयार हो जाए, जैसे हमारा पूर्व नियोक्ता। ऐसी मुलाक़ात उनकी वर्तमान या भावी खोजों में विचार किए जाने की हमारी संभावनाओं को थोड़ा बढ़ा सकती है। आज ज़्यादातर कंपनियों के पास एक केंद्रीकृत फ़ाइल होती है, जहाँ सभी संबद्ध लोगों पर टीप लिखी होती है। यदि कोई नियुक्तिकर्ता सचमुच हमसे मिलकर यह सोचता है कि हम अच्छे उम्मीदवार हैं, तो यह हमारी फ़ाइल पर लिख लिया जाएगा और हमें ज़्यादा ऊँची प्राथमिकता वाली श्रेणी में रख दिया जाएगा। मैनेजर नियुक्तिकर्ताओं की डायरेक्ट्री इस पते से ख़रीदी जा सकती है :

केनेडी करियर सर्विसेस
1 फ़ीनिक्स मिल लेन, तीसरी मंज़िल,
पीटरबरो, एनएच 03458 अमेरिका
फ़ोन : 800-531-0007 या 603-924-1006
फ़ैक्स : 603-924-4460
ग्राहक सेवा : customerservice@kennedycareerservices.com

इस वृहद डायरेक्ट्री की एक प्रति कई पुस्तकालयों और लगभग सभी कारोबारी पुस्तकालयों में होती है। हज़ारों सूचीबद्ध नामों को देखने में कुछ घंटे बिताना सार्थक होता है, जो कार्य, उद्योग और भौगोलिक श्रेणी के आधार पर विभाजित होते हैं।

> *सबसे आगे तक जाने वाला इंसान आम तौर पर वही होता है, जो जोखिम लेने और क़दम बढ़ाने का इच्छुक होता है। जोखिम ना लेने वाली नाव कभी किनारे से दूर नहीं पहुँच पाती है।*
>
> *—डेल कारनेगी*

रोज़गार काउंसलिंग सेवाएँ

रोज़गार काउंसलिंग सेवाओं को एक्ज़िक्यूटिव नियुक्तिकर्ता समझने की ग़लती नहीं करें। यदि आप ऐसा करते हैं, तो यह कोई संयोग नहीं है, क्योंकि उनके विज्ञापनों से ऐसा लगता है कि वे नियुक्तिकर्ता हैं। बहरहाल, इस प्रकार के संगठन काफ़ी अलग होते हैं। एक बात तो यह है कि रोज़गार काउंसलिंग सेवाएँ रोज़गार खोजने वालों से फ़ीस लेती हैं। उस फ़ीस के बदले में वे रोज़गार खोजने का मार्गदर्शन प्रदान करती हैं। इन सेवाओं में व्यक्ति की शैक्षणिक और कामकाजी पृष्ठभूमि का मूल्यांकन करना, पेशेवर ढंग से लिखा गया आत्म-परिचय तैयार करना, डायरेक्ट मेल अभियान तैयार करना और कई अन्य चीज़ें शामिल हैं। इस बात की कोई गारंटी नहीं है कि हमारी खोज में उनके मार्गदर्शन से हमें सचमुच नौकरी मिल जाएगी। वे हमसे पैसे तो ले लेते हैं, लेकिन बदले में कोई वादा नहीं करते हैं। उनकी फ़ीस सैकड़ों डॉलर से हज़ारों डॉलर तक हो सकती है, जो इस बात पर निर्भर करती है

कि आप कौन सी सेवाएँ ख़रीदते हैं। वे जो करेंगे, उसका ज़्यादातर हिस्सा आप इस पुस्तक में बताए गए दिशानिर्देशों पर अमल करके ख़ुद ही कर सकते हैं।

नियोक्ता द्वारा रोज़गार सेवाएँ

जो लोग अपने लिए नौकरी की तलाश कर रहे हैं, उनकी सेवा करने के अलावा रोज़गार परामर्शदाता की सेवाएँ नियोक्ता भी लेते हैं, ताकि वे छँटनी के बाद कर्मचारियों के लिए नई नौकरी खोजने में मदद करें। चूँकि उनकी फ़ीस का भुगतान कंपनी करती है, इसलिए आवेदक को इन सेवाओं का लाभ लेना चाहिए। वे हमारी नौकरी की खोज की सही शुरुआत करने में बेहद मददगार हो सकते हैं, हालाँकि उनकी सफलता की कोई गारंटी नहीं है। इसलिए हमें इस खंड में बताए गए अन्य स्रोतों के इस्तेमाल के लिए भी तैयार रहना चाहिए।

> आगे बढ़ने – और नौकरी पाने – के लिए आपको थोड़े मुश्किल काम से गुज़रना होता है। यदि आप जटिल कामों को छोटे-छोटे कामों में तोड़ लेते हैं, तो आप ज़्यादा तेज़ी से शुरू कर सकते हैं – और पूरा कर सकते हैं।
>
> —केविन डॉनलिन,
> मिनीपॉलिस स्टार ट्रिब्यून

नौकरी की खोज के लिए इंटरनेट का इस्तेमाल करना

इस बात की बहुत ज़्यादा संभावना है कि जो कंपनी हमें नियुक्त कर सकती है, वह अपने पदों के मुताबिक़ योग्य उम्मीदवारों को पहचानने के लिए ऑनलाइन सर्च और शोध का इस्तेमाल करेगी।

कंपनी के वेब पेज का इस्तेमाल करना

इंटरनेट की वजह से नौकरी खोजने वाले का काम बहुत आसान (और ज़्यादा आवश्यक भी) हो गया है कि हम उन कंपनियों पर शोध करें, जिनमें हमारी दिलचस्पी हो सकती है। कंपनी की वेबसाइट पर जाना अनिवार्य है। साथ ही

एक व्यापक इंटरनेट सर्च करके देखें कि इसके बारे में कौन से सकारात्मक या नकारात्मक कथन लिखे हुए हैं। हमें उनके सभी प्रॉडक्ट्स या सेवाओं से परिचित होने के लिए महत्त्वपूर्ण समय देना चाहिए और ज़ाहिर है, यह जानने के लिए भी कि वे किस तरह की नौकरियाँ देते हैं। हमें वर्तमान में नियुक्ति के लिए ख़ाली पदों की सूची भी देखनी चाहिए।

एक हज़ार कॉरपोरेट नियोक्ताओं के सर्वे में यह पाया गया कि ज़्यादातर कंपनियों ने अपने नियुक्तिकरण बजट का महत्त्वपूर्ण हिस्सा इंटरनेट पर ख़र्च किया और यह बहुत तेज़ी से बढ़ रहा है। कई कंपनियों ने तो नई नौकरियों के प्रति समर्पित ख़ास वेबसाइटें बनाई हैं। हम कंपनी की मुख्य वेबसाइट पर लॉग इन करके नई नौकरियों वाली लिंक पर क्लिक करके उन तक पहुँच सकते हैं।

ज़्यादातर कंपनियाँ अपनी वेबसाइट पर अपने व्यवसाय और करियर अवसरों के बारे में महत्त्वपूर्ण जानकारी देती हैं। अख़बार के विज्ञापनों के विपरीत यह सूची दूसरी कंपनियों के विज्ञापनों से प्रतिस्पर्धा नहीं करती हैं। इसके अलावा, इसमें अख़बार के विज्ञापनों की तरह स्थान व प्रारूप का बंधन भी नहीं होता है। इससे हमें यह अध्ययन करने का अवसर मिल जाता है कि कंपनी क्या प्रदान करती है और नौकरी के लिए आवश्यकता योग्यताएँ क्या हैं। यदि विवरण हमारी पृष्ठभूमि और नौकरी के उद्देश्यों के अनुरूप हो, तो हम ई-मेल या फ़ोन के माध्यम से तुरंत संपर्क कर सकते हैं। इसके अतिरिक्त, हम अपनी पृष्ठभूमि के उन पहलुओं पर ज़ोर देने वाला एक ख़ास आत्म-परिचय तैयार कर सकते हैं, जो उस पद की आवश्यकताओं से मेल खाते हों (यह कैसे किया जाए, इस बारे में ज़्यादा जानकारी अध्याय 9 में आत्म-परिचय और पत्रों पर चर्चा में दी गई है)।

भले ही तुरंत कोई पद ख़ाली ना हो, लेकिन हम भावी संदर्भ के लिए प्रासंगिक जानकारी अपने संसाधनों की फ़ाइल में दर्ज कर सकते हैं।

सोशल मीडिया का इस्तेमाल करना

पिछले दशक में सोशल नेटवर्क हमारे दैनिक जीवन का अभिन्न हिस्सा बन गए हैं। फलस्वरूप सभी नौकरी खोजने वालों के लिए यह अनिवार्य है कि वे अपने पेशेवर नेटवर्क का विस्तार करने और करियर के संभावित अवसरों

का पता लगाने के लिए सोशल मीडिया का इस्तेमाल करें। करियर खोजने के लिए सबसे प्रभावी सोशल नेटवर्क हैं : फ़ेसबुक, लिंक्डइन और ट्विटर।

यदि हम फ़ेसबुक पर हैं, तो सोचें कि हमारे कितने मित्र हो सकते हैं। पचास? सौ? पाँच सौ? अब यह सोचें कि हमारे प्रत्येक मित्र के कितने मित्र होंगे। सामान्य गणित यह उजागर कर देगा कि हम हज़ारों व्यक्तियों से सिर्फ़ दो क़दम दूर हैं। हालाँकि हम इन व्यक्तियों को "मित्रों" की श्रेणी में रख सकते हैं, लेकिन इनमें से प्रत्येक हमारे पेशेवर नेटवर्क का सहायक सदस्य बन सकता है। शुरू में फ़ेसबुक पर अपने मित्रों की समीक्षा करके देखें कि उनके कितने संबंध हो सकते हैं - किसी का हमारे व्यापार में एक पारिवारिक सदस्य हो सकता है या फिर उसका मित्र शायद उसी कंपनी में काम करता हो, जहाँ हम नौकरी के लिए आवेदन दे रहे हैं। इस व्यक्ति को एक छोटा सा फ़ेसबुक मैसेज कारगर हो सकता है, जिसमें उससे दोबारा जुड़ने और अंततः नौकरी खोजने में सहयोग देने का आग्रह किया गया हो। हमारा यह मैसेज इस पद के लिए एक संदर्भ दिला सकता है और समीक्षा के लिए हमारे आत्म-परिचय को सबसे ऊपर पहुँचाने में मदद कर सकता है।

फ़ेसबुक अक्सर हमारा व्यक्तिगत ऑनलाइन घर होता है, लेकिन लिंक्डइन को हम अपना पेशेवर घर मान सकते हैं। यदि हम अब भी लिंक्डइन पर नहीं हैं, तो आज ही इससे जुड़ जाएँ और ऑनलाइन प्रोफ़ाइल बना लें। अगर हम नौकरी खोज रहे हैं या इसके बीच में हैं, तो यह ख़ास तौर पर महत्त्वपूर्ण है। हमारी लिंक्डइन प्रोफ़ाइल अनिवार्य रूप से हमारा ऑनलाइन पेशेवर आत्म-परिचय है, जिसमें संभावित नियोक्ता अपनी सुविधा से संपर्क कर सकते हैं (वैसे हम अपने छपे हुए आत्म-परिचय में भी अपनी लिंक्डइन प्रोफ़ाइल का लिंक दे सकते हैं)। जब हमारी प्रोफ़ाइल बन जाती है, तो हम उन लोगों के साथ संबंध बना सकते हैं, जिनके साथ हम अतीत में काम कर चुके हैं या स्कूल-कॉलेज गए हैं। संबंधों का समूह बनने पर यह सेवा अपने आप नए संबंधों का सुझाव देगी। हर संबंध तर्कसंगत होना चाहिए, ताकि हम जान जाएँ कि वे सार्थक हैं। जल्दी ही हम ग़ौर करेंगे कि हम अपने क्षेत्र में हज़ारों नहीं, तो सैकड़ों लोगों के साथ क़रीबी रूप से जुड़े हुए हैं और हम यह पहचान सकते हैं कि वे किन संगठनों में काम करते हैं और दूसरे कौन से लोग वहाँ काम करते हैं। कई नियोक्ता नौकरियों को भी लिंक्डइन के नौकरियों वाले खंड पर डाल रहे हैं। या फिर वे अपनी कंपनी

के ख़ुद के लिंक्डइन पेज पर नई नौकरियाँ डाल रहे हैं, जिसमें नवीनतम ख़बरें, विचार-विमर्श खंड और कंपनी के कर्मचारियों का विश्लेषण रहता है, जो हमारे शोध के लिए बेहतरीन सामग्री है।

ट्विटर भी काफ़ी महत्त्वपूर्ण सोशल मीडिया साधन है। ट्विटर को माइक्रोब्लॉग या व्यक्तिगत न्यूज़फ़ीड मानें। हमारी न्यूज़फ़ीड में 140 अक्षरों या इससे कम की जानकारी होती है, जिसे वे लोग या समूह डालते हैं, जिनका हम अनुसरण कर रहे हैं। एक बार जब हम ट्वीट करने लगते हैं, तो दूसरे लोग हमारा अनुसरण करेंगे। यदि हम पेशेवर रूप से ट्विटर का इस्तेमाल करेंगे, तो हमारे क्षेत्र के लोग हमारी कही बातों पर ग़ौर करेंगे और हम अपने पेशेवर क्षेत्र के नवीनतम मुद्दों से वाक़िफ़ रह सकते हैं, जिनमें नई नौकरियों और अन्य पेशेवर विकास अवसरों की लिंक शामिल है। ट्विटर का एक महत्त्वपूर्ण हिस्सा हैशटैग # है। यदि हम मार्केटिंग संबंधी ख़बरों में रुचि रखते हैं, तो #मार्केटिंग में खोज करें। इससे हमें नवीनतम जानकारी मिल जाएगी कि उस क्षेत्र में फ़ैशन में क्या है। हम #मार्केटिंगजॉब्स, #एज्युकेशनजॉब्स, #इंजीनियरिंगजॉब्स आदि से भी ऐसी ही खोज कर सकते हैं।

सोशल मीडिया का इस्तेमाल करना हमारी करियर खोज रणनीति का सिर्फ़ एक हिस्सा है। करियर का विकास अपनी योग्यताओं की मार्केटिंग करने, सार्थक संबंध बनाने और महत्त्वपूर्ण करियर अवसरों को पहचानने की सतत प्रक्रिया है। सबसे अच्छा यह रहता है कि हम अक्सर अपनी प्रक्रिया का मूल्यांकन करें और इस पर विचार करें, ताकि ज़रूरत पड़ने पर हम इसमें फ़ेरबदल कर सकें। चूँकि आज के प्रगतिशील दौर में कामकाजी संसार की रफ़्तार बहुत तेज़ हो गई है, इसलिए सोशल मीडिया का प्रभावी उपयोग आगे बने रहने में हमारी मदद करेगा और करियर की सफलता के लिए हमें सही स्थिति में खड़ा कर देगा।

चेतावनी : हालाँकि इस बात पर हमारा थोड़ा नियंत्रण होता है कि हमारे हमारे फ़ेसबुक आदि पेज कौन देख सकता है, लेकिन यह उम्मीद करना सर्वश्रेष्ठ है कि हम सोशल मीडिया साइट पर जो भी चीज़ डालते हैं, उसे कोई भी देख सकता है। इसलिए कभी कोई ऐसी चीज़ नहीं लिखें, जिसे हम अपने संभावित नियोक्ता की नज़रों में नहीं आने देना चाहते।

नेटवर्किंग - नौकरी के छिपे हुए बाज़ार को उजागर करना

दास का सिर्फ़ एक मालिक होता है; महत्त्वाकांक्षी व्यक्ति के उतने मालिक होते हैं, जितनों की सहायता से वह अपना भाग्य चमका सकता है।

—जीन डे ला ब्रूयर,
फ्रांसीसी निबंधकार

वांछित पदों में से ज़्यादातर की जानकारी एजेंसियों या नियुक्तिकर्ताओं को भी नहीं चल पाती है। हर साल जितने पद भरे जाते हैं, नियुक्तिकर्ता आम तौर पर उनमें से बहुत कम प्रतिशत को ही भरने में मदद करते हैं। ज़्यादातर पद मौखिक सिफ़ारिश से भरे जाते हैं। कई बार कोई कंपनी सक्रियता से उम्मीदवारों को नहीं खोजती है, लेकिन ऐसे लोगों से मिलने में रुचि व्यक्त करती है, जो इसकी वर्तमान या भावी आवश्यकताओं को पूरा कर सकते हैं। कई कंपनियाँ विस्तार या पुनर्गठन की योजना बना सकती हैं और हालाँकि वे सक्रियता से कर्मचारी नहीं खोज रही हैं, लेकिन वे अनुशंसित योग्य व्यक्तियों का साक्षात्कार लेंगी और नियुक्त करेंगी। कई प्रकरणों में अगर किसी कंपनी को कोई ऐसा व्यक्ति मिलता है, जो सचमुच प्रभावित करता है, तो यह एक नया पद उत्पन्न कर सकती है या किसी विद्यमान पद को बदल सकती है, ताकि उस व्यक्ति को कंपनी में आकर्षित किया जा सके।

जब किसी नियोक्ता के पास भरने के लिए कोई ख़ास तौर पर वांछनीय पद होता है, तो इस बात की काफ़ी संभावना है कि वह इसे उसी तरह से भरेगा, जिस तरह से हम किसी अच्छे दंतचिकित्सक, ऑटो मैकेनिक या वकील को खोजते हैं; हम अपने मित्रों और सहकर्मियों से सलाह लेते हैं।

सिफ़ारिश करने वाले और मार्गदर्शन देने वाले लोगों का नेटवर्क बनाकर हम एक ऐसा संसाधन बना सकते हैं, जो किसी दूसरे के पास नहीं है। नेटवर्किंग का महत्त्व यह है कि इसकी पहुँच असीमित होती है। हमारी सूची का हर व्यक्ति संपर्क करने के लिए अतिरिक्त लोगों का स्रोत है। जैसे-जैसे हमारी सूची बढ़ती है, इस अमूल्य संसाधन के ज़रिये पद

खोजने की हमारी संभावना भी बढ़ती जाती है। अक्सर नेटवर्किंग से ऐसा पद उजागर होता है, जिसका पता हमें किसी दूसरे तरीक़े से नहीं चल सकता था।

अपने नेटवर्क को बढ़ाना

अपने नेटवर्क को बढ़ाने के कई स्रोत हैं। यदि हम अपनी खोज किसी विशिष्ट बाज़ार तक सीमित करना चाहते हैं, तो हम अपनी रुचि के उद्योग पर ध्यान केंद्रित करने का चुनाव कर सकते हैं। यदि हम किसी ख़ास जगह पर रहना या जाना चाहते हैं, तो हम उस जगह पर केंद्रित नेटवर्क बना सकते हैं। यदि हम ज़्यादा लचीले हैं, तो हमारे पास ज़्यादा विकल्प होते हैं।

टटोलने के लिए कुछ स्रोत ये हैं :

- मित्र : हमारे कई सामाजिक मित्रों और परिचितों के ऐसे संपर्क होते हैं, जो हमारी खोज में मददगार हो सकते हैं, भले ही वे हमारी रुचि के उद्योग से किसी भी तरह से ना जुड़े हों। मिसाल के तौर पर, हमारे दंतचिकित्सक या डॉक्टर के मरीज़ उस क्षेत्र के हो सकते हैं, जिनमें हम रोज़गार खोज रहे हैं और जो हमारे नेटवर्क में लाभकारी होंगे।

- कारोबारी सहयोगी : इतने बरसों में हम अपनी कारोबारी गतिविधियों के सिलसिले में बहुत से स्त्री-पुरुषों से मिले हैं। इनमें सेल्स प्रतिनिधि शामिल हैं, जो कई कंपनियों में जाते हैं, जहाँ हमारे क्षेत्र में नौकरियाँ हो सकती हैं। प्रतिस्पर्धी, ग्राहक, वेंडर, सर्विस टेक्नीशियन आदि भी इसी श्रेणी में आते हैं। ज़ाहिर है, यदि हम वर्तमान में किसी कंपनी में नौकरी कर रहे हैं, तो हमें सुनिश्चित करना चाहिए कि नई नौकरी की इच्छा व्यक्त करने से हम पर आँच नहीं आए।

- अख़बार : अख़बार का कारोबारी खंड पढ़ें। अक्सर अख़बार के लेख में उन लोगों और कंपनियों के नाम दिए रहते हैं, जो नौकरियों के लिए सुराग़ हो सकते हैं या दे सकते हैं।

- व्यावसायिक जर्नल : कारोबारी जर्नल और हमारी रुचि के क्षेत्रों के न्यूज़लेटर हमारे संभावित नियोक्ताओं के नामों और संपर्क सूचना के उत्कृष्ट स्रोत होते हैं।

- कारोबारी और पेशेवर संगठन : यदि हम प्रासंगिक संगठनों के सदस्य हैं, तो हम अपनी नेटवर्क सूचियों के लिए उनकी सदस्यता सूची से लाभ ले सकते हैं।

- पूर्व छात्र संगठन : अक्सर हमारे कॉलेज के पूर्व छात्र हमारी मदद करने के लिए विशेष प्रयास करते हैं।

- ग़ैर-लाभकारी संगठन : सामुदायिक समूह, धार्मिक समूह, परोपकारी संस्थाएँ और अन्य ग़ैर-लाभकारी संगठन हमारे नेटवर्क के लिए संपर्क बनाने की अच्छी जगहें हैं।

- सोशल मीडिया : जैसा इस अध्याय में पहले ज़िक्र किया गया है, फ़ेसबुक, लिंक्डइन, ट्विटर और ऐसे ही अन्य इंटरनेट नेटवर्क दरअसल नेटवर्किंग के लिए ही बनाए गए हैं।

हर व्यक्ति संभावित रूप से एक संपर्क है, या तो अभी या भविष्य में, इसलिए अपने पीछे कोई पुल नहीं जलाएँ।

—*सूज़न बी. जॉइस,*
करियर कोच

नेटवर्क संपर्क फ़ाइल का प्रबंधन करना

नेटवर्किंग फ़ाइल बनाना शुरू करने के लिए कभी बहुत जल्दी या बहुत देर नहीं होती है। कई करियर-केंद्रित युवा कॉलेज में ही इसकी शुरुआत कर देते हैं। यदि हमने अब तक ऐसी फ़ाइल शुरू नहीं की है, तो इसे तुरंत बना लें। नेटवर्किंग फ़ाइल के कई रूप हो सकते हैं। इनमें ये शामिल हैं :

- कंप्यूटर प्रोग्राम : असंख्य कंप्यूटर प्रोग्राम उपलब्ध हैं, जिनसे हम अपनी नेटवर्क फ़ाइलों को सुगमता से सुलभ बना सकते हैं। यदि हम मैक का इस्तेमाल करते हैं, तो हम कंप्यूटर के साथ आने वाले एड्रेस बुक एप्लिकेशन का इस्तेमाल कर सकते हैं। चूँकि हमारी ज़्यादातर नेटवर्किंग इंटरनेट के माध्यम से होगी, इसलिए यह सबसे ज़्यादा आसान होता है कि हमारी नेटवर्क फ़ाइलें हमारी हार्ड ड्राइव में रहें। बहरहाल,

अन्य प्रणालियाँ भी इतनी ही अच्छी तरह काम करती हैं, जो नीचे दी गई हैं।

- बिज़नेस कार्ड : बिज़नेस कार्ड सुरक्षित रखने की नीति तो आसान है, लेकिन यह थोड़ी दुष्कर हो सकती है। जब भी संभव हो, बिज़नेस कार्डों की व्यवस्थित फ़ाइलिंग करें। बिज़नेस कार्डों को सुरक्षित रखने का स्पष्ट लाभ यह है कि उस व्यक्ति का नाम, पद, कंपनी का नाम-पता, फ़ोन नंबर और ई-मेल एड्रेस हमें व्यवस्थित रूप से मिल जाता है। कार्ड के पीछे हम कोई अन्य प्रासंगिक जानकारी लिख सकते हैं, जैसे कोई परिस्थिति जिससे हमें उस व्यक्ति को याद करने में मदद मिलेगी। इस बात को याद रखें कि आज ख़ास स्कैनर उपलब्ध हैं, जो बिज़नेस कार्ड को सीधे हमारे कंप्यूटर में स्कैन कर सकते हैं।

- रोलोडेक्स फ़ाइल : कुछ बिज़नेस एक्ज़ीक्यूटिव्ज़ इस तरह की प्रणाली को कारोबार के लिए अनिवार्य मानते हैं और अपने सभी कारोबारी संपर्क इन फ़ाइलों में रखते हैं। सामान्य कारोबारी व्यवहार में इस्तेमाल होने वाली फ़ाइल के साथ हम अपने नेटवर्क के लिए एक ख़ास रोलोडेक्स या कार्ड फ़ाइल तैयार कर सकते हैं। इसमें वही जानकारी आएगी, जिसकी अनुशंसा बिज़नेस कार्ड फ़ाइल के लिए की गई है, लेकिन हमें यह प्रणाली ज़्यादा सुविधाजनक लग सकती है।

- क्रॉस-इंडेक्स फ़ाइल : बिज़नेस कार्ड या रोलोडेक्स सिस्टम्स के मामले में मुख्य समस्या यह है कि उन्हें आम तौर पर वर्णक्रम में जमाया जाता है। यह तब तो बहुत अच्छा रहता है, जब हम किसी ख़ास व्यक्ति के बारे में खोजना चाहते हैं, जिसका नाम हमें याद हो, लेकिन जब हमें नाम याद नहीं हो, तब इसका इस्तेमाल करना मुश्किल होता है। क्रॉस-इंडेक्स कार्ड सिस्टम से हम अपने संपर्कों को वर्गीकृत कर सकते हैं और उसी अनुसार लोगों को खोज भी सकते हैं। हमारी सूचियों को क्रम से जमाने और वर्गीकृत करने के लिए कई कंप्यूटर प्रोग्राम उपलब्ध हैं।

अपने नेटवर्क का इस्तेमाल करना

आइए, देखते हैं कि नेटवर्किंग सचमुच कैसे हो सकती है। डिम्पल डॉल कंपनी की मानव संसाधन मैनेजर जेन रॉस से एफ़ओबी (पारिवारिक स्वामित्व

के व्यवसायियों) की एक बैठक में व्याख्यान देने को कहा गया। यह युवा स्त्री-पुरुषों का संगठन है, जो पारिवारिक स्वामित्व या वर्चस्व वाले व्यवसायों में काम करता है। वह अपने व्याख्यान के पहले लंच के दौरान स्कॉट राइस के बग़ल में बैठी।

स्कॉट राइस कस्टम प्लास्टिक्स मोल्डिंग कंपनी फ़ाइबर-मोल्ड इंक. में उत्पादन का वाइस प्रेसिडेंट है। जेन को पता चला कि उसकी कंपनी बॉल पॉइंट पेन केसिंग्स की बड़ी उत्पादक है। मीटिंग के तुरंत बाद उसने उसके लिए एक कार्ड बना दिया (साथ ही मिलने वाले अन्य लोगों के लिए भी)। उसे "प्लास्टिक्स" और "कंपनी मालिकों" के तहत क्रॉस-इंडेक्स किया गया था। उसका इंडेक्स कार्ड या कंप्यूटर-फ़ाइल इस तरह दिखेगी :

बुनियादी जानकारी :

श्रेणी : प्लास्टिक

कंपनी मालिक

नाम : राइस, स्कॉट **पदनाम :** वी.पी. - उत्पादन

कंपनी : फ़ाइबर-मोल्ड, इंक.

पता : 24, डव प्लेस, फ़ार्मिंगडेल, एनवाय 11404

फ़ोन : 631-777-9876

जानकारी कैसे मिली : 20 जनवरी 2012 को एफ़ओबी मीटिंग में मिले

टिप्पणियाँ : कंपनी बॉलपॉइंट पेन केसिंग्स बनाती है। पिता ने कंपनी शुरू की थी और वे अब भी सक्रिय हैं। कुछ साल बाद पिता के रिटायर होने पर स्कॉट का मुखिया बनना तय है। वे इस समय उत्पादन की प्रक्रिया सँभाल रहे हैं। टीम प्रबंधन में परिवर्तन संबंधी समस्याओं पर बातचीत की। वे प्लास्टिक ट्रेड असोसिएशन, लॉंग आइलैंड चैंबर ऑफ़ कॉमर्स और सिएरा क्लब की स्थानीय शाखा में सक्रिय हैं। वे विवाहित हैं और उनकी तीन संतानें हैं। गहरे समुद्र में मछली पकड़ने का शौक़ रखते हैं। अपने बच्चों के साथ कैंपिंग करना पसंद करते हैं।

फ़ाइल में कोई अन्य संपर्क या आगे की जानकारी भी जोड़ी जा सकती है। जेन के पास एक साल तक स्कॉट को फ़ोन करने का कोई कारण नहीं था। एक साल बाद जब उसे करियर में परिवर्तन करना था, तब उसने स्कॉट को फ़ोन किया। फ़ोन पर उसने स्कॉट को पिछली मुलाक़ात की याद दिलाई।

जेन : "स्कॉट, मैं डिम्पल डॉल्स से जेन रोज़ बोल रही हूँ। हम एक साल पहले जनवरी में मिले थे, जब मैंने एफ़ओबी में प्रबंधन की तकनीकों पर व्याख्यान दिया था।"

स्कॉट : "मुझे निश्चित रूप से आप याद हैं। मैंने आपके कई विचारों का इस्तेमाल किया था और वे बेहतरीन ढंग से कामयाब हुए।"

जेन : "मुझे ख़ुशी हुई कि वे आपके लिए मूल्यवान रहे। क्या आप हाल-फ़िलहाल मछली पकड़ने गए थे?"

स्कॉट : "मॉन्टैक पॉइंट में तीन दिन बिताकर अभी-अभी लौटा हूँ। कुछ ट्यूना और सेलफ़िश पकड़ीं। पूछने के लिए शुक्रिया। बताएँ, मैं आपके लिए क्या कर सकता हूँ?"

जेन : "जाएंट टॉयज़ ने डिम्पल डॉल्स का अधिग्रहण कर लिया है। एचआर का काम जाएंट कंपनी सँभालने वाली है और मेरा पद समाप्त कर दिया जाएगा। मैं अपने करियर के अवसरों पर बातचीत करने के लिए आपसे मिलने का अवसर चाहती हूँ।"

उन्होंने अगले सप्ताह मुलाक़ात तय कर ली। स्कॉट के पास जेन के लिए कोई पद ख़ाली नहीं था, लेकिन उन्होंने उसके आत्म-परिचय को बेहतर बनाने के बारे में कई उपयोगी सुझाव दिए। जेन ने मुलाक़ात के लिए उन्हें धन्यवाद दिया और पूछा, "क्या आप किसी को जानते हैं, जो नौकरी की तलाश में मेरी मदद कर सकता है?" अपनी सभी नेटवर्किंग मुलाक़ातों के बाद यह सवाल हमेशा पूछें। यह हमारे संपर्कों का विस्तार करने और नेटवर्क बढ़ाने का तरीक़ा है।

स्कॉट ने जेन को बिल वैन्स का नाम बताया, जो एक बड़ी ट्रकिंग कंपनी के मालिक थे। उन्होंने कहा, "बिल के पास आपके क्षेत्र में तो शायद कोई नौकरी नहीं होगी, लेकिन उसकी कंपनी इस इलाक़े में दर्जनों निर्माताओं

का काम करती है और संभवतः वे किसी ऐसे व्यक्ति को जानते होंगे, जो आपको अवसर दे सकता हो।"

धन्यवाद पत्र :

अच्छे नेटवर्किंग करने वाले धन्यवाद का पत्र लिखकर हर संपर्क को तरोताज़ा करते हैं – चाहे उससे सुराग़ मिले या नहीं मिले। यदि फ़ोन पर कोई संपर्क बनाया गया था और हमने उस व्यक्ति को कोई आत्म-परिचय नहीं दिया था, तो हम अपने धन्यवाद पत्र के साथ आत्म-परिचय भी भेज सकते हैं। डाक में भेजे गए पत्र को अच्छा संपर्क माना जाता है, लेकिन ज़्यादातर वक़्त धन्यवाद पत्र को ईमेल करना पर्याप्त होता है। जेन ने लिखा :

प्रिय स्कॉट,

आपको धन्यवाद कि आपने अपने व्यस्त समय में से मंगलवार को मिलने का समय निकाला। मैं बिल वैन्स के संदर्भ के लिए बेहद कृतज्ञ हूँ। मैंने उन्हें फ़ोन किया था और मुझे यह पता चला कि वे अगले सप्ताह तक शहर से बाहर हैं। मैं तब उन्हें दोबारा फ़ोन करूँगी।

मैंने अपने आत्म-परिचय में आपके सुझाए परिवर्तन कर लिए हैं; एक प्रति संलग्न है। आपके पास मेरे लिए यदि कोई अन्य सुझाव हों, तो मैं सचमुच आभारी रहूँगी।

धन्यवाद सहित,

जेन आर. रॉस

फिर जेन ने स्कॉट की फ़ाइल में नीचे दी जानकारी दर्ज की :

6 अगस्त 2011 : करियर अवसरों पर बातचीत के लिए अपॉइंटमेंट तय करने के लिए फ़ोन किया।

8 अगस्त 2011 : उनसे मुलाक़ात की। अच्छी सलाह मिली और वैन्स ट्रकर्स के बिल वैन्स का संदर्भ मिला।

9 अगस्त 2011 : धन्यवाद पत्र भेजा।

9 अगस्त 2011 : बिल वैन्स को फ़ोन किया, शहर से बाहर गए थे, 16 अगस्त को लौटेंगे।

नेटवर्किंग रोज़गार खोजने तक ही सीमित नहीं है। हम इसका इस्तेमाल किसी कारोबारी पूछताछ के लिए भी कर सकते हैं, जैसे संदर्भ खोजने के लिए जब हम कर्मचारियों की तलाश कर रहे हों, संदर्भों की जाँच कर रहे हों और/या किसी अन्य प्रकार की स्थिति हो, जहाँ दूसरे हमें खुलकर हमारी मनचाही जानकारी दे सकते हैं। नेटवर्किंग अमूल्य है और यह काफ़ी महत्त्वपूर्ण होती है, इसलिए हमें इस पर पूरा ध्यान देना चाहिए और इसमें अपना मूल्यवान समय लगाना चाहिए।

हर संपर्क का रिकॉर्ड रखना अत्यंत महत्त्वपूर्ण है। हो सकता है कि हम सूची के किसी व्यक्ति को महीनों या वर्षों तक भी फ़ोन नहीं करें, लेकिन अगर हम लंबी अवधि के बाद दोबारा संपर्क करें, तो हमारी पिछली बातचीत या पहली मुलाक़ात का हवाला भी बर्फ़ पिघलाने और तालमेल जमाने में मदद कर सकता है।

हमारी नेटवर्क फ़ाइलों के लिए सबसे अच्छे स्रोत वे लोग होते हैं, जिनके काम की प्रकृति की वजह से उनके बहुत से संपर्क होते हैं। मिसाल के तौर पर, व्यापारिक और पेशेवर संगठनों के अधिकारियों, व्यापारिक प्रकाशनों के संपादकों, अपने समुदाय के बैंकरों, नेताओं आदि पर विशेष ध्यान दें। ये लोग प्रभाव के केंद्र हैं। उनकी फ़ाइलों पर स्टार लगा दें। जब हमें कोई ज़रूरत हो, तो हमें सबसे पहले इन्हीं लोगों के पास जाना चाहिए।

सार

- स्वेच्छा से नौकरी बदलना एक गंभीर मामला है और इसे हल्के में नहीं लेना चाहिए।

- नौकरी की तलाश को एक बिक्री अभियान मानें, जिसमें हम संभावित नियोक्ता को अपनी योग्यता बेच रहे हैं।

- नौकरी की खोज में पहला क़दम अपनी पूरी पृष्ठभूमि की समीक्षा करना और अपनी उपलब्धियों की सूची बनाना है। यह हमारे आत्म-परिचय

का स्रोत होगा। अपने नेटवर्क के लोगों के साथ अपनी पृष्ठभूमि पर बातचीत करें। उन प्रश्नों के जवाब तैयार करें, जिनके इंटरव्यू में पूछे जाने की संभावना है।

- हर पद के लिए कार्य अनुभव की सूची बनाते समय इन चीज़ों को शामिल करें :

  ○ बुनियादी कर्तव्य

  ○ लोगों के प्रबंधन की ज़िम्मेदारी (संख्या, पदों की श्रेणियाँ, प्रबंधन श्रेणीक्रम में स्तर, टीम के रूप में समन्वय, नियुक्तिकरण और बर्ख़ास्तगी आदि)

  ○ धन, सामग्री, प्रणालियों या अन्य विशेष गतिविधियों के प्रबंधन की ज़िम्मेदारी

  ○ पद पर महत्त्वपूर्ण उपलब्धियाँ। परिणामों को इस संदर्भ में बताएँ कि कितने पैसे बचाए, कितना मुनाफ़ा बढ़ाया, कितना समय बचाया, बाज़ार का कितना विस्तार किया आदि

  ○ हमें उस पद के बारे में सबसे ज़्यादा पसंद क्या था? क्यों?

  ○ हमें उस पद के बारे में सबसे कम पसंद क्या था? क्यों? (यह जानकारी हमारे ख़ुद के विचार के लिए है। यह सलाह नहीं दी जाती है कि हम अपने पूर्व नियोक्ता के बारे में या पिछली जगहों पर काम करने के नकारात्मक अनुभव बताएँ)।

- जो स्रोत हमें इस्तेमाल करना चाहिए, उनमें ये शामिल हो सकते हैं :

  ○ इंटरनेट जॉब साइट

  ○ अख़बार और व्यापारिक पत्रिका के 'कर्मचारी चाहिए' विज्ञापन

  ○ रोज़गार एजेंसियाँ

  ○ मैनेजर नियुक्तिकर्ता

  ○ रोज़गार परामर्शदाता

  ○ सोशल मीडिया

● नेटवर्किंग

जो लोग हमारी मदद कर सकते हैं, उनका नेटवर्क बनाकर हम व्यक्तिगत संसाधन बना सकते हैं। नेटवर्किंग का महत्त्व यह है कि इसमें असीमित संभावना होती है।

नेटवर्किंग फ़ाइल शुरू करने के लिए कभी बहुत जल्दी या बहुत देर नहीं होती है।

किसी नेटवर्किंग संपर्क के साथ मिलने या बातचीत करने के बाद धन्यवाद पत्र हमेशा भेजें। पत्र आपका पेशेवर अंदाज़ दिखाता है, आपको बातचीत याद करने का अवसर देता है और अगर उस व्यक्ति के पास आपका आत्म-परिचय नहीं है, तो यह उसे भेजने का मौक़ा देता है।

9

नई नौकरी खोजना - आत्म-परिचय और इंटरव्यू

नई नौकरी की तलाश के दो मुख्य घटक हैं :

1. हमारा आत्म-परिचय (रेज़्यूमे)
2. नौकरी का इंटरव्यू

हमारा आत्म-परिचय

आत्म-परिचय हमारे करियर की खोज के अनिवार्य तत्वों में से एक है। यह आम तौर पर संभावित नियोक्ता के साथ हमारा पहला संपर्क होता है। यदि नियोक्ता हमारे आत्म-परिचय से प्रभावित नहीं होता है, तो हमें शायद उससे मिलने का अवसर नहीं मिलेगा। हमें अपनी योग्यताओं को आमने-सामने पेश करने तथा बेचने का अवसर भी नहीं मिलेगा!

आत्म-परिचय हमारी शिक्षा, अनुभव और सामान्य पृष्ठभूमि का वह सारगर्भित कथन है, जो संभावित नियोक्ताओं के सामने पेश किया जाता है। इसका इस्तेमाल रोज़गार के विज्ञापन के जवाब में किया जाता है। यह रोज़गार एजेंसियों और/या नियुक्तिकर्ताओं को भेजा जाता है। इसे नेटवर्किंग साधन के रूप में भी भेजा जा सकता है।

आत्म-परिचय अपना विज्ञापन करने की जगह है। इसमें हमें अपनी शक्तियों पर ज़ोर देना चाहिए और अपनी सीमाओं को न्यूनतम करना चाहिए। अगर उस काग़ज़ पर लिखी बातें पाठक को रोमांचित नहीं करती हैं, तो वह अति महत्त्वपूर्ण इंटरव्यू कभी नहीं हो पाएगा।

> *आपको सकारात्मक पर ज़ोर देना होगा,*
> *नकारात्मक को हटाना होगा,*
> *और दृढ़ कथन पर आधारित रहना होगा।*
>
> —*जॉनी मर्सर*

आत्म-परिचय लिखने की तैयारी करना

अपना आत्म-परिचय लिखने से पहले हमें सावधानी से अपनी पूरी पृष्ठभूमि की समीक्षा करनी चाहिए। इसमें हमें करियर में अपनी अब तक की सफलताओं पर ज़ोर देना चाहिए।

सिर्फ़ हमारे पद का कार्य-विवरण लिखना ही काफ़ी नहीं है। हमारे ज़्यादातर प्रतिस्पर्धियों के पास हमारे जैसा ही अनुभव होगा। इसलिए हमें अपनी सफलताओं को उभारना होगा। इसी की वजह से हम दूसरों से अलग दिखेंगे और उस पद के लिए हम पर ग़ौर किया जाएगा। ख़ास बनें।

कुछ उदाहरण देखें :

- "मैंने विभाग से नौकरी छोड़कर जाने वालों की संख्या में 18 प्रतिशत कमी ला दी।"

- "मैंने ऐसी प्रणाली स्थापित की, जिससे ग्राहकों के सवालों का जवाब देने की गति दोगुनी हो गई।"

- "एक बिक्री इलाक़े में हम तीन सालों से लगातार पैसे गँवा रहे थे; मैंने एक साल में ही इसे कंपनी का शीर्षस्थ बिक्री क्षेत्र बना लिया।"

- "कंपनी के स्वास्थ्य बीमा पर दोबारा सौदेबाज़ी की, जिससे प्रीमियम में हर साल 1,30,000 डॉलर की बचत हुई।"

मुख्य शब्दों का इस्तेमाल करें

हम जो पद चाहते हैं, उसकी आवश्यकताओं के अनुरूप आत्म-परिचय लिखें। यदि हम विज्ञापन में बताए किसी ख़ास पद के लिए आवेदन दे रहे हैं, तो ग़ौर से विज्ञापन का अध्ययन करें। यदि किसी ने हमें उस पद का संदर्भ दिया गया है, तो संदर्भ देने वाली एजेंसी या व्यक्ति से उसके बारे में ज़्यादा से ज़्यादा जानकारी हासिल करें। अपने आत्म-परिचय को उन विशेष आवश्यकताओं के अनुरूप ढालें।

मिसाल के तौर पर, यदि किसी नौकरी में "कंप्यूटर ग्राफ़िक्स डिज़ाइन करने" जैसी कोई विशिष्ट योग्यता माँगी गई है, तो यह सुनिश्चित करें कि ये शब्द आत्म-परिचय में प्रमुखता से दिखें, भले ही उस क्षेत्र में हमारा अनुभव काफ़ी कम हो।

चूँकि नियोक्ताओं को अक्सर दर्जनों या सैकड़ों आत्म-परिचय मिलते हैं, इसलिए इस बात की काफ़ी संभावना है कि पाठक इन मुख्य शब्दों की तलाश में हर आत्म-परिचय को सरसरी तौर पर देखेगा। यदि आत्म-परिचय ई-मेल या किसी दूसरे इलेक्ट्रॉनिक माध्यम द्वारा भेजा गया है, तो नियोक्ता बस "फ़ाइंड" मेन्यू में मुख्य शब्दों की तलाश कर सकता है और यदि वे शब्द हमारे आत्म-परिचय में नहीं मिलते हैं, तो हमारे नाम पर विचार भी नहीं किया जाएगा।

अपने आत्म-परिचय को उस ख़ास पद के हिसाब से ढालें।
सामान्य आत्म-परिचय भेजना सबसे बड़ी ग़लतियों में से एक है।
—*जेम्स पी. नोलन,*
मानव संसाधन मैनेजर

आत्म-परिचय बनाने में ये दस ग़लतियाँ नहीं करें

1. *आत्म-परिचय को बहुत लंबा नहीं बनाएँ :* आत्म-परिचय आत्मकथा नहीं होती है। अपनी पृष्ठभूमि के उन मुख्य क्षेत्रों पर ज़ोर दें, जो इंटरव्यू हासिल करने में हमारी मदद करें। याद रखें, संभावित नियोक्ता के पास समय सीमित होता है। नियोक्ता शायद सिर्फ़ स्पष्ट व सारगर्भित

आत्म-परिचय ही पढ़ेगा। ज़्यादातर आत्म-परिचय एक पेज से लंबे नहीं होते हैं। जिन लोगों का कामकाजी अनुभव व्यापक है, उन्हें दो पेज की अनुमति है। यदि हमारी सफलताएँ सचमुच महत्त्वपूर्ण हैं, तो तीन पेज अंतिम सीमा हैं।

2. *आत्म-परिचय बहुत अस्पष्ट नहीं होना चाहिए :* नाम, तारीख़ें और पदनाम ही काफ़ी नहीं हैं। पाठक को अपनी पृष्ठभूमि के बारे में पर्याप्त जानकारी दें, ताकि उसे अच्छी तरह समझ आ जाए कि उस पद के लिए हम गंभीर विचार के हक़दार क्यों हैं। यह मानकर नहीं चलें कि यदि नियोक्ता को ज़्यादा जानकारी की ज़रूरत होगी, तो वह फ़ोन करके माँग लेगा। अगर उस पद के इच्छुक दूसरे उम्मीदवारों ने ज़्यादा जानकारी दी है, तो शायद हमें दरकिनार कर दिया जाएगा। अपनी महत्त्वपूर्ण उपलब्धियों को अवश्य शामिल करें।

3. *नकारात्मक नहीं बनें :* हर व्यक्ति की पृष्ठभूमि में सकारात्मक और नकारात्मक दोनों पहलू शामिल होते हैं। बहरहाल, नकारात्मक चीज़ों या नकारात्मक मानी जा सकने वाली चीज़ों से बचें। नीचे बताया गया है कि आम तौर पर आत्म-परिचय से किस तरह की जानकारी को हटा देना चाहिए :

क. व्यक्तिगत जानकारी जैसे उम्र, लिंग और वैवाहिक स्थिति। (अमेरिका में नागरिक अधिकार नियमों ने यह जानकारी माँगने पर प्रतिबंध लगा दिया है)।

ख. क़द और वज़न। लोग हमारी क़द-काठी के आधार पर हमारे बारे में अनुमान लगा सकते हैं। छोटे या लंबे, मोटे या पतले होने का हमारी योग्यता पर कोई असर नहीं होता है। निश्चित रूप से वे हमें इंटरव्यू के समय देखेंगे, लेकिन तब हमारे हुलिए के बारे में उनकी भावनाएँ हमारे समूचे व्यक्तित्व और अनुभव की पृष्ठभूमि में देखी जाएँगी। तब वे "अति महत्त्वपूर्ण आँकड़ों" की निगाह से नहीं देखेंगे।

ग. नौकरी छोड़ने के कारण। हालाँकि नियोक्ता को यह जानने का हक़ है कि हमने कोई नौकरी क्यों छोड़ी, लेकिन इस बारे में इंटरव्यू में बातचीत करना बेहतर होता है। "कंपनी दिवालिया हो गई,"

जैसे बिलकुल स्पष्ट मामलों को छोड़कर आम तौर पर कहानी में बहुत ज़्यादा बातें होतीं हैं, जो चंद शब्दों में ही बयान नहीं की जा सकतीं। वास्तव में बहुत कम जानकारी की वजह से नकारात्मक व्याख्या की आशंका रहती है। इसके अलावा यह भी ध्यान रखें कि अगर हम कहते हैं कि हम तरक़्क़ी की ख़ातिर नौकरी बदलना चाहते हैं, तो इसका यह मतलब भी निकाला जा सकता है कि हम अपने पिछले पद में तरक़्क़ी करने लायक़ नहीं थे।

घ. वेतन संबंधी जानकारी। चूँकि हमारे वेतन की माँगें नौकरी, स्थान या अन्य घटकों के साथ बदल सकती हैं, इसलिए सबसे अच्छा यही रहता है कि आत्म-परिचय में अपेक्षित वेतन नहीं लिखें।

ङ. फ़ोटो का इस्तेमाल नहीं करें। चाहे फ़ोटो कितना भी अच्छा क्यों ना हो, इससे संभावित नियोक्ता हमसे मिले बिना ही हमारे बारे में धारणा बना लेता है। कई लोगों को ग़लत धारणाओं की वजह से इंटरव्यू में बुलाया ही नहीं जाता है। मिसाल के तौर पर, एक बहुत अच्छे दिखने वाले आवेदक को इंटरव्यू में इसलिए नहीं बुलाया गया, क्योंकि नियोक्ता को उसका चेहरा "बच्चे जैसा" लगा।

4. *संदर्भों की सूची नहीं दें :* ज़्यादातर साक्षात्कार लेने वाले यदि हममें रुचि रखते हैं, तो वे ख़ुद संदर्भ माँग लेंगे। आत्म-परिचय में उनकी सूची देने से जगह घिर जाती है, जिसका इस्तेमाल हमारी पृष्ठभूमि के ज़्यादा महत्त्वपूर्ण पहलुओं के लिए किया जा सकता है। सामने वाले के आग्रह पर हमारे पास संदर्भों की सूची देने के लिए तैयार होनी चाहिए। इस सामान्य दिशानिर्देश का एक अपवाद तब है, जब हमारे संदर्भ हमारे क्षेत्र के मशहूर और सम्मानित लोग हों। यदि ऐसा है, तो अपने आत्म-परिचय में उनका नाम जोड़ने से हमारी साख बढ़ सकती है। अपने आत्म-परिचय में किसी व्यक्ति का संदर्भ देने से पहले हमेशा उसकी अनुमति ले लें।

5. *वांछित विशिष्ट पदनाम का ज़िक्र नहीं करें :* यदि हम मुख्य केमिकल इंजीनियर का पद चाहते हैं, लेकिन दूसरे रोचक पदों पर भी अपने नाम पर विचार चाहते हों, जिनके लिए हम योग्य हैं, तो आत्म-परिचय

पर "चीफ़ केमिकल इंजीनियर" लिखने पर हम अपने आप ही बाक़ी अवसरों से वंचित हो जाएँगे।

6. *आत्म-परिचय को "उद्देश्य" से शुरू नहीं करें :* विज्ञापन के लोगों ने हमें सिखाया है कि ज़ोर "मैं" पर नहीं, "आप" पर देना चाहिए। इसलिए किसी नियोक्ता के सामने अपनी योग्यताओं को बेचते वक़्त हमें इस बात पर ज़ोर देना चाहिए कि हम नियोक्ता के लिए क्या कर सकते हैं, इस बात पर ज़ोर नहीं देना चाहिए कि हम क्या चाहते हैं। "मेरा उद्देश्य एक चुनौतीपूर्ण और रोचक पद पाना है।" यह कहने के बजाय यह कहें, "सॉफ़्टवेयर डिज़ाइन में दस साल का क्रमशः अधिक उत्तरदायित्व का अनुभव प्रदान करना।" "मैं" पर बहुत ज़्यादा ज़ोर प्रायः अपरिपक्व कर्मचारी की निशानी मानी जाती है, जिसके कार्य संस्कार और नज़रिया दोनों ही कमज़ोर होते हैं।

7. *अपने पुराने आत्म-परिचय को अपडेट करके नहीं भेजें :* जब हम कोई नया पद चाहते हैं, तो अपनी पूरी पृष्ठभूमि का दोबारा मूल्यांकन करें और उसी अनुसार आत्म-परिचय को दोबारा लिखें।

8. *शिक्षा को अति या न्यून महत्त्व नहीं दें :* अपनी शैक्षणिक पृष्ठभूमि की जानकारी देते समय शिक्षा के उस पहलू पर ज़ोर दें, जो हमारे वांछित पद के लिए सबसे ज़्यादा प्रासंगिक हो। जिन लोगों को कॉलेज छोड़े हुए कम समय हुआ है, उन्हें शिक्षा को ज़्यादा जगह देनी चाहिए, जबकि अगर ज़्यादा समय हुआ है, तो कम जगह देना मुनासिब है। यदि हमें कॉलेज छोड़े हुए पाँच साल से ज़्यादा समय हो चुका है, तो हमें कॉलेज, डिग्री और पेशेवर प्रमाणों की सिर्फ़ सारगर्भित सूची देनी चाहिए। यदि हमने कॉलेज छोड़ने के बाद अपने क्षेत्र संबंधी कोर्स या सेमिनार किए हैं, तो सबसे महत्त्वपूर्ण कोर्सों या सेमिनारों की सूची देना अच्छा रहता है।

9. *अपने अच्छे आत्म-परिचय को अनुचित प्रारूप या ग़लत वर्तनी, व्याकरण की त्रुटियों या लापरवाहीपूर्ण प्रिंटिंग से बर्बाद नहीं होने दें। इसकी बार-बार प्रूफ़रीडिंग करें :* इसे दूसरे व्यक्तियों को भी पढ़ाएँ।

10. *समय-समय पर आत्म-परिचय की पूरी समीक्षा करें :* यदि यह लगता है कि इस आत्म-परिचय से पर्याप्त इंटरव्यू नहीं मिल रहे हैं, तो उसे दोबारा लिखें।

नियोक्ता किसी ख़ास पद के लिए जिन विशेष योग्यताओं को सूचीबद्ध करता है, उन पर ध्यान केंद्रित करें और यह सुनिश्चित करें कि आपके आत्म-परिचय या पत्र में ठीक वही शब्द शामिल हों।

—जेरी क्रिस्पिन,
नियुक्तिकर्ता और लेखक

आवेदन पत्र

हम दो तरीक़ों से आवेदन पत्र भेज सकते हैं। एक तरीक़ा है संक्षिप्त कवर लेटर के साथ आत्म-परिचय भेजना। यह पारंपरिक नीति है; ज़्यादातर नियोक्ता कवर लेटर और आत्म-परिचय दोनों की अपेक्षा रखते हैं। दूसरी नीति है आत्म-परिचय की जगह पर अधिक विस्तृत पत्र भेजना। हालाँकि आवेदन की यह शैली ज़्यादा उपयुक्त नहीं मानी जाती, लेकिन कुछ परिस्थितियों में विकल्प के तौर पर इसका इस्तेमाल किया जा सकता है। दोनों ही प्रकार के पत्र हार्ड कॉपी या ईमेल के रूप में भेजे जा सकते हैं।

कवर लेटर

आत्म-परिचय के साथ कवर लेटर भेजने की स्थिति पर ग़ौर करें : विलियम मार्शल विलेट्स, ओहियो में स्किनर स्टील फ़ैब्रिकेटर्स के परचेज़िंग मैनेजर हैं। उनके नेटवर्क के एक सदस्य चार्ल्स ग्राहम ने सुझाव दिया कि वे स्टैंडर्ड टूल्स, इंक. की एक्ज़ीक्यूटिव वाइस प्रेसिडेंट सूज़न रैंडल को अपना आत्म-परिचय भेजें। उन्होंने श्री ग्राहम से पद और कंपनी के बारे में ज़्यादा से ज़्यादा जानकारी हासिल की और कंपनी की वेबसाइट का अध्ययन किया। विलियम ने अपने आत्म-परिचय के साथ यह पत्र भेजा :

प्रिय मिस रैंडल,

चार्ल्स ग्राहम ने सुझाव दिया है कि मैं आपके परचेज़िंग डिपार्टमेंट के पद के मामले में आपसे संपर्क करूँ।

जैसा आप जानती हैं, हमारी वर्तमान कंपनी स्किनर स्टील फ़ैब्रिकेटर का विलय मिडवेस्ट मेटल्स के साथ हो रहा है और सारी ख़रीदारी

मिडवेस्ट द्वारा की जाएगी। जैसा संलग्न आत्म-परिचय में बताया गया है, मेरा अनुभव स्टील और अन्य कच्चे माल को ख़रीदने में मेरी सफलताओं को बताता है, जो स्टैंडर्ड टूल्स के कच्चे माल जैसा ही है। मेरी यह पृष्ठभूमि मुझे आपके परचेज़िंग स्टाफ़ के लिए मूल्यवान बना देगी।

क्या मुझे आपके साथ इस बारे में चर्चा करने का अवसर मिल सकता है? मैं अगले सप्ताह आपसे दोबारा संपर्क करूँगा और देखूँगा कि क्या हम मिलने का समय तय कर सकते हैं।

भवदीय,

विलियम मार्शल

संलग्न : आत्म-परिचय

ग़ौर करें कि मार्शल ने तुरंत यह बता दिया कि उसे संदर्भ किसने दिया। फिर उसने बताया कि सामने वाली कंपनी उसमें क्यों रुचि ले सकती है और फिर उसने सीधे-सीधे इंटरव्यू के लिए समय माँग लिया।

उसने पत्र में अपने पूरे कामकाजी इतिहास की समीक्षा नहीं की – यह काम संलग्न आत्म-परिचय ने कर दिया। ऐसा पत्र भेजते समय संक्षिप्त और बिंदुवार रहें। पत्र में पूरे आत्म-परिचय को दोहराने की कोई ज़रूरत नहीं है। लेकिन, कुछ विशेष बातों को रेखांकित अवश्य करें, जिनमें उस कंपनी की रुचि हो सकती है ("मेरा अनुभव स्टील और अन्य कच्चे माल को ख़रीदने में मेरी सफलताओं को बताता है, जो स्टैंडर्ड टूल्स के कच्चे माल जैसा ही है।") इंटरव्यू के आग्रह के साथ पत्र समाप्त करें और आगे की जानकारी फ़ोन पर लें। इसमें समय लग सकता है, लेकिन अगर हम उस व्यक्ति से मिलने में कामयाब हो जाते हैं, तो इससे हमारी सफलता की संभावना काफ़ी बढ़ जाती है।

विस्तृत पत्र

कुछ लोग आत्म-परिचय के बजाय अपनी योग्यताओं का वर्णन करने वाला व्यक्तिगत पत्र लिखना ज़्यादा पसंद करते हैं। यह पत्र उस व्यक्ति को भेजा जा सकता है, जिसका हमें संदर्भ दिया गया है। अगर हमारे पास संदर्भ नहीं

है, तो हम यह पत्र किसी कंपनी के अधिकारी को भी भेज सकते हैं, जिसे हमारे जैसे अनुभवी व्यक्ति की ज़रूरत हो सकती है।

ये पत्र किसके नाम पर भेजें? मैनेजर के पद के लिए कंपनी के प्रेसिडेंट या सीईओ को पत्र लिखें; सेल्स पद के लिए सेल्स या मार्केटिंग मैनेजर को पत्र लिखें, अकाउंटिंग के पद के लिए चीफ़ फ़ाइनैंशियल ऑफ़िसर को पत्र लिखें आदि।

हम सूची की हर कंपनी के लिए अपने कंप्यूटर पर व्यक्तिगत पत्र तैयार कर सकते हैं। ऐसे पत्र का उदाहरण नीचे दिया गया है। पत्र में कंपनी के नाम का ज़िक्र देखें।

चार्ल्स हॉकिन्स
42 ब्रूस्टर लेन
ग्रीनविल, एनवाय 12020

श्री ऐंड्रयू कार्टर
ब्लिज़ार्ड मैन्युफ़ैक्चरिंग कंपनी
34 जे स्ट्रीट
स्केनेक्टेडी, एनवाय 12310

प्रिय मि. कार्टर :

क्या ब्लिज़ार्ड के प्रबंधन में किसी व्यापक अनुभव वाले बिज़नेस मैनेजर के लिए पद रिक्त है, जिसे मार्केटिंग, उत्पादन, कर्मचारी संबंधों और वित्त के सभी क्षेत्रों में महत्त्वपूर्ण अनुभव है?

बिक्री के क्षेत्र में शुरुआत करने के बाद मैंने टिकाऊ उपभोक्ता वस्तुओं की बड़ी उत्पादक कंपनी में वाइस प्रेसिडेंट (बिक्री) पद तक तरक़्क़ी की। मुझे प्रभारी वाइस प्रेसिडेंट (ऑपरेशन्स) बनाया गया और संचालक मंडल में भी चुना गया। इस पद पर मैंने आधुनिक प्रबंधन के तहत पूरे विभाग का पुनर्गठन कर दिया, जिससे उत्पादन में महत्त्वपूर्ण वृद्धि हुई और प्रशासकीय लागतों में कमी हुई।

मेरी उपलब्धियों में ये शामिल हैं :

- हस्तचलित उत्पादन नियंत्रणों की जगह पर कंप्यूटर–आधारित प्रोग्राम स्थापित करना।

- कार्यकारी स्टॉक नियंत्रण शुरू करना।

- श्रम अनुबंधों पर सौदेबाज़ी, जिसकी बदौलत कंपनी को पिछले अनुबंध से काफ़ी ज़्यादा लाभ हुआ।

- राष्ट्रीय बिक्री गतिविधियों का निर्देशन।

- बिक्री, प्रबंधन और तकनीकी कर्मियों को रोज़गार व प्रशिक्षण देना।

- बाज़ार के विश्लेषण और भविष्य सूचित करने वाले कार्यक्रम तैयार करना।

- प्रॉडक्ट्स की मार्केटिंग, विज्ञापन और क्रय-विक्रय का थोक, खेरची और ओईएम मार्गों में समन्वय।

बीस वर्षों से ज़्यादा की सफल उपलब्धियों के साथ मैं ब्लिज़ार्ड की प्रबंधन टीम का मूल्यवान हिस्सा बन सकता हूँ। क्या मैं आपको अतिरिक्त विवरण भेजूँ या फिर आपकी सुविधा से इंटरव्यू के लिए मिलूँ?

आपका,
चार्ल्स हॉकिन्स

नौकरी खोजने वाले कुछ लोग अपने इलाक़े या अपने उद्योग में बहुत सारी कंपनियों को इस तरह के सैकड़ों पत्र भेजते हैं। आम तौर पर कंपनियों की सामान्य सूची को पत्र भेजना लाभदायक नहीं होता (जैसे फ़ॉर्च्यून 500)। सामान्य तौर पर बड़ी कंपनियों को इतने ज़्यादा अवांछित पत्र मिलते हैं कि ज़्यादातर मामलों में वे उन्हें नज़रअंदाज़ कर देते हैं। दूसरी ओर, जैसा श्री हॉकिन्स ने किया, किसी विशिष्ट, खास उद्योग में कंपनियों की सूची को पत्र भेजने से सम्मानजनक प्रतिक्रिया हासिल हो सकती है। बहरहाल, गाँठ बाँध लें कि अवांछित डाक अभियानों से ज़बर्दस्त परिणामों की उम्मीद नहीं करें। यदि हमें सौ पत्र भेजने पर दो-तीन इंटरव्यू भी मिल जाएँ, तो हमें मानना

चाहिए कि हमारा प्रदर्शन अच्छा है। सफलता की कम दर से हताश नहीं हों। लेकिन इस तकनीक को नज़रअंदाज़ भी ना करें!

आम तौर पर सूची की जिन कंपनियों से हमने संपर्क कर लिया है, वहाँ दोबारा पत्र भेजने में समय बर्बाद करना ठीक नहीं होता। यदि पहले पत्र से वांछित प्रतिक्रिया नहीं मिली है, तो दूसरा पत्र भी आम तौर पर ज़्यादा सफल नहीं होगा। बहरहाल, हम अपनी सूची की उन चंद कंपनियों के मामले में एक और कोशिश कर सकते हैं, जिनमें हमारी ख़ास रुचि है।

इस प्रकरण में उस व्यक्ति को फ़ोन करें, जिसे हमने मूल पत्र भेजा था (उसे पत्र मिलने के एक सप्ताह या दस दिन बाद)। उतावलापन या तनाव दिखाए बिना उस व्यक्ति से इंटरव्यू का आग्रह करें। एक बार फिर, यदि उसने अब तक हमारे पत्र का जवाब नहीं दिया है, तो इस बात की संभावनाएँ क्षीण हैं कि वह हमें इंटरव्यू के लिए बुलाएगा।

हमारा आत्म-परिचय और/या पत्र हमारे लिए सिर्फ़ द्वार खोल सकता है। उनमें से किसी को भी लिखते समय यह ध्यान रखें कि वे हमारी व्यक्तिगत बिक्री को बढ़ाने के साधन हैं और उन्हें संभावित नियोक्ता को प्रेरित करना चाहिए कि वह हमें इंटरव्यू के लिए आमंत्रित कर ले।

इंटरव्यू

नौकरी का इंटरव्यू चयन प्रक्रिया का मुख्य पायदान है। इस बिंदु पर हमें संभावित नियोक्ता के सामने अपनी ख़ूबियाँ पेश करने का एकमात्र सच्चा अवसर दिया जाता है। यदि हम पहले इंटरव्यू में अच्छा प्रभाव नहीं छोड़ पाते हैं, तो दूसरा मौक़ा मिलने की संभावना नहीं होती है।

नियुक्ति के ज़्यादातर निर्णय कई साक्षात्कारों के बाद लिए जाते हैं। छँटनी के लिए मानव संसाधन विभाग का कोई सदस्य पहला इंटरव्यू ले सकता है। बहरहाल, बाद वाले इंटरव्यू आम तौर पर वे लोग लेते हैं, जिनके अधीन उम्मीदवार काम करेगा। एक या ज़्यादा लोगों को इंटरव्यू देने के बाद ही हम अंतिम निर्णय लेने वाले से मिल पाते हैं। आम तौर पर यह निर्णय वह व्यक्ति लेता है, जिसके अधीन हम काम करेंगे या वह उस विभाग का मैनेजर होता है, जिसमें हम काम करेंगे। ध्यान रखें कि हर इंटरव्यू महत्त्वपूर्ण होता है, क्योंकि यदि हम हर इंटरव्यू में अच्छा प्रभाव नहीं छोड़ते

हैं, तो प्रक्रिया थम जाएगी और हम अंतिम निर्णय लेने वाले से मिल भी नहीं पाएँगे। कई उम्मीदवार सिर्फ़ इसलिए नाकाम हो गए, क्योंकि उन्होंने अपने सर्वश्रेष्ठ बिंदु अंतिम इंटरव्यू तक रोककर रखने की सोची और इस वजह से वे रास्ते में हुए किसी इंटरव्यू में सामने वाले को प्रभावित नहीं कर पाए। इन शुरुआती साक्षात्कारों के महत्त्व को कम मानने की वजह से उन्होंने बॉस से मिलने का अवसर खो दिया।

यदि हम हर इंटरव्यू की सावधानी से तैयारी करें, तो मनचाही
नौकरी हासिल करने की हमारी संभावना बहुत बेहतर हो जाएगी।
—आर्थर आर. पेल,
मानव संसाधन परामर्शदाता और लेखक

हमें हर इंटरव्यू की तैयारी पूरी सावधानी से करनी चाहिए। पहला इंटरव्यू भी उतना ही महत्त्वपूर्ण है, जितना कि आख़िरी और आख़िरी इंटरव्यू भी उतना ही महत्त्वपूर्ण है, जितना कि पहला। यह मानकर ना चलें कि हमारी नियुक्ति पक्की है, क्योंकि आख़िरी इंटरव्यू तक हर व्यक्ति ने हमें इसका आभास कराया था – यह एक घातक भूल हो सकती है। कुछ इंटरव्यू लेने वाले यह संकेत भी दे सकते हैं कि बॉस के साथ मिलना तो बस परिचय का दस्तूर है और हमारी नियुक्ति पर उनकी "रबर की मोहर" लगना तय है। इस जाल में नहीं फँसें। अगर ज़्यादा ऊँचे स्तर के मैनेजर की राय नकारात्मक हुई, तो यह निश्चित रूप से निचले स्तर के मैनेजर की राय पर भारी पड़ेगी।

हर इंटरव्यू से पहले अपनी रणनीति के बारे में दोबारा विचार कर लें। हम पिछले साक्षात्कारों से काफ़ी कुछ सीख सकते हैं – जैसे यह कि किस तरह के प्रश्न पूछे जाने की संभावना है और कंपनी के लिए सबसे ज़्यादा महत्त्वपूर्ण क्या है। पिछले साक्षात्कारों का सावधानीपूर्ण विश्लेषण आगामी इंटरव्यू की तैयारी में मदद कर सकता है।

पूरे इंटरव्यू की हमारी बातचीत को सरल रखने के लिए हम शुरुआती इंटरव्यू का उदाहरण लेंगे। हमें बाद में होने वाले साक्षात्कारों की तैयारी भी उसी तरह करनी चाहिए, जिस तरह हमने पहले साक्षात्कार के लिए

की थी। ज़ाहिर है, पिछले साक्षात्कारों में हमें कंपनी या पद के बारे में जो ज्ञान हासिल होगा, हम उसका भी इस्तेमाल करेंगे। अगले इंटरव्यू की तैयारी करते वक़्त हमें पिछले इंटरव्यू लेने वालों की प्रिय तकनीकों को भी दिमाग़ में रखना चाहिए।

हमें कोई भी इंटरव्यू कभी नहीं देना चाहिए, जब तक कि हम उससे पहले ज़्यादा से ज़्यादा यह पता नहीं लगा लें कि क्या चाहा गया है और क्या अपेक्षित है। इस रोशनी में अपनी पृष्ठभूमि की समीक्षा करना भी इतना ही महत्त्वपूर्ण है कि क्या हम उन अपेक्षाओं को पूरा करते हैं, ताकि हम इंटरव्यू के दौरान अपनी शक्तियों को सकारात्मक, प्रासंगिक और विश्वसनीय अंदाज़ में पेश करने के लिए तैयार रहें।

नियोक्ता के उद्देश्य

ज़्यादातर मामलों में इंटरव्यू लेने वाला हमारा आत्म-परिचय या आवेदन पत्र अथवा दोनों पढ़ चुका होता है, इसलिए वह हमारे कामकाजी अनुभव और शिक्षा की बुनियादी रूपरेखा के बारे में पहले से ही जानता है। ऐसी स्थिति में नौकरी के इंटरव्यू का इस्तेमाल ज़्यादातर आत्म-परिचय और रोज़गार आवेदनों में दिए गए संक्षिप्त डाटा का विस्तार करने के लिए किया जाएगा। इंटरव्यू के दौरान सामने वाला हमसे हमारे कर्तव्यों और ज़िम्मेदारियों के बारे में अतिरिक्त जानकारी माँगेगा। कई बार इंटरव्यू लेने वाले ने हमारी पृष्ठभूमि की सावधानी से समीक्षा नहीं की होगी, इसलिए हमें अपनी शिक्षा और अनुभव का संक्षिप्त सर्वेक्षण तैयार रखना चाहिए (ज़ाहिर है, ख़ास तौर पर तब जब वे आवेदित पद से संबंधित हों)।

इंटरव्यू लेने वाला हमारी कामकाजी पृष्ठभूमि के बारे में ज़्यादा से ज़्यादा जानकारी हासिल करने की कोशिश करेगा। इसके अलावा वह हमारी व्यक्तिगत विशेषताओं का आकलन करने में भी रुचि लेगा। कामकाज, पूर्व नियोक्ताओं, अधिकारियों और अधीनस्थों के प्रति हमारे नज़रियों का भी मूल्यांकन किया जाएगा। इंटरव्यू लेने वाला हमारी आंतरिक प्रेरणाओं, अल्पकालीन और दीर्घकालीन लक्ष्यों का पता लगाने की कोशिश करेगा और यह भी कि उन तक पहुँचने के लिए हमने अब तक क्या किया है। उसे इस बात की भी परवाह होगी कि हम कामकाज में विशेष समस्याओं को

कैसे सँभालते हैं और हमने मुश्किल स्थितियों को सुलझाने के क्षेत्र में क्या परिणाम हासिल किए हैं।

हर पद के लिए विशेष योग्यताओं की ज़रूरत होती है, जिनकी पड़ताल इंटरव्यू में की जा सकती है। हमारी सृजनात्मकता, उपायकुशलता, विचार बेचने की योग्यता, दूसरों के साथ हिल-मिलकर चलने की योग्यता, शक्तियों, कमज़ोरियों और करियर विकास की हमारी क्षमता का मूल्यांकन करने के लिए हमसे सवाल पूछे जा सकते हैं। ना सिर्फ़ इंटरव्यू लेने वाला हमारे कहे शब्द सुनेगा, बल्कि वह इस आधार पर भी हमारा मूल्यांकन करेगा कि हम उन शब्दों को कैसे कहते हैं, हम क्या नहीं कहते हैं और हम ग़ैर-शाब्दिक भाषा के कैसे संकेत देते हैं। संक्षेप में, इंटरव्यू लेने वाला बहुत कम समय में हमारी पृष्ठभूमि, व्यक्तिगत विशेषताओं और आंतरिक स्वरूप के बारे में ज़्यादा से ज़्यादा जानकारी हासिल करना चाहेगा।

हमारे उद्देश्य

किसी नौकरी के इंटरव्यू में जाते समय हमें ना सिर्फ़ नियोक्ता के उद्देश्यों के बारे में जागरूक रहना चाहिए, बल्कि हमें अपने उद्देश्यों के बारे में भी जागरूक रहना चाहिए। इंटरव्यू के अनुभव से गुज़रने से पहले हमारे मन में यह तय होना चाहिए कि हम इंटरव्यू से क्या परिणाम चाहते हैं। हमारा मुख्य उद्देश्य नौकरी पाना है। इसे सुगम बनाने के लिए हमारा पहला उप-उद्देश्य इंटरव्यू लेने वाले पर अच्छी व्यक्तिगत छाप छोड़ना है। पुरानी कहावत याद रखें, पहली छाप सबसे महत्त्वपूर्ण होती है। इसके अलावा यह भी जान लें कि हम कमरे में जब दाख़िल होते हैं, इंटरव्यू लेने वाला उसी पल से हमारी हर चीज़ का आकलन करता है और उसे अपने मन में दर्ज कर लेता है। हमारे कपड़ों, हमारी मुस्कान और हमारे व्यवहार से लेकर हमारी कही गई हर बात से फ़र्क़ पड़ता है। दूसरे शब्दों में, "हम जो भी करते या कहते हैं, उसका इस्तेमाल हमारे पक्ष में या हमारे ख़िलाफ़ किया जा सकता है!"

हमारा अगला उप-उद्देश्य यह है कि हमारे अनुभव के जिस भी चरण पर बात हो, हम उसमें अपनी शक्तियाँ उजागर करें। हमेशा अपनी कमज़ोरियों को न्यूनतम करें। इसे प्रभावी ढंग से करने के लिए हमें अपनी सीमाओं के बारे में भी उतना ही ज्ञानी और यथार्थवादी होना चाहिए, जितना

कि हम अपनी ख़ूबियों के बारे में होते हैं। यदि इनमें से किसी सीमा का ज़िक्र किया जाता है, तो यह बताने के लिए तैयार रहें कि इन क्षेत्रों में हम कैसे बेहतर बनने जा रहे हैं।

हमारे उप-उद्देश्यों में सबसे महत्त्वपूर्ण इस बारे में जागरूक रहना है कि उस पद के लिए कई अन्य प्रतिस्पर्धी होंगे। हालाँकि हम नहीं जानते कि वे कौन हैं और उनके पास कौन सी योग्यताएँ हैं, लेकिन हमें अपनी पृष्ठभूमि इतनी अच्छी तरह पेश करनी चाहिए, ताकि हम बाक़ी प्रतिस्पर्धियों से ज़्यादा शक्तिशाली और उस पद के लिए ज़्यादा उपयुक्त नज़र आएँ।

इंटरव्यू के समय हमें दो उद्देश्य याद रखने चाहिए। एक, सुनिश्चित करें कि यह कंपनी और पद हमारे लिए सही हैं (सही कंपनी में ग़लत पद या ग़लत कंपनी में सही पद के विनाशकारी परिणाम हो सकते हैं)। दूसरा, अगर हमारे सामने नौकरी की पेशकश की जाती है, तो सर्वश्रेष्ठ संभव रोज़गार सौदेबाज़ी के लिए मंच तैयार करें।

जब ये सारे लक्ष्य हमारे दिमाग़ में स्पष्ट होते हैं और जब हम कंपनी के उद्देश्यों की जानकारी रखते हैं, तो इसके बाद हम इंटरव्यू की योजना बनाने के लिए तैयार हैं। एक बार फिर, सावधानी से तैयारी किए बिना कभी किसी इंटरव्यू में नहीं जाएँ। जैसा इस अध्याय में पहले बताया गया है, कंपनी के बारे में ज़्यादा से ज़्यादा जानकारी हासिल करें। फिर अपनी पृष्ठभूमि की समीक्षा करें। कई सफल इंटरव्यू देने वालों ने बताया है कि उन्होंने अपने कामकाजी इतिहास के मुख्य पहलुओं की सूची बनाई थी, जिसमें उनकी उपलब्धियों पर ख़ास ज़ोर दिया गया था और उन्होंने हर इंटरव्यू से पहले इस सूची को पढ़ा था।

अभ्यास हमारा सर्वश्रेष्ठ सहारा है। यदि संभव हो, तो किसी मित्र या करियर परामर्शदाता के साथ रोल प्ले करके अपने इंटरव्यू की रिहर्सल कर लें। अभ्यास के ये इंटरव्यू जितने असली होते हैं, हम उतना ही ज़्यादा सीखते हैं कि असली इंटरव्यू में असली इंटरव्यू लेने वालों के अधिक सूक्ष्म पैंतरों का सामना कैसे किया जाए। जिन पदों को हम सचमुच चाहते हैं, उनके इंटरव्यू की तैयारी करने का एक और तरीक़ा यह है कि हम सामने आने वाले किसी भी पद का इंटरव्यू देते रहें, भले ही उस अवसर में हमारी ख़ास रुचि ना हो। ये सच्चे जीवन की मुलाक़ातें इंटरव्यू देने की हमारी योग्यताओं को पैना

करेंगी, आत्मविश्वास बढ़ाएँगी और आम तौर पर हमें ज़्यादा प्रभावी बना देंगी, जब हम उन साक्षात्कारों में जाएँगे, जो हमारे लिए वाक़ई महत्त्वपूर्ण हैं।

इंटरव्यू की योजना बनाना और तैयारी करना

1. होमवर्क करें : उद्योग, कंपनी और इंटरव्यू लेने वाले व्यक्ति पर शोध करें।

2. उद्योग में कंपनी के स्थान का पता लगाएँ।

3. इंटरव्यू में पूछे जा सकने वाले सामान्य, मुश्किल और चुनौतीपूर्ण प्रश्नों के सारगर्भित जवाब तैयार करें। इनके उदाहरण इस अध्याय में बाद में दिए गए हैं।

4. एक व्यक्ति के सामने इंटरव्यू देने की तैयारी करें और समूह के सामने इंटरव्यू देने की भी तैयारी करें।

5. हमारे पास जो ज्ञान, योग्यताएँ और सकारात्मक नज़रिया है, उसके विशिष्ट उदाहरण और प्रमाण दर्ज करें।

6. इंटरव्यू लेने वाले से आप जो प्रश्न पूछेंगे, उन्हें इस तरह तैयार करें, जिससे हमारा ज्ञान और वहाँ काम करने की उत्सुकता प्रदर्शित हो।

7. किसी विश्वसनीय व्यक्ति के साथ अभ्यास करें, ताकि वह हमें सच्चा फ़ीडबैक दे।

> जब आपसे पूछा जाए कि क्या आप कोई काम कर सकते हैं, तो जवाब दें, "निश्चित रूप से मैं कर सकता हूँ!" फिर यह पता लगाने में जुट जाएँ कि इसे कैसे किया जाए।
>
> —थियोडोर रूज़वेल्ट

इंटरव्यू में आम तौर पर पूछे जाने वाले सवाल

नीचे इंटरव्यू में आम तौर पर पूछे जाने वाले प्रश्नों के उदाहरण दिए गए हैं, जिन्हें अक्सर पूछा जाता है। ग़ौर करें कि ये सभी खुले सिरे वाले यानी वर्णनात्मक प्रश्न हैं; इनका जवाब हाँ या नहीं में नहीं दिया जा सकता।

1.   आप अपना वर्णन किस तरह करेंगे?

2.   आपने अपनी पिछली नौकरी क्यों छोड़ी?

3.   आपने काम के लिए यही क्षेत्र क्यों चुना?

4.   आपके दीर्घकालीन और अल्पकालीन लक्ष्य क्या हैं?

5.   आपके लिए किस तरह की मान्यता और पुरस्कार महत्त्वपूर्ण हैं?

6.   अपने पेशे के अलावा आपने कौन से विशिष्ट लक्ष्य तय किए हैं?

7.   आप आज से पाँच साल बाद खुद को क्या करते देखते हैं?

8.   आप पाँच साल में कितना कमाने की उम्मीद करते हैं?

9.   क्या आप नौकरी के इतिहास के इस अंतराल को स्पष्ट कर सकते हैं?

10. अकेले काम करने और टीम के साथ काम करने के बारे में आपके क्या विचार हैं?

11. आप दबाव में कैसा काम करते हैं?

12. आप संघर्ष से निबटने की अपनी योग्यता का कैसा मूल्यांकन करेंगे?

13. क्या आपको किसी सुपरवाइज़र के साथ मुश्किल आई थी? आपने इस समस्या को कैसे सुलझाया?

14. आपके हिसाब से आपकी सबसे बड़ी शक्तियाँ और सबसे बड़ी कमज़ोरियाँ क्या हैं?

15. आपका अच्छा मित्र आपका वर्णन किस तरह करेगा?

16. आपने जो सर्वश्रेष्ठ नौकरी की है, उसका वर्णन करें।

17. आपको जो सर्वश्रेष्ठ सुपरवाइज़र मिला है, उसका वर्णन करें।

18. आपका पिछला बॉस आपके कामकाजी प्रदर्शन के बारे में क्या कहेगा?

19. मुझे आपको क्यों नियुक्त करना चाहिए?

20. आपके हिसाब से हमारी कंपनी में सफल होने के लिए किस चीज़ की ज़रूरत है?

21. आपके हिसाब से आप किन तरीक़ों से हमारी कंपनी में योगदान दे सकते हैं?

22. आप अपने ख़ाली समय में क्या करना पसंद करते हैं?

23. सफल मैनेजर में कौन से गुण होने चाहिए?

24. सुपरवाइज़र और उनके अधीनस्थों के बीच किस तरह का संबंध होना चाहिए, वर्णन करें।

25. किन उपलब्धियों से आपको सबसे ज़्यादा संतुष्टि मिली है? क्यों?

26. आप हमारी कंपनी के बारे में हमें क्या बता सकते हैं?

27. हमारी सेवा या उत्पादों के बारे में आपको कौन सी चीज़ रुचिकर लगती है?

28. आप हमारे प्रतिस्पर्धियों के बारे में हमें क्या बता सकते हैं?

हो सकता है कि आप नौकरी के किसी इंटरव्यू में नौ प्रतिस्पर्धियों के ख़िलाफ़ खड़े हों। अपनी एकाग्रता को बाक़ी सबसे ज़्यादा स्पष्टता से बताने को तैयार रहें। अपनी एकाग्रता को पहचानें, वरना वे प्रतिस्पर्धी आपको पछाड़ देंगे, जो उनकी एकाग्रता को जानते हैं।

—एलन फ़ॉक्स,
समाजविज्ञानी

मुश्किल प्रश्नों को पहले से भाँप लें

कई मौक़ों पर हमसे कोई विशेष चुनौतीपूर्ण प्रश्न पूछा जा सकता है, जैसे उस नौकरी के बारे में स्पष्टीकरण जो हमने बहुत कम समय तक की थी। इसके अलावा, हमसे किसी काल्पनिक समस्या का सृजनात्मक समाधान पूछा जा सकता है। ऐसा होने पर हमें किसी तरह विचलित नहीं होना चाहिए और उस प्रश्न का उत्तर देने की सर्वश्रेष्ठ कोशिश करनी चाहिए। जब हमसे कोई मुश्किल प्रश्न पूछा जाए, तो उससे निबटने के लिए कुछ सलाहें ये हैं :

- सच्ची रुचि दिखाएँ और ग़ौर से सुनकर प्रश्न को अच्छी तरह समझ लें। यदि आवश्यक हो, तो स्पष्ट करने को कहें।

- चुनौती का स्वागत करें। प्रश्न के लिए सामने वाले को धन्यवाद दें और प्रश्न की प्रशंसा करें।

- प्रश्न को व्यक्तिगत रूप से नहीं लें और रक्षात्मक ना बनें। याद रखें, हर प्रश्न रुचि का संकेत करता है।

- शांत रहें, अपनी भावनाओं पर क़ाबू रखें और साँस लें।

- मुस्कराएँ, आँखों का संपर्क बनाए रखें और आत्मविश्वास से भरी मुद्राओं का इस्तेमाल करें।

- उचित चपलता का इस्तेमाल करके माहौल को हल्का करें।

- मुख्य शब्दों को चुन लें और उन्हें अपने जवाब में शामिल करें।

- कोई ऐसी घटना या कहानी बताएँ, जिसका सकारात्मक परिणाम रहा है।

- जहाँ संभव हो, संबद्ध विषय में किसी उपलब्धि का सटीक उदाहरण शामिल करें।

इंटरव्यू में क्या करें, क्या नहीं करें

मानव संसाधन पेशेवरों ने कुछ चीज़ें बताई हैं, जो उन्हें इंटरव्यू देने वाले व्यक्ति के पक्ष या विपक्ष में कर देती हैं। इनमें ये शामिल हैं :

क्या करें :

1. समय पर या थोड़ी जल्दी पहुँचना।

2. सेल फ़ोन और अन्य इलेक्ट्रॉनिक उपकरण बंद कर देना।

3. पेशेवर पोशाक पहनना।

4. इंटरव्यू लेने वाले के ऑफ़िस में सच्ची रुचि लेकर उससे तालमेल बैठाना।

5. इंटरव्यू लेने वाले से बात करते वक़्त आँखों का संपर्क बनाना और उचित बॉडी लैंग्वेज का इस्तेमाल करना।

6. अच्छा श्रोता बनना और ग़ैर-शाब्दिक संकेतों पर ग़ौर करना।

7. उत्साह और सकारात्मक ऊर्जा दिखाना।

8. दूसरों से अच्छे से बोलना।

9. "हम" कहना और यह मानकर चलना कि हमें नौकरी मिल गई है।

10. प्रश्नों का जवाब देते समय स्पष्ट और संक्षिप्त रहना।

11. अपने दावों की पुष्टि के लिए विशिष्ट प्रमाण और उदाहरण प्रदान करना।

12. सिर्फ़ ठोस और वर्तमान संदर्भ प्रदान करना, जो हमारी योग्यताओं की पुष्टि कर सकें।

13. प्रासंगिक और विचारपूर्ण प्रश्न पूछना, जैसे :

   • क्या कोई ऐसी चीज़ है, जो मैं वर्तमान समय और नौकरी शुरू करने के बीच की अवधि में कर सकता हूँ, जिससे परिवर्तन में मदद मिलेगी?

   • क्या इस नौकरी में कोई ऐसी चुनौती है, जिसके लिए मैं पहले से तैयारी कर सकता हूँ?

   • क्या कोई सामग्री है जिसकी मैं समीक्षा कर सकता हूँ या कोई पठनीय सामग्री है, जिससे मैं कंपनी, कर्मचारियों या यहाँ की संस्कृति की जानकारी हासिल कर सकता हूँ?

   • क्या मेरे या मेरी योग्यताओं के बारे में कोई संदेह या चिंताएँ हैं, जिन्हें मैं इस समय दूर कर सकता हूँ?

   • अगला क़दम क्या है?

   • मैं निर्णय की उम्मीद कब कर सकता हूँ?

क्या नहीं करें :

1. देर से पहुँचना।

2. इंटरव्यू के दौरान सेलफ़ोन या किसी अन्य उपकरण को चालू रखना, चाहे यह साइलेंट मोड में ही क्यों ना हो।

3. गंदे या अनुचित कपड़े पहनना।

4. अति दृढ़, आक्रामक या घुसपैठ करने वाला लगना।
5. चिंतित या लापरवाह नज़र आना, आँख मिलाने में असहज होना।
6. जब इंटरव्यू लेने वाला बात कर रहा हो, तो यह सोचना कि हम क्या कहना चाहते हैं। इसके बजाय उस चीज़ पर ध्यान केंद्रित करें, जो इंटरव्यू लेने वाला पूछ या कह रहा है।
7. ऊर्जा की कमी को प्रदर्शित करना।
8. पूर्व नियोक्ताओं, सहकर्मियों या अनुभवों के बारे में नकारात्मक बातें करना।
9. ख़ुद के बारे में नीचा दिखाने वाली बात करना या आत्मविश्वास की कमी दिखाना।
10. पद के बजाय वेतन, लाभों या छुट्टियों में ज़्यादा रुचि दिखाना।
11. अपनी योग्यताओं के बारे में अस्पष्ट या खोखले कथन कहना, असंबद्ध बातें करना या बातों में अनिश्चय का पुट होना।
12. घबराहट के बारे में चिंता करना। थोड़ी घबराहट स्वाभाविक होती है और इससे यह प्रदर्शित होता है कि हम परवाह करते हैं और अच्छी छाप छोड़ना चाहते हैं।
13. संदर्भ के लिए पुराने या अप्रासंगिक नाम देना।
14. विषयों को अनसुलझा छोड़ देना।

इंटरव्यू के बाद संपर्क करना

जब हम इंटरव्यू देकर बाहर निकलें, तो हमें यह सुनिश्चित करना चाहिए कि हमें याद रखा जाए और हमारी अच्छी छाप छूटे। इसके लिए ये करें :

1. जिन लोगों ने हमारा इंटरव्यू लिया है, उन सभी को धन्यवाद पत्र लिखें। दो-तीन वाक्यों में सामने वाले को बता दें कि हमें उससे मिलना अच्छा लगा और हम उसके साथ काम करने की राह देख रहे हैं।
2. चाहे हाथ से लिखा गया हो या ईमेल से भेजा गया हो, हर धन्यवाद पत्र को थोड़ा अलग बनाएँ।

3. यदि प्रशासकीय स्टाफ़ में किसी ने ख़ास सहायता की हो, तो अपने धन्यवाद पत्र में उसका भी ज़िक्र करें।
4. यदि निर्धारित समयसीमा में हमें कोई जानकारी नहीं मिलती है, तो स्थिति का पता लगाने के लिए फ़ोन करना सही रहता है।
5. फ़ोन संदेश छोड़ते समय संक्षिप्त रहें। संदेश के आरंभ और अंत में अपना नाम और फ़ोन नंबर बताएँ।
6. यदि इंटरव्यू लेने वाले अब भी निर्णय लेने की प्रक्रिया में हों, तो किसी असाधारण या अनूठी चीज़ करने की सोचें, जैसे उनके किसी कर्मचारी के साथ काम के लिए दिन भर बाहर जाना, उनके ऑफ़िस में एक दिन बिताना या इंटरव्यू में उठे किसी विषय पर कार्ययोजना देना।
7. अपने संदर्भों को बता दें कि हमने उनके नाम का हवाला दिया है और उन्हें यह भी बता दें कि हमने किस पद के लिए आवेदन दिया है।

फ़ीडबैक के प्रति खुले रहें

हमारी बाहरी छवि के प्रबंधन का शायद सबसे चुनौतीपूर्ण पहलू यह है कि दूसरे हमें जैसा देखते हैं, हमें ख़ुद को उस तरह देखने में मुश्किल आती है।

शोध से यह पता चलता है कि दूसरों के मुक़ाबले हम ख़ुद के प्रति ज़्यादा आलोचनात्मक होते हैं। इसके अलावा, हम उन नकारात्मक व्यवहारों से भी अनजान हो सकते हैं, जिन्हें सुधारना ज़रूरी होता है।

अपनी बाहरी छवि का सटीक वर्णन हासिल करने के कुछ तरीक़ों में ये शामिल हैं :

- ख़ुद की वीडियो रिकॉर्डिंग देखना और सुनना।
- दर्पण में ख़ुद को निष्पक्षता से देखना। क्या हमारी दाढ़ी अच्छी बनी है और हमारा हुलिया साफ़-सुथरा है? क्या हमारे कपड़ों पर सलवटें हैं या फिर उनकी फ़िटिंग अच्छी नहीं है?
- विश्वसनीय सहकर्मियों से ईमानदारी भरी राय माँगना।
- हम पर दूसरों की प्रतिक्रियाओं का अवलोकन करना।

मित्र, ख़ास तौर पर जो साथ-साथ नौकरी खोज रहे हों, फ़ीडबैक लेने का एक अमूल्य अवसर प्रदान करते हैं। हम भी उनके लिए यही कर सकते हैं।

ख़ुद को कोच और मार्गदर्शक की भूमिका में देखें। हम दूसरों के बारे में जो राय बना रहे हैं, उसके प्रति ज़्यादा चेतन बनें और उन संकेतों को पहचानने की कोशिश करें, जिनकी वजह से वैसी राय बनी। फिर अपने अवलोकन को कूटनीतिक, व्यवहारकुशल और सृजनात्मक तरीक़े से बताने का अभ्यास करें।

सार

- आत्म-परिचय लिखने से पहले हमें सावधानी से अपनी पूरी पृष्ठभूमि की समीक्षा कर लेनी चाहिए और करियर में अब तक की सफलताओं पर ज़ोर देना चाहिए।
- आत्म-परिचय लिखते समय इन दस सलाहों पर ध्यान दें :
  1. आत्म-परिचय को बहुत लंबा नहीं बनाएँ।
  2. आत्म-परिचय को बहुत अस्पष्ट नहीं बनाएँ।
  3. नकारात्मक नहीं रहें।
  4. संदर्भों की सूची नहीं दें।
  5. वांछित विशिष्ट पदनाम नहीं डालें।
  6. "उद्देश्य" से आत्म-परिचय की शुरुआत नहीं करें।
  7. अपने पुराने आत्म-परिचय को जोड़-घटाकर नया आत्म-परिचय तैयार नहीं करें।
  8. शिक्षा को बहुत ज़्यादा या बहुत कम महत्त्व नहीं दें।
  9. अनुचित प्रारूप, ग़लत वर्तनी, व्याकरण की त्रुटियों या लापरवाहीपूर्ण प्रिंटिंग का इस्तेमाल करके किसी अच्छे आत्म-परिचय को बर्बाद नहीं करें।
  10. समय-समय पर आत्म-परिचय की पूरी समीक्षा करें।

- ध्यान रखें कि हमारा आत्म-परिचय और/या पत्र व्यक्तिगत बिक्री बढ़ाने के साधन हैं और उन्हें पढ़ने के बाद संभावित नियोक्ता को इतना प्रेरित होना चाहिए कि वह हमें इंटरव्यू के लिए बुलाए।
- इंटरव्यू चयन प्रक्रिया का एक प्रमुख पायदान है। इस बिंदु पर हमें अपने संभावित नियोक्ता के सामने अपनी ख़ूबियाँ पेश करने का एकमात्र सच्चा अवसर मिलता है। यदि हम पहले इंटरव्यू में अच्छा असर नहीं छोड़ पाते, तो हमें दूसरा मौक़ा मिलने की कोई संभावना नहीं है।
- जब तक आप पहले ज़्यादा से ज़्यादा पता नहीं लगा लें कि नियोक्ता क्या चाहता है और उसकी अपेक्षाएँ क्या हैं, तब तक कभी कोई इंटरव्यू देने ना जाएँ। हमारे पास देने के लिए क्या है, यह जानने के लिए अपनी पृष्ठभूमि की समीक्षा करें, ताकि हम सकारात्मक, प्रासंगिक और विश्वसनीय अंदाज़ में अपनी शक्तियाँ पेश करने को तैयार हों।
- यदि संभव हो, तो किसी मित्र या करियर परामर्शदाता के साथ रोल-प्ले करके इंटरव्यू की रिहर्सल कर लें। रिहर्सल के टेप या वीडियो तथा साथियों की टिप्पणी से इंटरव्यू देने की अपनी योग्यताओं पर फ़ीडबैक लें।
- हमें पूरी सावधानी से हर इंटरव्यू की तैयारी करनी चाहिए। पहला इंटरव्यू भी आख़िरी इंटरव्यू जितना ही महत्त्वपूर्ण होता है; और आख़िरी इंटरव्यू भी पहले इंटरव्यू जितना महत्त्वपूर्ण होता है।
- हर इंटरव्यू से पहले अपनी रणनीति पर दोबारा विचार करें। हम पिछले साक्षात्कारों से काफ़ी कुछ सीख सकते हैं – किस तरह के प्रश्न पूछे जाने की संभावना है और कंपनी के लिए सबसे ज़्यादा महत्त्वपूर्ण क्या है।
- हर इंटरव्यू से पहले इस अध्याय में दिए आम प्रश्नों की समीक्षा करें और इंटरव्यू में क्या करें, क्या नहीं करें की सलाहें पढ़ें।
- हर इंटरव्यू के बाद धन्यवाद-पत्र भेजें, जिसमें इंटरव्यू के लिए धन्यवाद दिया गया हो और हमारे एक-दो मज़बूत बिंदुओं पर ज़ोर देने के लिए संक्षिप्त टिप्पणी की गई हो।

10

....

करियर बदलना

आपको क्या करना पसंद है? अगर आप किसी काम को पसंद नहीं करते हैं, तो उससे बाहर निकल जाएँ, क्योंकि उसमें आपका प्रदर्शन ख़राब होगा। आपको किसी नापसंद नौकरी में बाक़ी ज़िंदगी बिताने की ज़रूरत नहीं है, क्योंकि अगर आप इसे पसंद नहीं करते हैं, तो आप इसमें कभी सफल नहीं हो पाएँगे।

—ली आयाकोका,
पूर्व चेयरमैन, क्राइस्लर कॉरपोरेशन

यदि हम अपने वर्तमान पेशे में अपने करियर के लक्ष्य हासिल नहीं कर सकते, तो शायद हमें अपना करियर पूरी तरह बदल लेना चाहिए। इतिहास ऐसे लोगों से भरा हुआ है, जिन्होंने अपने दूसरे करियर में शोहरत हासिल की। गॉगिन बैंक क्लर्क थे, लेकिन बाद में उन्होंने पेंटर के रूप में अपना दूसरा करियर शुरू किया। बेंजामिन फ़्रैंकलिन का कामकाजी जीवन मुद्रक के रूप में शुरू हुआ था। डेल कारनेगी सेल्समैन और अभिनेता थे; बाद में वे प्रशिक्षक और लेखक बने।

ज़ाहिर है, करियर परिवर्तन के ज़्यादातर मामले मशहूर लोगों जितने नाटकीय नहीं होते। इंजीनियर फ़ोटोग्राफ़र बन जाता है; शिक्षक दोबारा कॉलेज

230

जाकर चिकित्सा का अध्ययन करता है; सेल्समैन विज्ञापन लेखन की ओर मुड़ जाता है या फुटकर विक्रेता पादरी के रूप में नया करियर शुरू करता है।

लोग कई कारणों से अपने पेशे या व्यवसाय को बदलना चाहते हैं, हालाँकि उन्होंने अपने मूल क्षेत्र में कई वर्षों तक शिक्षा ली है और अपनी योग्यताएँ विकसित करके अनुभव हासिल किया है।

1. बंद गली : ख़राब योजना या ख़राब क़िस्मत के कारण कोई इंसान अपने पेशेवर विकास में एक ऐसे बिंदु पर पहुँच सकता है, जिसके आगे बढ़ने का कोई अवसर ही नहीं होता। हो सकता है कि कोई सेल्सपर्सन स्टाफ़ में सर्वश्रेष्ठ हो, लेकिन वह प्रबंधन में नहीं जा सकता। नर्स को यह लग सकता है कि उसके पास एक निश्चित स्तर से ऊपर जाने की ना तो पृष्ठभूमि है, ना ही रुझान। यदि हम अपने पेशे में तरक़्क़ी नहीं कर सकते और जिस स्तर तक हम पहुँच सकते हैं, वहाँ रहने में भी संतुष्ट नहीं हैं, तो हम करियर को पूरी तरह बदलने के बारे में गंभीरतापूर्वक विचार कर सकते हैं।

2. पेशेवर तरक़्क़ी की ओर ले जाने वाली परिस्थितियों में परिवर्तन : जब हमने अपने क्षेत्र में प्रवेश करने का विकल्प चुना था, तो हमने उन परिस्थितियों के आधार पर अपने करियर की योजना बनाई थी, जो हमारे उद्योग में उस समय मौजूद थीं। हो सकता है कि बदली हुई परिस्थितियों के कारण अब हम उस विकल्प से संतुष्ट नहीं हों। प्रौद्योगिकी के विकास या अन्य कारणों की वजह से उद्योग दकियानूसी हो जाते हैं या उनका महत्त्व कम हो जाता है। किसी दशक में जो पेशेवर विशेषज्ञताएँ महत्त्वपूर्ण थीं, वे दस साल बाद कम महत्त्वपूर्ण हो जाती हैं।

3. औद्योगिक मंदी : कई बार किसी ख़ास उद्योग में मंदी के अल्पकालीन या लंबे दौर आते हैं। जब सोवियत संघ के विघटन के बाद शीत युद्ध ख़त्म हुआ, तो अमेरिकी सरकार ने अंतरिक्ष प्रौद्योगिकी क्षेत्र के महत्त्व को कम कर दिया और रक्षा व्यय भी कम कर दिया। इन उद्योगों पर निर्भर पेशेवर लोग इस मंदी से बहुत परेशान हुए। इंजीनियरों, भौतिकशास्त्रियों, अन्य वैज्ञानिकों तथा इन क्षेत्रों के प्रशासकीय कर्मचारियों को अपने अनुभव के अनुरूप पद दूसरी जगह नहीं मिल सकता था। उनमें से

कई के लिए करियर बदलना ज़रूरी हो गया। हाल में रहवासी और वाणिज्यिक रियल इस्टेट बाज़ारों में मंदी की वजह से कई लोग बेरोज़गार हो गए हैं या योग्यता से कमतर पदों पर काम कर रहे हैं - कारपेंटर, आर्किटेक्ट, रियल इस्टेट एजेंट और डेकोरेटर ने अपने पेशे में इसके प्रभाव को महसूस किया है। इन लोगों में से बहुत से लोगों को मजबूरी में नया करियर चुनना पड़ा।

4. व्यक्तिगत कारण : प्रायः लोग अपने वर्तमान क्षेत्र में नाख़ुशी या बोरियत की वजह से भी करियर बदलते हैं। कुछ मनोवैज्ञानिकों ने सलाह दी है कि ज़्यादा रोमांचक और पुरस्कारदायक जीवन के लिए हमें अपने जीवन में दो या तीन करियर बदलना चाहिए। बहरहाल, यह ज़्यादातर लोगों के लिए व्यावहारिक नहीं है। अपने काम के प्रति अस्थायी अप्रसन्नता की वजह से करियर बदलना तर्कसंगत नहीं है। जैसा इस पुस्तक में पहले बताया गया है, नौकरी या करियर बदलने जैसे महत्त्वपूर्ण निर्णय कभी हल्केपन में नहीं लिए जाने चाहिए। यह असामान्य नहीं है कि कोई व्यक्ति किसी नौकरी से ऊब जाए, जिसे वह हर दिन, साल दर साल करता है। ज़्यादातर पदों में नीरसता का कुछ अंश होता है। किसी नए करियर की चुनौती कुछ लोगों को रोमांचित करती है, लेकिन सिर्फ़ यही करियर बदलने का पर्याप्त कारण नहीं है। हमारी वर्तमान कंपनी में ज़्यादा चुनौती खोजना या अपने ख़ुद के क्षेत्र में नौकरी बदलना ज़्यादा बेहतर जवाब हो सकता है (अक्सर दूर से किसी दूसरे की थाली में घी ज़्यादा दिखता है)। हर क्षेत्र के अपने नीरस पहलू होते हैं और यदि हम सिर्फ़ इसी वजह से पेशा बदलते हैं, तो हमारे दुखी होने की आशंका रहती है।

आप जो करते हैं, उससे प्रेम करना और यह महसूस करना कि यह मायने रखता है - इससे ज़्यादा आनंददायक भला क्या हो सकता है?

—कैथरीन ग्राहम,
प्रकाशक

अपने अगले करियर का चुनाव करना

करियर चुनना कभी आसान काम नहीं होता। हमारी उम्र जितनी बढ़ती जाती है, अपने वर्तमान पेशे में हमारा अनुभव भी उतना ही ज़्यादा होता जाता और पूरी संभावना है कि हमारा वेतन भी उतना ही बढ़ता जाता है। सिर्फ़ यही घटक करियर बदलकर किसी दूसरे क्षेत्र में जाने को अनाकर्षक बना सकता है। लेकिन अगर हम यह निर्णय ले लें, तो हमें कड़ी मेहनत के लिए तैयार रहना चाहिए। शायद हमें कई साल तक दोबारा पढ़ना होगा, समय और मेहनत के संदर्भ में त्याग करना होगा और अपना नया लक्ष्य हासिल करने की राह में कई निराशाओं के लिए भी तैयार होना चाहिए। जो लोग करियर संबंधी सलाह चाहते हैं, उनके लिए पेशेवर सहायता उपलब्ध है। ज़्यादातर लोग सोचते हैं कि करियर मार्गदर्शन सिर्फ़ विद्यार्थियों के शुरुआती करियर नियोजन तक ही सीमित है। वास्तव में, करियर परामर्श किसी भी उम्र के व्यक्तियों के लिए मूल्यवान हो सकता है।

करियर परामर्शदाता कई तरह से ग्राहकों की मदद करते हैं। ज़्यादातर परामर्शदाता योग्यता, व्यक्तित्व और रुचि के कई प्रकार के परीक्षण करके यह पता लगाते हैं कि हमारी क्षमताओं के ऐसे क्षेत्र कौन से हैं, जो संभवतः हमें मालूम नहीं हैं, जैसे कोई इंजीनियर जिसने किसी ख़ास विषय की तैयारी करने और उसमें काम करने पर ध्यान केंद्रित किया था, इसलिए हो सकता है कि वह संप्रेषण या सृजनात्मकता की अपनी क्षमताओं को चेतन रूप से ना पहचान पाया हो या अन्य ख़ास गुण जो बिलकुल अलग क्षेत्रों में मूल्यवान हो सकते हैं। किसी नौकरी के लिए आवेदन करते समय व्यक्ति के जो परीक्षण होते हैं, उनके विपरीत करियर संबंधी परीक्षणों का उद्देश्य हमें अपात्र करना नहीं है, बल्कि हमारी क्षमताओं का पता लगाने में हमारी सहायता करना है।

परीक्षण करने के अलावा ज़्यादातर परामर्शदाता विभिन्न प्रकार के कामों के बारे में हमारी मानसिकता और नज़रियों की गहराई में जाएँगे। इसके अलावा वे हमारी रुचियों और गतिविधियों की तह तक भी जाएँगे, जो हमारे करियर से संबंधित ना हों। वे हमारे शौक़, नागरिक और सामाजिक गतिविधियों तथा स्कूल-कॉलेज के समय की पाठ्येतर रुचियों के बारे में जानना चाहेंगे। वे हमारी पेशेवर पृष्ठभूमियाँ, हमारे जीवनसाथी की रुचियाँ और हमारे परिवार के सदस्यों व मित्रों की रुचियाँ भी जानना चाहेंगे। इन

सभी चीज़ों के निष्कर्ष से उन्हें हमारे व्यक्तित्व के ऐसे पहलुओं की जानकारी मिल सकती है, जो नया करियर खोजने या हमारे वर्तमान करियर को ढालने के नए तरीक़े पहचानने में उनकी मदद कर सकते हैं।

करियर परामर्शदाता शायद ही कभी किसी एक तरह के काम की ओर इशारा करके यह सुझाव देते हैं कि हम उसे अपने करियर का लक्ष्य बना लें। वे आम तौर पर उन क्षेत्रों की व्यापक तसवीर प्रदान करते हैं, जिनमें हमारे ख़ुश और सफल होने की सबसे ज़्यादा संभावना है। फिर वे इन क्षेत्रों में प्रवेश करने की आवश्यकताओं के बारे में हमें थोड़ी विशिष्ट जानकारी देते हैं और यह भी कि हम उनके बारे में पूरी जानकारी कहाँ से हासिल कर सकते हैं।

बर्ट की उम्र 30 साल है और वह आठ साल से सामान्य सफल बीमा सेल्समैन है। उसका विकास बाधित हो गया है और उसे महसूस होता है कि वह यही काम अगले पच्चीस साल तक करना बर्दाश्त नहीं कर सकता।

उसके परीक्षणों में एक प्रबल कलात्मक गुण सामने आया। उसके शौक़ सृजनात्मक क्षेत्रों में हैं (स्थानीय थिएटर के लिए स्टेज डिज़ाइन का काम और कब स्काउट्स के लिए आर्ट्स ऐंड क्राफ़्ट्स काउंसलर)।

करियर काउंसलर ने कई क्षेत्रों की अनुशंसा की, जहाँ बर्ट के गुणों का अच्छा उपयोग हो सकता था। इनमें इंटीरियर डिज़ाइन, फ़ैशन कोऑर्डिनेशन, क्रय-विक्रय, कला शिक्षण आदि शामिल थे।

बर्ट ने इंटीरियर डिज़ाइन और फ़ैशन कोऑर्डिनेशन को परखने का निर्णय लिया। परामर्शदाता ने उसे इन क्षेत्रों के व्यक्तियों और संगठनों का नाम बताया, जो यह पता लगाने में उसकी मदद कर सकें कि काम की आवश्यकताएँ क्या हैं और इन करियरों की पात्रता हासिल करने के लिए उसे कौन सी अतिरिक्त शिक्षा लेनी होगी तथा उसकी पृष्ठभूमि क्या होनी चाहिए।

जो लोग इस संसार में आगे पहुँचते हैं, वे उठकर अपनी मनचाही परिस्थितियों की तलाश करते हैं और अगर वे उन्हें नहीं मिलती हैं, तो वे उन्हें बना लेते हैं।

—जॉर्ज बरनार्ड शॉ

पेशेवर करियर मार्गदर्शन इस क्षेत्र में ख़ास तौर पर प्रशिक्षित लोगों से हासिल करना चाहिए। किसी सुयोग्य करियर मार्गदर्शन विशेषज्ञ का पता लगाने के लिए सबसे पहले स्थानीय कॉलेजों और विश्वविद्यालयों से जानकारी लें। कॉलेज में अक्सर करियर मार्गदर्शन सेवाएँ उपलब्ध रहती हैं या वे प्रतिष्ठित परामर्शदाताओं का नाम बता सकते हैं। संसार के लगभग सभी देशों में एजेंसियाँ या पेशेवर संगठन ऐसी सेवाएँ प्रदान करते हैं।

परिवर्तन करना

करियर परिवर्तन की कई नीतियाँ हैं, जो लागू की जा सकती हैं। जिन दो पर हम तुरंत बात करेंगे, उनके अलावा हम अपना ख़ुद का कारोबार भी शुरू कर सकते हैं, जिस पर हम इस अध्याय में बाद में बात करेंगे।

संबद्ध पेशा चुनना

हम जिस क्षेत्र में हैं, उससे मिलते-जुलते क्षेत्र में जाना वह सबसे आसान मार्ग है, जिस पर हम चल सकते हैं। इसमें हमारी पिछली शिक्षा और अनुभव का अधिकतम उपयोग होता है और काम के अलग चरण में दिशा मिलती है। एक उदाहरण है कार्ल, जिसने अपना करियर डिज़ाइन इंजीनियर से सेल्स इंजीनियर में बदल लिया। इस परिवर्तन में उसकी सारी इंजीनियरिंग शिक्षा और अनुभव का इस्तेमाल हुआ, लेकिन वह दरअसल एक बिलकुल नए क्षेत्र में है। तकनीकी प्रॉडक्ट बेचने की वजह से उसे इंजीनियरिंग की अपनी शक्तियों का इस्तेमाल करने का अवसर मिलता है। उसे लोक-व्यवहार में अपनी रुचि व कुशलता का इस्तेमाल करने का भी अवसर मिलता है, जो डिज़ाइन इंजीनियर के करियर में नहीं मिलता था।

पहला क़दम है अपनी पृष्ठभूमि का विश्लेषण करना। इसे या तो हम ख़ुद कर सकते हैं या फिर किसी मानव संसाधन पेशेवर या करियर विशेषज्ञ की मदद ले सकते हैं। उन क्षेत्रों का अध्ययन करें, जो हमारे लिए रुचिकर हो सकते हैं। जब हम अपनी रुचि के एक या अधिक क्षेत्र चुन लें, तो अपनी पृष्ठभूमि के उन पहलुओं को पहचानें, जो नए क्षेत्र से मिलते-जुलते हैं या उसमें उपयोगी हो सकते हैं। इससे हम नए क्षेत्र में किसी कंपनी को अपनी योग्यताएँ बेचने में उनका इस्तेमाल कर सकते हैं। हालाँकि इस बात की संभावना है कि नियोक्ता पद के विशेष विवरणों से हमारी पृष्ठभूमि की

भिन्नताओं पर ज़ोर देगा, लेकिन अब हमारे पास ऐसे साधन हैं, जो यह बता देंगे समानताएँ भिन्नताओं पर किस तरह भारी पड़ती हैं। अमूर्त चीज़ों को नज़रअंदाज़ नहीं करें, जो नौकरी की सफलता में बहुत महत्त्वपूर्ण भूमिका निभाती हैं : प्रेरणा, स्थिरता, बुद्धि, लगन आदि।

एक ऐसी नौकरी चुनें, जिससे आपको प्रेम हो और आपको ज़िंदगी में एक दिन भी काम नहीं करना पड़ेगा।

—कनफ़्यूशियस

करियर का पूर्ण परिवर्तन

करियर का पूर्ण परिवर्तन किसी मिलते-जुलते क्षेत्र में जाने से बहुत मुश्किल होता है। इसमें बड़े पैमाने पर प्रशिक्षण या शिक्षा लेने की ज़रूरत हो सकती है। यदि हम इस समय केमिस्ट हैं और वकील बनना चाहते हैं, तो हमें कम से कम तीन साल तक लॉ स्कूल जाना होगा। यहाँ तक कि एक रासायनिक क्षेत्र से दूसरे क्षेत्र में करियर बदलने के लिए भी कई महीनों या वर्षों के अतिरिक्त अध्ययन की ज़रूरत हो सकती है। दूसरे पेशेवर क्षेत्रों की भी समान शैक्षणिक आवश्यकताएँ होती हैं। कुछ मामलों में नए पेशे नौकरी करते-करते ही सीखे जा सकते हैं। लेकिन इसमें आम तौर पर हमारे वर्तमान पद से निचले स्तर के पद को स्वीकार करना होता है और वेतन भी काफ़ी कम होता है। इसका मतलब कई महीने तक दोबारा प्रशिक्षण लेना भी हो सकता है, हालाँकि हम नौकरी कर रहे हैं।

हम जब भी अपना विकल्प चुनें, तो हमें करियर बदलने के लाभों के साथ-साथ परिवर्तन करने की मुश्किलों को भी तौल लेना चाहिए।

जैसा ऊपर बताया गया है, पेशेवर करियर परामर्श की ज़ोरदार सिफ़ारिश की जाती है।

आपका काम पहले अपने काम को खोजना है और फिर पूरे दिल से ख़ुद को इसमें झोंक देना है।

—बुद्ध

हम पेशेवर परामर्श का इस्तेमाल चाहे करें या नहीं करें, बहुत कुछ है जो हम अपने दम पर करके यह सुनिश्चित कर सकते हैं कि अंतिम निर्णय लेने से पहले हमारे पास पर्याप्त जानकारी है।

- *शोध :* आज हर तरह के करियर के बारे में सामग्री उपलब्ध है। कामकाज के बारे में और इसे करने वाले लोगों के बारे में कई पुस्तकें पढ़ें। अपनी लाइब्रेरी में विषय की इंडेक्स छानें, व्यापारिक या पेशेवर संगठनों को पत्र लिखें और व्यापारिक पत्रिकाओं या पेशेवर जर्नलों को पढ़ें।
- *वेबसाइटें :* उस क्षेत्र में कार्यरत कंपनियों की वेबसाइट देखें। इससे उनके प्रॉडक्ट्स या सेवाओं, उद्योग में पद के प्रकारों, बाज़ारों और अन्य मूल्यवान तथ्यों के बारे में काफ़ी जानकारी मिल जाएगी। जिस काम में हमारी रुचि है, उसे करने वाले लोगों के ऑनलाइन लेख और ब्लॉग तलाश करें।
- *नेटवर्किंग :* पढ़ने से ज़्यादा महत्त्वपूर्ण है रुचि के क्षेत्र में काम करने वाले लोगों से मिलना। मित्रों या रिश्तेदारों से शुरू करें। भले ही वे हमारी रुचि के क्षेत्र में काम नहीं कर रहे हों, लेकिन वे हमारा परिचय उस क्षेत्र में काम करने वाले अपने परिचितों से करा सकते हैं। इसके अलावा स्थानीय कंपनियों से संपर्क करें, जहाँ ऐसे लोग काम करते हैं। रुचि वाले पेशे में कार्यरत लोगों से मिलने की भरसक कोशिश करें। ज़्यादातर लोग हमें अपने कुछ मिनट दे देंगे। यदि हम किसी मददगार व्यक्ति का पता नहीं लगा पाएँ, तो उस क्षेत्र की व्यापारिक या पेशेवर पत्रिका के संपादक को फ़ोन करें अथवा पत्र लिखें, जिसमें उससे मिलने का आग्रह करें या पेशे के सदस्यों के संदर्भ माँगें।

उस क्षेत्र के व्यक्तियों से बातचीत करने पर हमें बहुत कुछ पता लग सकता है, जो शायद पुस्तकों में भी नहीं मिल सकता। वे हमें रोज़मर्रा की समस्याओं और कुंठाओं के साथ-साथ संतुष्टियों के बारे में भी बता सकते हैं। वे पेशे की कामकाजी परिस्थितियों, प्रमोशन के अवसरों और आर्थिक पुरस्कारों के बारे में बता सकते हैं। हम यह भी पता लगा सकते हैं कि प्रवेश स्तर के पद हासिल करना, नौकरी बदलना आदि कितना आसान या मुश्किल है।

यदि संभव हो, तो पूरे दिन उस काम के अवलोकन का अवसर माँगें। देखें कि इस तरह का काम करना कैसा होता है। हमें यह आश्चर्यजनक बात पता लग सकती है कि जिन बिंदुओं ने इस करियर में हमें आकर्षित किया था, उनमें से कई गौण हैं और ऐसे घटक ज़्यादा भारी हैं, जो हमें आकर्षित नहीं करते हैं। नया करियर शुरू करने से पहले किसी पेशे की कमियों को जानना बेहतर होता है। दूसरी ओर, इस तरह की विस्तृत जाँच हमारी रुचि को बढ़ा सकती है और किसी नए करियर के हमारे चुनाव में अहम भूमिका निभा सकती है।

करियर में आपकी सफलता इस बात के सीधे अनुपात में होगी कि आपसे जो करने की अपेक्षा की जाती है, उसके बाद आप क्या करते हैं।

—ब्रायन ट्रेसी,
लेखक और प्रेरक परामर्शदाता

करियर परिवर्तन में सफलताओं के उदाहरण

नीचे दी गई कहानियाँ बताती हैं कि कुछ लोग एक तरह के करियर से दूसरे तरह के करियर तक कैसे पहुँचे।

माइक – इंजीनियर से डॉक्टर तक

माइक मैकेनिकल इंजीनियर थे और एक अग्रणी विमान उत्पादक कंपनी में डिज़ाइन इंजीनियर थे। उन्हें अपना विकास अवरुद्ध महसूस हुआ और वे अपने काम में ख़ुश नहीं थे। काफ़ी आत्मावलोकन और शोध के बाद उन्होंने चिकित्सा व दंतचिकित्सा के क्षेत्र में जाने का निर्णय लिया - हालाँकि इसके लिए उन्हें कई साल तक मेडिकल कॉलेज में पढ़ना आवश्यक था। माइक ने हर क्षेत्र की ज़्यादा से ज़्यादा जानकारी हासिल की। उन्होंने दंतचिकित्सकों और चिकित्सकों से लंबी चर्चाएँ कीं। वे यह पता लगाने के लिए मेडिकल और डेंटल कॉलेज गए कि क्या वे दाख़िले के लिए पात्र हैं और क्या उन लोगों के हिसाब से उनकी पृष्ठभूमि और उम्र वाला व्यक्ति इतना बड़ा परिवर्तन कर सकता है। उन्होंने एमसीएटी और डीएटी (मेडिकल और डेंटल कॉलेज की

प्रवेश परीक्षाएँ) दीं और उनमें बहुत ऊँचा स्कोर हासिल किया।

एक बड़े अस्पताल के संचालक से हुई लंबी बातचीत ने उनके इस चयन में निर्णायक भूमिका निभाई। इससे उनकी कुछ शंकाएँ दूर हुईं और इस करियर में समर्पित जीवन की कठोर सच्चाई भी पता चली।

माइक ने चिकित्सा का चयन किया। वे जानते थे कि तीस साल की उम्र में उन्हें समय और धन के संदर्भ में काफ़ी त्याग करना होगा। उन्होंने पढ़ाई के ख़र्च और अपनी पत्नी व बच्चों के भरण-पोषण के लिए आवश्यक पैसों का इंतज़ाम किया। उन्हें एक अच्छे मेडिकल कॉलेज में आसानी से प्रवेश मिल गया, क्योंकि उनकी इंजीनियरिंग शिक्षा और पृष्ठभूमि को चिकित्सा के अध्ययन की उत्कृष्ट तैयारी माना गया। उन्होंने अपनी चिकित्सकीय शिक्षा, इंटर्नशिप और रेसीडेंसी ऑनर्स के साथ पूरी की। उन्होंने बताया कि मेडिकल स्कूल इंजीनियरिंग स्कूल की तुलना में ज़्यादा मुश्किल नहीं था – और चूँकि वे ज़्यादा परिपक्व थे, इसलिए यह और भी आसान था। आज माइक बहुत सफल (और ख़ुश) एनेस्थेसियोलॉजिस्ट हैं। इंजीनियरिंग के अनुभव की बदौलत उन्होंने चिकित्सा के क्षेत्र में कई विचारों और नवाचारों का योगदान दिया है।

माइक की तरह करियर में बड़ा परिवर्तन करते समय हमें सिर्फ़ नए क्षेत्र की संभावनाओं, हमारी रुचियों और उसमें हमारी योग्यता पर ही विचार नहीं करना चाहिए। हमें इस बारे में भी सोचना चाहिए कि उसमें कितनी अतिरिक्त तैयारी लगेगी और हम इसका ख़र्च कैसे उठा सकते हैं। ज़्यादातर क्षेत्रों में अतिरिक्त शिक्षा की ज़रूरत होती है, जिसमें पढ़ाई पर बहुत ख़र्च होता है। इसके अलावा, प्रशिक्षण के दौरान आमदनी या तो ख़त्म हो जाती है या फिर कम हो जाती है। इसकी योजना सावधानी से बनानी चाहिए और परिवार के सदस्यों से बात कर लेनी चाहिए, क्योंकि त्याग उन्हें भी करना होगा। सिर्फ़ इसके बाद ही हम यह महत्त्वपूर्ण निर्णय ले सकते हैं।

ख़ुद को अपने करियर का शिल्पकार नहीं, कारीगर मानें।
हथौड़े-छेनी से बहुत सारी छिलाई और तराशने की मेहनत की
उम्मीद करें।

—बी.सी. फ़ोर्ब्स,
प्रकाशक

किम्बरली – बाज़ार शोधकर्ता से गणित शिक्षक तक

किम्बरली पाँच साल तक एक फ़ार्मास्यूटिकल कंपनी में बाज़ार शोध विश्लेषक थीं। वे एक सक्षम स्टैटिस्टैशियन थीं और उस पद के मान से अपने वेतन के शिखर पर पहुँच गई थीं। मार्केटिंग में तरक़्क़ी करने के लिए बिक्री में अनुभव हासिल करना लाज़िमी था। बिक्री में किम्बरली की कोई रुचि नहीं थी, लेकिन पढ़ाने के प्रति वे हमेशा से लालायित थीं। वे जानती थीं कि गणित के शिक्षकों की माँग है, इसलिए उन्होंने इस क्षेत्र की पड़ताल की। शिक्षण के क्षेत्र और इसकी आवश्यकताओं के बारे में काफ़ी जानकारी हासिल करने के बाद उन्होंने अपना विश्लेषण किया। उन्होंने एक सरल प्रणाली का इस्तेमाल किया। उन्होंने काग़ज़ पर दो कॉलम बनाए। एक में उन्होंने आवश्यकताएँ लिखीं और दूसरे कॉलम में अपनी पृष्ठभूमि। फिर उन्होंने दोनों कॉलमों की तुलना करके यह पता लगाया कि उनमें क्या कमियाँ हैं।

किम्बरली का चार्ट :

मेरी पृष्ठभूमि	नौकरी की आवश्यकताएँ
शिक्षा :	
बी.ए. मेजर गणित	बी.ए. – गणित
एम.बी.ए. मार्केटिंग	शिक्षा में कोर्स
	स्टेट सर्टिफ़िकेट इन टीचिंग
अनुभव	प्रथम वर्ष के विद्यार्थियों को पढ़ाना
स्टैटिस्टिकल विश्लेषण	सहायक : उन्नत गणित का इस्तेमाल करने वाला काम
रिपोर्ट लिखना	
नए कर्मचारियों को प्रशिक्षित करना	

किम को अहसास हो गया कि शिक्षा का कोर्स करने के लिए उन्हें कॉलेज लौटना होगा। उन्होंने रात्रिकालीन और सप्ताहांत कोर्स में नाम लिखा दिया और एक स्थानीय कॉलेज से शिक्षा में एम.ए. कर लिया। स्टैटिस्टिक्स में उनके एम.बी.ए. कोर्स और मार्केट रिसर्च पद के कामकाजी अनुभव से मिले

अंकों की बदौलत उन्होंने मास्टर्स प्रोग्राम सिर्फ़ अठारह महीनों में पूरा कर लिया। उन्होंने विद्यार्थियों को पढ़ाने के लिए अपने पद से इस्तीफ़ा दे दिया। उन्होंने अंतिम परीक्षा पास कर ली और उन्हें हाई स्कूल के गणित टीचर के रूप में तुरंत नौकरी पर रख लिया गया।

जिम – लड़ाकू पायलट से पादरी तक

जिम ने इराक के दोनों युद्धों में लड़ाकू विमान उड़ाए। उनके साहसिक कार्यों के लिए उन्हें सम्मानित किया गया और वायु सेना में तरक़्क़ी देकर लेफ़्टिनेंट कर्नल बना दिया गया। बीस साल की सेवा के बाद उन्होंने सेवानिवृत्त होने का निर्णय लिया। जिम को वायु सेना में आनंद आता था और उन्हें विमान उड़ाने में अब भी मज़ा आता था। हालाँकि उन्हें कई एयरलाइनों से नौकरी के कई प्रस्ताव मिले, लेकिन उन्होंने अपने करियर में एक क्रांतिकारी परिवर्तन करने का निर्णय लिया।

बचपन में जिम नियमित रूप से चर्च जाते थे, लेकिन कॉलेज के बाद वे शायद ही कभी चर्च की आराधना में गए थे। दूसरे इराकी युद्ध में जिम को दुर्घटना के बाद विमान उतारने के लिए मजबूर होना पड़ा था। उनके सह-पायलट और गनमैन की मृत्यु हो गई, लेकिन जिम छुटपुट चोटों के साथ बच गए। जिम ने अपनी जान बचाने का श्रेय ईश्वर को दिया और अपना जीवन उनकी सेवा में समर्पित करने की योजना बनाई। जब वे अमेरिका लौटे, तो उन्हें न्यू यॉर्क इलाक़े की वायुसेना शाखा की कमान सौंप दी गई। उन्होंने एक स्थानीय चर्च में सक्रिय भूमिका निभाई और अपना ज़्यादातर ख़ाली समय वहाँ काम करने में बिताया। पादरी के सुझाव पर जिम पादरी बनने के लिए पढ़ने लगे। उन्होंने एक स्थानीय कॉलेज में रात को पढ़ाई की। रिटायर होने पर वे यूनियन थियोलॉजिकल सेमिनरी में पूर्णकालिक रूप से शामिल हो गए। उनके अभिषेक के बाद उन्हें पेनसिल्वेनिया के चर्च में आमंत्रित किया गया, जहाँ वे अपने प्रिय काम में पूरी तरह से संलग्न हैं।

ऐंड्रयू – पुलिस वाले से अंत्येष्टि संचालक तक

ऐंड्रयू ने करियर में दो परिवर्तन किए। हाई स्कूल के बाद वे प्रशिक्षु औज़ार निर्माता बन गए, लेकिन उन्हें जल्दी ही अहसास हो गया कि फ़ैक्ट्री का

काम उनके वश का नहीं है। उन्हें लगा कि वे एक ऐसी नौकरी चाहते हैं, जिसमें उन्हें वस्तुओं के साथ नहीं, बल्कि लोगों के साथ काम करना हो। पुलिस का काम रोचक नज़र आ रहा था, इसलिए उन्होंने एक सामुदायिक कॉलेज में पुलिस साइंस प्रोग्राम में नाम लिखा दिया। डिग्री हासिल करने के बाद उन्होंने पुलिस की परीक्षा उत्तीर्ण कर ली और अपने गृहनगर में पुलिस ऑफ़िसर बन गए।

ऐंड्रयू को पुलिस के काम में मज़ा आता था और हालाँकि जासूस के रूप में उनकी तरक़्क़ी हो गई, लेकिन उन्हें महसूस हुआ कि वे अपनी ज़िंदगी इस तरह नहीं बिताना चाहते हैं। उनका एक मित्र एक स्थानीय अंत्येष्टि गृह में काम करता था और ऐंड्रयू अक्सर उससे मिलने जाते थे। उन्हें उस क्षेत्र में रुचि जाग्रत हो गई। उन्होंने देखा कि अंत्येष्टि के संचालक और पूरा स्टाफ़ किस तरह शोकाकुल लोगों की मदद करता था, निर्णय लेने और उनके दुखों में तसल्ली देने का काम कितनी ख़ूबी से करता था, जो अपने जीवन के सबसे बुरे पलों का अनुभव कर रहे होते थे। उन्होंने यही काम करने का फ़ैसला किया। उन्होंने दोबारा सामुदायिक कॉलेज जाकर एक और डिग्री हासिल की, इस बार अंत्येष्टि विज्ञान में।

ऐंड्रयू पुलिस विभाग में नौकरी करते रहे, लेकिन साथ में अंत्येष्टि गृह में भी अंशकालीन नौकरी करने लगे। उनकी योजना कारगर रही। कुछ साल बाद उन्होंने अंशकालीन नौकरी छोड़कर अपना ख़ुद का अंत्येष्टि गृह खोल लिया। पुलिस की नौकरी के साथ-साथ वे इस अंशकालीन व्यवसाय का प्रबंधन करने लगे। पुलिस में इक्कीस साल तक सेवा करने के बाद वे आख़िरकार रिटायर हुए और अब वे पूर्णकालिक अंत्येष्टि संचालक हैं। काम के प्रति उत्साह की बदौलत वे शहर के सबसे सम्मानित अंत्येष्टि संचालकों में से एक बन गए हैं। उनके बेटे ने भी अपने पिता के पदचिह्नों पर चलने का निर्णय लिया और उसने पड़ोसी कस्बे में दो अंत्येष्टि गृह खोल लिए हैं। पिछले साल उनका इक्कीस साल का पोता भी उनके साथ व्यवसाय में जुड़ गया है।

हार नहीं मानें

अपने पेशेवर जीवन की दिशा को पूरी तरह बदलने की इच्छा रखने वाले लोगों को यह बेहद मुश्किल लग सकता है। कई बार तो वे यह परिवर्तन कभी नहीं कर सकते। बहरहाल, असफलता का कारण हमेशा योग्यता की कमी या

अनुभवहीन लोगों के ख़िलाफ़ पूर्वाग्रह भी नहीं होता है, एक शक्तिशाली, दिल की गहराई में जमा पूर्वाग्रह जो करियर बदलने की इच्छा रखने वाले बहुत से लोगों को पराजित कर देता है। कारण अक्सर यह होता है कि करियर बदलने वाला बहुत जल्दी हथियार डाल देता है।

करियर बदलने में बहुत कड़ी मेहनत और संभावित नियोक्ताओं से वृहद संपर्क की ज़रूरत होती है। इसमें से ज़्यादातर यथासंभव सृजनात्मक ढंग से ख़ुद के बूते पर करना होता है।

कभी कोई ऐसी नौकरी नहीं करते रहें, जिसमें आपको मज़ा नहीं आता हो। आप जो कर रहे हैं, यदि आप उसमें ख़ुश हैं, तो आप ख़ुद को पसंद करेंगे, आपको आंतरिक शांति मिलेगी। यदि शारीरिक स्वास्थ्य के साथ आपके पास यह है, तो आप वस्तुतः इतने ज़्यादा सफल हैं, जितनी आपने कल्पना भी नहीं की होगी।

—रॉजर कैरास,
टीवी कमेंटेटर और लेखक

हमारा ख़ुद का व्यवसाय

कई बार करियर बदलने का सबसे अच्छा तरीक़ा अपना ख़ुद का कारोबार शुरू करना होता है। हमारे पास कोई ऐसा प्रॉडक्ट या विचार रहता है, जिसे हम विकसित करना चाहते हैं या शायद हम ख़ुद के बॉस बनने की इच्छा रखते हैं और कोई फ़ैक्ट्री, स्टोर या सेवा का व्यवसाय चलाना चाहते हैं।

अगर हम इस तरह से क्षेत्र बदलते हैं, तो हमारे ख़िलाफ़ कोई पूर्वाग्रह नहीं टिक सकता। ज़्यादातर दरवाज़े खुले हैं और हम अपनी पसंद के क्षेत्र में क़दम रख सकते हैं - बशर्ते हमारे पास इसके लिए पैसे हों।

कारोबार का अर्थ है निवेश। अपने ख़ुद के कारोबार के बारे में तब तक ना सोचें, जब तक कि हमने सावधानी से विश्लेषण नहीं कर लिया हो कि पूँजी, कार्यकारी व्यय और रिज़र्व में कितनी ज़रूरत है। इसके अलावा यह भी विचार करें कि ज़्यादातर कारोबारों में हमें कई महीनों तक वेतन के बिना काम चलाना पड़ता है, जब तक कि कारोबार की हालत ना सुधर

जाए। कारोबार में जोखिम भी होता है। यदि हम नाकाम हो जाते हैं, तो न सिर्फ़ हम उस अवधि के लिए अपनी आमदनी गँवा देंगे, बल्कि संभवतः हमारी और हमें पूँजी देने वालों की बचत भी गँवा देंगे।

दूसरी तरफ़, ख़ुद का कारोबार चलाने के लाभ बहुत ज़्यादा हो सकते हैं। ना सिर्फ़ हम भारी पैसे कमा सकते हैं, बल्कि हम शेयर भी हासिल कर सकते हैं, जिससे हमारी जायदाद बनती है। किसी अच्छे कारोबार को मुनाफ़े में बेचा जा सकता है।

कई अमूर्त पुरस्कार भी होते हैं, जैसे अंतिम निर्णय लेने और अपने ख़ुद के बॉस बनने से मिलने वाली संतुष्टि। बहरहाल, हमें यह स्वीकार करना चाहिए कि कामकाज के घंटे आम तौर पर लंबे होते हैं। बहुत सारा काम करना होता है और बहुत सारी समस्याओं की चिंता करनी होती है। लेकिन अपनी तरक़्क़ी हमारे ख़ुद के हाथों में होती है और किसी दूसरे को ख़ुश करने पर निर्भर रहने की ज़रूरत नहीं होती। किस कारोबार में दाख़िल होना है, यह चुनते समय यह सुनिश्चित करें कि हमारे पास इसे चलाने का आवश्यक ज्ञान हो या हम तेज़ी से इसका व्यावहारिक ज्ञान हासिल कर सकते हों। कारोबार के असफल होने का मुख्य कारण पूँजी की कमी के अलावा ज्ञान की कमी भी होता है।

क्या हमें ख़ुद का कारोबार शुरू करना चाहिए?

अपने ख़ुद के कारोबार को सफलतापूर्वक चलाने के लिए जिस व्यक्तिगत योग्यता की ज़रूरत होती है, क्या वह हमारे पास है? इस महत्त्वपूर्ण मसले पर निर्णय लेने के लिए नीचे दिए प्रश्नों का ईमानदारी से जवाब दें। ख़ुद को तोड़-मरोड़कर साँचे में जैसे-तैसे घुसाने की कोशिश नहीं करें।

शायद हम किसी क़रीबी मित्र से कह सकते हैं कि वह इस प्रश्नावली के आधार पर हमारा आकलन करे। अपने कमज़ोर बिंदुओं को पहचानें। यदि उन्हें बेहतर किया जा सकता है, तो उनके बारे में कुछ करें। यदि उन्हें बेहतर नहीं किया जा सकता, तो शायद हमें ख़ुद का कारोबार शुरू नहीं करना चाहिए।

हर श्रेणी में नीचे दिए कथन को चुनें, जो हमारे संदर्भ में सबसे अच्छी तरह उपयुक्त है :

क्या मैं स्वयं शुरुआत कर सकता हूँ?

* मैं अपने दम पर चीज़ें करता हूँ। मुझे काम शुरू करने के लिए किसी को भी नहीं कहना पड़ता।

* यदि किसी की मदद से मैं शुरुआत कर देता हूँ, तो मैं सही तरीक़े से आगे चलता रहता हूँ।

* मैं चीज़ों को आराम से लेता हूँ। मैं तब तक परेशान नहीं होता, जब तक कि होना ही नहीं पड़े।

मैं सामाजिक दृष्टि से किस प्रकार का व्यक्ति हूँ?

* मैं लोगों को पसंद करता हूँ। मैं लगभग हर एक के साथ हिल-मिलकर चल सकता हूँ।

* मेरे बहुत से दोस्त हैं। मुझे किसी और की ज़रूरत नहीं है।

* लोगों की वजह से मैं ज़्यादातर परेशान रहता हूँ।

क्या मैं दूसरों का नेतृत्व कर सकता हूँ?

* जब मैं कोई चीज़ शुरू करता हूँ, तो ज़्यादातर लोगों को साथ लेकर चल सकता हूँ।

* मैं आदेश दे सकता हूँ, अगर कोई दूसरा मुझे बता दे कि हमें क्या करना चाहिए।

* मैं किसी दूसरे को चीज़ें चलाने देता हूँ। फिर अगर मुझे अच्छा महसूस होता है, तो मैं भी साथ चल देता हूँ।

क्या मैं ज़िम्मेदारी ले सकता हूँ?

* मैं काम की ज़िम्मेदारी लेना और उसे पूरा करना पसंद करता हूँ।

* ज़रूरत पड़ने पर मैं काम तो कर लूँगा, लेकिन मैं चाहूँगा कि कोई दूसरा ज़िम्मेदार हो।

* हमेशा कोई ना कोई उत्साही व्यक्ति आस-पास रहता है, जो अपनी चतुराई के झंडे फहराना चाहता है। मैं उसे यह करने देता हूँ।

मैं किसी प्रोजेक्ट को कितनी अच्छी तरह व्यवस्थित करता हूँ?

- शुरू करने से पहले मैं योजना बनाना पसंद करता हूँ। जब मेरा समूह कुछ करना चाहता है, तो आम तौर पर मैं ही चीज़ों को सिलसिलेवार योजनाबद्ध करता हूँ।

- मैं तब तक सही काम करता हूँ, जब तक कि चीज़ें गड़बड़ नहीं हो जातीं। फिर मैं कन्नी काट लेता हूँ।

- मैं सब कुछ जमाता हूँ, लेकिन कोई चीज़ आकर सब कुछ तबाह कर देती है। इसलिए मैं चीज़ों को होने देता हूँ।

कर्मचारी के रूप में मैं कितना समर्पित हूँ?

- मैं लंबे समय तक जुटा रह सकता हूँ, जितनी ज़रूरत हो। अगर मैं कोई चीज़ चाहता हूँ, तो उसके लिए कड़ी मेहनत करने से मुझे कोई परेशानी नहीं होती।

- मैं कुछ समय तक कड़ी मेहनत करूँगा, लेकिन जब उसके बाद छोड़ दूँगा।

- मुझे नहीं लगता कि कड़ी मेहनत से ज़्यादा फ़ायदा होता है।

क्या मैं निर्णय ले सकता हूँ?

- ज़रूरत पड़ने पर मैं फटाफट निर्णय ले सकता हूँ। यह आम तौर पर ठीक भी निकलता है।

- मैं निर्णय तो ले सकता हूँ, लेकिन इसके लिए मुझे काफ़ी समय की ज़रूरत होती है। यदि मैं कभी फटाफट निर्णय लेता हूँ, तो मैं बाद में सोचता हूँ कि मुझे दूसरी तरह से निर्णय लेना चाहिए था।

- मुझे निर्णय लेना पसंद नहीं है। मेरे निर्णय अक्सर ग़लत होते हैं।

मैं जो कहता हूँ, क्या लोग उस पर विश्वास कर सकते हैं?

- निश्चित रूप से। मैं कोई भी ग़लत या झूठी बात नहीं कहता।

- मैं ज़्यादातर समय विश्वसनीय रहने की कोशिश करता हूँ, लेकिन कई बार मैं वह कह देता हूँ, जो सबसे ज़्यादा आसान होता है।

* अगर सामने वाले को पता ना चले, तो इससे क्या फ़र्क़ पड़ता है?

क्या मैं किसी मुश्किल चीज़ में जुटा रह सकता हूँ?

* यदि मैं कुछ करने की ठान लेता हूँ, तो किसी चीज़ की वजह से बीच में नहीं रुकता हूँ।

* मैं जो शुरू करता हूँ, उसे आम तौर पर पूरा करता हूँ – अगर यह बिगड़ ना जाए। अगर कोई चीज़ शुरू से ही बिलकुल सही नहीं हो, तो मैं छोड़ देता हूँ।

* मेरी ऊर्जा कभी ख़त्म नहीं होती!

* मैं जो करना चाहता हूँ, उनमें से ज़्यादातर चीज़ों के लिए मुझमें पर्याप्त ऊर्जा रहती है।

* मैं अपने ज़्यादातर मित्रों से पहले ही निढाल हो जाता हूँ।

हर सवाल के कितने पहले जवाब हैं? हर सवाल के कितने दूसरे जवाब हैं? हर सवाल के कितने तीसरे जवाब हैं?

यदि ज़्यादातर जवाबों में पहला विकल्प चुना गया है, तो संभवतः हममें अपना कारोबार चलाने की योग्यता है। अगर ज़्यादातर जवाबों में दूसरा विकल्प चुना गया है, तो हमारे सामने इतनी समस्या आएँगी कि हम उनसे अकेले नहीं निबट पाएँगे, इसलिए किसी साझेदार को खोजना बेहतर है, जो उन बिंदुओं पर शक्तिशाली हो, जहाँ हम कमज़ोर हैं। यदि ज़्यादातर जवाबों में तीसरा विकल्प चुना गया है, तो अच्छा साझेदार भी हमारी नाव को डूबने से नहीं बचा पाएगा।

> *पैसे कमाने के लिए काम शुरू करना जीवन की सबसे बड़ी ग़लती है। वही काम करें, जिसे करने की प्रतिभा आपको अपने भीतर महसूस होती है और अगर आप उसमें पर्याप्त अच्छे हैं, तो पैसा अपने आप आएगा।*
>
> *—ग्रियर गार्सन,*
> *अभिनेता*

दाख़िल होने के लिए कारोबार चुनना

किस प्रकार के कारोबार में दाख़िल होना है, यह चुनते वक़्त किसी नितांत अजनबी व्यवसाय के बजाय अपने पुराने अनुभवों और रुचियों का इस्तेमाल करने की कोशिश करें। यदि हमें हमेशा से फ़ोटोग्राफ़ी का शौक़ रहा है, तो हम कैमरा स्टोर, वाणिज्यिक फ़ोटोग्राफ़ी या इससे जुड़े क्षेत्र में व्यवसाय शुरू कर सकते हैं।

यदि अपनी पिछली नौकरी में हम कर्मचारियों को नियुक्त करने और रोज़गार देने के प्रभारी थे, तो रोज़गार संस्था शुरू करना तार्किक होगा। यदि हम अच्छे मैकेनिक हैं, तो हम उपकरण सुधारने के कारोबार में अच्छी संभावनाएँ पा सकते हैं।

दूसरी ओर, जिन कारोबारों का हमें कोई अनुभव या ज्ञान नहीं है, उनमें भी हम सफल हो सकते हैं, बशर्ते उनमें हमारी सच्ची रुचि और रुझान हो और हमें कार्यसंचालन के विवरण सिखाने की सुविधाएँ उपलब्ध हों।

ज़्यादातर छोटे कारोबार तीन श्रेणियों में आते हैं : उत्पादन, मार्केटिंग और सेवा।

उत्पादन में हम कोई सामान बनाते और बेचते हैं। आवश्यक पूँजी निवेश उत्पादन के प्रकार के हिसाब से भिन्न होता है। इस तरह के कारोबार में आम तौर पर मशीनों और कच्चे माल में निवेश की ज़रूरत होती है, साथ ही जगह किराए पर लेने और कुशल व अर्ध-कुशल कर्मचारियों को नौकरी पर रखने की भी ज़रूरत होती है। उत्पादन वाला कारोबार आम तौर पर उन लोगों के लिए आकर्षक होता है, जिन्होंने उत्पादन कंपनियों में काम किया है, जैसे इंजीनियर, उत्पादन मैनेजर और मशीनी प्रशिक्षण वाले व्यक्ति।

मार्केटिंग थोक या खेरची संचालन का रूप ले सकती है और इसमें बेचना शामिल होता है। थोक मार्केटिंग करने वाले को सामान की भंडार-सूची, वेयरहाउस की जगह और बिक्री व वेयरहाउसिंग कर्मचारियों को नौकरी देने में निवेश करना पड़ता है। खेरची व्यापारियों को स्टोर बनाने, सामान जमाने, सामान की आपूर्ति, काफ़ी व्यस्त इलाक़े में जगह के किराये और सेल्स क्लर्कों की नौकरी में निवेश करना पड़ता है। किसी आवासीय इलाक़े में कपड़ों का स्टोर कुछ हज़ार डॉलरों में शुरू किया जा सकता है,

लेकिन शहर के बीच में पोशाक स्टोर खोलने में लाखों डॉलर की लागत आ सकती है और किसी डिस्काउंट या डिपार्टमेंट स्टोर में बहुत भारी रक़म का निवेश करना पड़ सकता है।

सेवा व्यवसाय में दाख़िल होना सबसे सस्ता होता है। इसमें बहुत कम पूँजी लगती है, क्योंकि मशीनों की या तो ज़रूरत होती नहीं है या बहुत कम होती है। उदाहरण :

- सेल्स एजेंसी : सेल्स एजेंसी चलाने में हमें सामान ख़रीदने की ज़रूरत नहीं होती। एक बार जब कोई ग्राहक ऑर्डर दे देता है, तो उत्पादक या थोक विक्रेता डाक से माल भेज देता है। इस तरह का अवसर सेल्सपीपल या बिक्री की प्रतिभा वाले लोगों को आकर्षक लगता है।
- परामर्श देना : अक्सर बिज़नेस मैनेजर या पेशेवर लोग (इंजीनियर, अकाउंटेंट, मानव संसाधन विशेषज्ञ आदि) महसूस करते हैं कि वे अपनी विशेषज्ञता के क्षेत्र में परामर्श देकर सफल कारोबार खड़ा कर सकते हैं। इसमें पूँजी के बहुत कम निवेश की ज़रूरत होती है; हमें बस एक ऑफ़िस किराये पर लेने, फ़र्नीचर ख़रीदने, वेबसाइट बनाने, थोड़ी स्टेशनरी और प्रचार सामग्री छापने तथा अपने सेवाओं का विज्ञापन करने के तरीक़े खोजने की ज़रूरत होती है। अगर हमारे पास शुरुआती महीनों के बिल चुकाने लायक़ पैसे हों, तो हम आसानी से परामर्श देने के क्षेत्र में दाख़िल हो सकते हैं। बहरहाल, ग्राहक बनाना आसान नहीं होता। बहुत सारे परामर्शदाता असफल हो जाते हैं, इसका कारण यह नहीं होता कि उनमें योग्यता की कमी है, बल्कि यह होता है कि उनमें नया कारोबार हासिल करने की योग्यता नहीं है। जब तक हम पर्याप्त संभावित ग्राहकों को नहीं जानते हों, तब तक परामर्श देने का व्यवसाय ज़्यादातर लोगों के लिए बहुत जोखिम भरा होता है।
- व्यावसायिक सेवाएँ : कई अलग-अलग प्रकार की कारोबारी सेवाओं की आवश्यकता होती है। इस प्रकार का व्यवसाय अपने दम पर कारोबारी जगत में उतरने का एक अच्छा और तुलनात्मक रूप से सस्ता तरीक़ा है। हमारी रुचियों और योग्यताओं के आधार पर असंख्य सेवाओं पर विचार किया जा सकता है : वेब डिज़ाइनिंग और रखरखाव सेवाएँ, प्रिंटिंग और फ़ोटोकॉपी सेवाएँ, डायरेक्ट मेल प्रमोशन, छोटे व्यवसायों के

लिए बुककीपिंग और अकाउंटिंग सेवाएँ, रोज़गार संस्थाएँ, अल्पकालीन रोज़गार सेवाएँ, उधार और संग्रह ब्यूरो आदि। यदि हमें किसी आवश्यक सेवा की कोई ज़रूरत दिखती है, तो हम उसमें कारोबार शुरू कर सकते हैं।

- उपभोक्ता सेवाएँ : सेवा व्यवसाय उपभोक्ताओं की सेवा करते हैं। मरम्मत करने वालों की भारी किल्लत है। टैक्स सेवाओं, घर की मरम्मत, फ़िटनेस प्रशिक्षक, वाद्ययंत्र की बिक्री और संगीत, कला, भाषाएँ, तकनीकी मसले में शिक्षण आदि विशेष सेवाओं से हम लोगों की मदद कर सकते हैं।

व्यवसाय के लिए वही क्षेत्र चुनें, जो हमारी ख़ुद की रुचियों और योग्यताओं के अनुरूप हो, लेकिन सावधानी से शोध करके यह सुनिश्चित करें कि बाज़ार में इसकी माँग है। संभावित उपभोक्ताओं या ग्राहकों से मिलें। यह तय करें कि बाज़ार इस वक़्त कितना भरा हुआ है। यदि वैसे ही दूसरे व्यवसाय अच्छे चल रहे हैं, तो क्या नए व्यवसाय के लिए जगह है? यदि हमारी प्रतिस्पर्धा सफल नहीं है या बाज़ार को ढँकती नज़र आती है, तो क्या हम बेहतर प्रॉडक्ट या सेवा देकर अपनी सफलता सुनिश्चित कर सकते हैं? निर्णय लेने से पहले सारे तथ्य हासिल करें।

क्या हमारे पास अपना ख़ुद का काम शुरू करने के संसाधन हैं? एक बार फिर जाँच करें कि कारोबार शुरू करने और तब तक चलाने के लिए कितने पैसे चाहिए, जब तक कि नया व्यवसाय हमें पैसे कमाकर नहीं देने लगे। यह सुनिश्चित करें कि हम इसका प्रबंधन कर सकते हैं। जब तक कारोबार ज़मीन से नहीं उठता है, तब तक आपके पास व्यवसाय में पैसे लगाने और अपने परिवार की आवश्यकताओं को पूरा करने के लिए पर्याप्त पैसे होने चाहिए। यदि अपनी ज़रूरत लायक़ पैसे होने का आपको पूरा विश्वास नहीं हो, तो कारोबार शुरू करने की कोशिश भी नहीं करें।

शुरुआत करना

अपना कारोबार शुरू करने के तीन तरीक़े हैं : शून्य से शुरू करना, किसी चालू व्यवसाय को या उसकी हिस्सेदारी को ख़रीदना या फ़्रैंचाइज़ी लेना।

आपकी शक्ति बाहरी घटनाओं पर नहीं, बल्कि अपने मन पर है। इसका अहसास कर लें और आपको शक्ति मिल जाएगी।

—मार्कस ऑरेलियस,
रोम के सम्राट और दार्शनिक

शून्य से शुरू करना

जब हम शून्य से अपना कारोबार शुरू करते हैं, तो हमें उद्यम विकसित करने के लिए अपने सर्वश्रेष्ठ विवेक, संसाधनों और योग्यताओं का इस्तेमाल करना होता है।

लाभ : अपना ख़ुद का कारोबार शुरू करने का एक लाभ यह है कि हमारी लागत तुलनात्मक रूप से कम होती है, क्योंकि कोई शुरुआती बिक्री भाव या फ्रैंचाइज़ी फ़ीस नहीं होती। चूँकि हम इस पूँजी निवेश से बच जाते हैं, इसलिए हमारे पास कामकाजी पूँजी या शुरुआती मशीनें ख़रीदने के लिए ज़्यादा पैसा होता है। हम पूरा मुनाफ़ा कमाते हैं, क्योंकि हमें कोई रॉयल्टी या दूसरी अनिवार्य फ़ीस नहीं देनी होती।

सीमाएँ : जब हम शून्य से कोई नया कारोबार शुरू करते हैं, तो जमने में आम तौर पर ज़्यादा लंबा समय लगता है। ग्राहक नई कंपनियों के बजाय स्थापित या मशहूर कंपनियों से सामान ख़रीदने की प्रवृत्ति रखते हैं। अपने क्षेत्र में नाम बनाने के लिए हमें ज़्यादा कड़ी मेहनत करनी होगी और विज्ञापन व बिक्री प्रचार पर ज़्यादा पैसे ख़र्च करने होंगे, जो स्थापित कारोबार या प्रतिष्ठित फ्रैंचाइज़ी ख़रीदने में नहीं करना पड़ता। हमारा प्रॉडक्ट या सेवा चाहे जितनी अच्छी हो, हमें इतना समय लेना होगा, ताकि संभावित ग्राहक इसके बारे में जान जाएँ। इस बात की संभावना है कि हम कोशिश-और-सुधार वाली आम ग़लतियाँ करेंगे, लेकिन यदि कोई अनुभवी व्यक्ति हमें कारोबार सिखाए, तो हम बहुत सारी ग़लतियाँ करने से बच सकते हैं। नियम यह है कि अपना ख़ुद का व्यवसाय करते वक़्त अपेक्षित बाज़ार हिस्सा हासिल करने में थोड़ा समय लगेगा।

स्थापित कारोबार को ख़रीदना

यदि स्थापित कारोबार या इसकी हिस्सेदारी को ख़रीदा जाता है, तो शून्य से

शुरू करने की कुछ समस्याओं से उबरा जा सकता है।

लाभ : किसी स्थापित कारोबार को ख़रीदने का एक अच्छा पहलू यह है कि इसके सक्रिय ग्राहक होते हैं और इससे हमें तुरंत आमदनी होने लगती है। यदि कंपनी लाभदायक है, तो ज़्यादातर ज़मीनी काम पहले ही पूरा हो चुका है। ग्राहक, सप्लायर, क़र्ज़ और अन्य व्यवस्थाएँ पहले ही हो चुकी हैं, जिनकी व्यवस्था करने में किसी नए कारोबार को काफ़ी समय लगता है। अगर हमने किसी कारोबार का हिस्सा (साझेदार के रूप में) ख़रीदा है, तो हम मूल मालिक से प्रशिक्षण और मार्गदर्शन हासिल कर सकते हैं।

सीमाएँ : किसी कारोबार को सीधे ख़रीदने में यह हो सकता है कि कारोबार ऊपर के बजाय नीचे जा रहा हो। हालाँकि कई मर्तबा इसके बाद भी कारोबार को ख़रीदना उचित होता है, लेकिन यह एक चेतावनी है कि हमें सावधानी से इस पहलू की जाँच कर लेनी चाहिए। यदि हम इसकी गिरावट को सुधार सकते हैं (मिसाल के तौर पर, ज़्यादा सावधानीपूर्ण प्रबंधन, अतिरिक्त पूँजी आदि से), तो यह बहुत अच्छी ख़रीदारी हो सकती है। लेकिन यदि गिरावट का कारण ख़राब प्रॉडक्ट, बुरी छवि या घटिया कारख़ाने या जगह हों, तो सौदा नहीं करने में ही समझदारी होती है।

कंपनी के रिकॉर्ड की अवश्य जाँच करें। क्या इसके बहुत से ग्राहक हैं? लागत और मुनाफ़े कैसे हैं? समुदाय में इसकी क्या छवि है? इसकी जाँच स्थानीय चैंबर ऑफ़ कॉमर्स या बेटर बिज़नेस ब्यूरो के ज़रिये की जा सकती है। इसकी पुष्टि उन लोगों से बात करके भी की जा सकती है, जो उस कंपनी की वस्तुओं या सेवाओं का उपयोग करते हैं।

प्रस्तावित बिक्री के वास्तविक दाम का आकलन करने के लिए अपने लेखाकारों से सलाह लें। वे आपका मार्गदर्शन कर सकते हैं कि क्या माँगा गया भाव सही है। वे कंपनी के वित्तीय आँकड़ों का विश्लेषण करके यह भी पता लगा सकते हैं कि इसे कैसे चलाया जाता है और इसमें कोई छिपी हुई वित्तीय समस्याएँ तो नहीं हैं। पता लगाएँ कि हमें कौन सी संपत्तियाँ मिलेंगी। हमें किस तरह का प्रशिक्षण मिलेगा? गंभीर बीमारी या मृत्यु जैसी असामान्य परिस्थितियों को छोड़कर थोड़ा प्रशिक्षण सौदे के अंतर्गत दिया जाना चाहिए। क्या वर्तमान मालिक के कर्मचारी कंपनी में बने रहेंगे? ज़ाहिर है, कोई भी इस बात की गारंटी नहीं दे सकता कि मालिक बदलने के बाद कोई कर्मचारी

वहीं बना रहेगा, लेकिन हमें मूल मालिक और स्टाफ़ से इस बारे में अच्छी तरह बातचीत कर लेनी चाहिए। आपके पास यह स्पष्ट तसवीर होनी चाहिए कि कौन सी मशीनें, स्थायी सामान, स्टॉक का सामान आदि सौदे में मिलेंगे। सुनिश्चित करें कि उनका मूल्य सही लगाया गया हो। अक्सर बही-खातों में किसी कंपनी की जायदाद बढ़े-चढ़े भाव पर दिखाई जाती है। अपने लेखाकारों से इन आँकड़ों की सावधानी से समीक्षा कराएँ। यदि कंपनी की सद्भावना की हमारे लिए क़ीमत है (बुक वैल्यू से ज़्यादा ख़रीदारी भाव, अमूर्त संपत्ति), तो यह सुनिश्चित करें कि इसकी वाजिब क़ीमत माँगी जा रही हो। सबसे बढ़कर, यह पक्का पता लगा लें कि बचे हुए क़र्ज़ और देनदारी का भुगतान कौन करेगा। असंख्य विवरण होते हैं, जिन्हें सिर्फ़ आपके लेखाकार और वकील ही पूरी तरह समझ सकते हैं। किसी कंपनी को ख़रीदने में सक्षम पेशेवर सहायक को नियुक्त करने से लाभ होता है। यह पैसे बचाने की जगह नहीं है।

कई व्यवसायों में विशेषज्ञतापूर्ण ज्ञान ज़रूरी होता है और विशेषज्ञ वकील या अकाउंटेंट सामान्य वकील या अकाउंटेंट से ज़्यादा सहायक सिद्ध हो सकता है। मिसाल के तौर पर, यदि किसी व्यवसाय में सरकार से लाइसेंस की ज़रूरत है (जैसे शराब की दुकान या रोज़गार, रियल इस्टेट या बीमा एजेंसी), तो लाइसेंसिंग प्रणाली से परिचित वकील सौदे की शुरुआत या गति को काफ़ी तेज़ कर सकता है। यदि व्यवसाय किसी पेटेंट या पेटेंट धारक से लाइसेंसिंग अनुबंध पर आधारित है, तो सामान्य वकील पेटेंट लॉ में विशेषज्ञ वकील जितना सहायक सिद्ध नहीं होगा। यही उन अकाउंटेंट्स के बारे में सही है, जहाँ किसी उद्योग का विशेष ज्ञान अमूल्य हो सकता है।

ऐसे विशेषज्ञों का पता लगाने के लिए उनके पेशे से संबंधित संगठनों से संपर्क करें। एक और स्रोत क्षेत्र में वर्तमान में प्रतिस्पर्धी या संबद्ध व्यवसाय चलाने वाले व्यक्ति हैं। वे अक्सर आपको वकील या अकाउंटेंट का सुझाव देने के लिए तैयार रहते हैं।

यदि कोई विशेष परिस्थितियाँ मौजूद नहीं हैं, तो कोई भी वैध वकील या अकाउंटेंट आपके व्यवसाय में आपकी मदद कर सकता है। बड़ी क़ानूनी या अकाउंटिंग कंपनियों की सेवाएँ लेने की कोई ज़रूरत नहीं है। स्थानीय बार और अकाउंटिंग संगठन अपने प्रतिष्ठित सदस्यों का सुझाव दे सकते हैं।

जिस बैंक में आपका ख़ाता है, वह भी अच्छा संदर्भ-स्रोत हो सकता है। जब आप अपने वकील और अकाउंटेंट को चुन लें, तो उसके साथ पूरी तरह ईमानदार रहें, जिस तरह अपने डॉक्टर के साथ रहते हैं। यदि हम सर्वश्रेष्ठ सलाह चाहते हैं, तो उसे नए व्यवसाय के बारे में अपने सारे विचार और योजनाएँ बता दें।

बहरहाल, यह याद रखें कि निर्णय हमें लेना है। इन विशेषज्ञों से कारोबारी निर्णय लेने की उम्मीद नहीं करें - सिर्फ़ उनकी विशेषज्ञता के क्षेत्र में सलाह और परामर्श की उम्मीद रखें।

यदि हम किसी व्यवसाय का कोई हिस्सा ख़रीद रहे हैं और वर्तमान मालिक हमारा साझेदार बनने वाला है, तो हमें कारोबार की सुचारू निरंतरता का लाभ तो मिलेगा ही, साथ ही हमें प्रशिक्षण और परामर्श देने के लिए एक अनुभवी साथी भी मिलेगा। बहरहाल, हमें यह ठोक-बजाकर देख लेना चाहिए कि हम मिलकर काम कर सकते हैं और हमारे व्यक्तित्व परस्पर अनुकूल हैं। कारोबारी साझेदारी विवाह की तरह होती है। यदि हम हिल-मिलकर नहीं रह पाते हैं, तो हमारा जीवन दुखमय हो सकता है।

हमें यह भी सुनिश्चित करना चाहिए कि उसके पास सफलता का इतिहास हो, ताकि आप ज़्यादा शक्तिशाली बन सकें। यदि हमारा नया साझेदार कमज़ोर है, तो वह अपने कमज़ोर व्यवसाय को बचाने के लिए हमारी पूँजी के सहारे को जकड़ लेता है, इसलिए उसके कारोबार में शामिल होना शायद अच्छा क़दम नहीं है।

किसी साझेदारी व्यवस्था में (या किसी कॉरपोरेशन के शेयर ख़रीदने में) यह सुनिश्चित करें कि हमारा वकील या तो अनुबंध बनाए या उसका अनुमोदन करे, ताकि हमारे निवेश और नियंत्रण की उचित रक्षा सुनिश्चित हो सके।

फ़्रैंचाइज़ी लेना

फ़्रैंचाइज़ी लेना किसी नए व्यवसाय को शुरू करने का तीसरा विकल्प है। अपने ख़ुद के व्यवसाय के लिए इस मार्ग पर सोचते वक़्त पहले उन फ़्रैंचाइज़ी देने वालों की तलाश करें, जो वैसा व्यवसाय करने की सुविधा प्रदान करते हैं, जैसा हम चलाना चाहते हैं। इतने अलग-अलग तरह के व्यवसायों के

विकल्प उपलब्ध हैं कि दरअसल हमारे पास ढेरों विकल्प होते हैं। फ़्रैंचाइज़ी प्रदर्शनियों में जाएँ (वे पूरे देश में आयोजित होती हैं), विस्तृत विवरण देने वाली पठनीय सामग्री माँगें और इंटरनेट पर तलाश करें। चुनने के लिए बहुत सारी फ़्रैंचाइज़ी हैं, जिनमें से कोई भी हमारे करियर के नए लक्ष्य को पूरी कर सकती है।

एक बार जब हम मनचाहा क्षेत्र चुन लें, तो इसके बाद हमें फ़्रैंचाइज़ी देने वाले को चुनना चाहिए। यह प्रतिष्ठित होना चाहिए। पता लगाएँ कि फ़्रैंचाइज़ी फ़ीस चुकाने के बदले में हमें क्या मिलेगा, वे कैसा प्रशिक्षण देंगे, कौन से उपकरण या सामान देंगे और शुभारंभ के बाद किस तरह सहायता करेंगे।

हमें यथासंभव उस संगठन के ज़्यादा से ज़्यादा फ़्रैंचाइज़ी स्टोर्स में जाना चाहिए। पता लगाएँ कि क्या उन्हें चलाने वाले लोग फ़्रैंचाइज़ी देने वालों की सेवाओं से संतुष्ट हैं। दूसरे मालिकों से मिलने पर हमें यह भी पता चल जाएगा कि फ़्रैंचाइज़ी देने वाले कितने प्रतिभाशाली लोगों को आकर्षित करने में सफल रहे हैं।

कौन सी फ़्रैंचाइज़ी हमारे लिए सबसे अच्छी रहेगी, इस बारे में निर्णय लेने से पहले अपने अकाउंटेंट से कंपनी की वित्तीय स्थिति की जाँच कराएँ और अपने वकील से अनुबंध का परीक्षण कराएँ। यह सुनिश्चित करें कि फ़्रैंचाइज़ी फ़ीस और अन्य वित्तीय दायित्व पूरी तरह से समझ लिए गए हैं और दूसरे फ़्रैंचाइज़ी देने वालों जैसे ही हैं। सबसे सस्ती व्यवस्था हमेशा सबसे अच्छी नहीं होती। यह सुनिश्चित करें कि हमें अपने पैसे के बदले में वही मिल रहा है, जिसकी हमें ज़रूरत और उम्मीद है।

लाभ : अच्छी फ़्रैंचाइज़ी देने वाले हर क़दम पर हमारी मदद करते हैं। वे उपयुक्त इमारत चुनने और बनाने, यथार्थवादी बजट बनाने, हमें व हमारे शुरुआती स्टाफ़ को प्रशिक्षित करने में मदद करेंगे। वे कारोबार के सभी चरणों में परामर्श देने को तैयार रहेंगे। वे हमारे व्यवसाय को अपना मूल्यवान नाम देंगे। संक्षेप में, हम अपने दम पर जितनी तेज़ी से तरक़्क़ी कर सकते हैं, वे उससे ज़्यादा तेज़ी से तरक़्क़ी करने में हमारी मदद करेंगे।

सीमाएँ : हमें अपने ख़ुद के कारोबार को शुरू करने के लिए जितनी पूँजी की ज़रूरत होती है, किसी फ़्रैंचाइज़ी को चलाने के लिए उससे ज़्यादा

पूँजी की ज़रूरत पड़ेगी। फ़्रैंचाइज़ी की फ़ीस अलग-अलग कारोबारों के लिए अलग-अलग होती है। ज़्यादातर फ़्रैंचाइज़ी देने वाले फ़्रैंचाइज़ी फ़ीस के लिए बैंक से क़र्ज़ दिलाने का इंतज़ाम कर देंगे। फ़ीस के अलावा हम उपकरण, स्टोर बनाने के सामान आदि भी ख़रीदने के लिए सहमत हो सकते हैं। इसके अलावा हमें फ़्रैंचाइज़ी देने वाले से आपूर्ति की जा रही सामग्री ख़रीदने का वादा भी करना पड़ सकता है। सेवा व्यवसायों में फ़्रैंचाइज़ी देने वाले आम तौर पर हमारी कुल कारोबारी आमदनी पर रॉयल्टी लेते हैं। किसी फ़्रैंचाइज़ी को ख़रीदने से पहले यह सुनिश्चित करें कि हमारे दायित्व क्या हैं और यह भी सुनिश्चित करें कि हम उन्हें अच्छी तरह समझ गए हैं।

फ़्रैंचाइज़ी में एक बात हानिकारक हो सकती है। कुछ फ़्रैंचाइज़ी देने वाले अपने फ़्रैंचाइज़ियों पर बहुत कठोर नियंत्रण रखते हैं। हमें न्यूनतम राशि का कारोबार करना होता है, वरना हमसे फ़्रैंचाइज़ी छीन ली जाएगी। सुनिश्चित करें कि हमारे पास इस बात की जानकारी हो और अपेक्षित लाभ तार्किक हों। आम तौर पर शुरुआती अवधि में इस न्यूनतम राशि में छूट दी जाती है और हमें इस शर्त को अनुबंध में शामिल करने पर ज़ोर देना चाहिए।

सार

करियर बदलना हमारे जीवन के सबसे महत्त्वपूर्ण निर्णयों में से एक हो सकता है। चाहे हम अपने वर्तमान पेशे से मिलता-जुलता करियर चुनें या बिलकुल नए क्षेत्र में जाएँ, चाहे हम नौकरी बदलें या अपना ख़ुद का व्यवसाय शुरू करें, यह सुनिश्चित करें कि हम इस क़दम का निष्पक्षता से विश्लेषण करें और कठोर, वास्तविक तथ्यों के आधार पर ही निर्णय लें।

- नौकरी या करियर बदलने जैसे महत्त्वपूर्ण निर्णयों को हल्के में नहीं लेना चाहिए। अपने काम से अल्पकालीन अप्रसन्नता की वजह से करियर बदलना तर्कसंगत नहीं है।

- करियर बदलना कभी आसान काम नहीं होता। हमारी उम्र जितनी ज़्यादा होती है, हमारे वर्तमान पेशे में हमारा अनुभव और वेतन भी उतना ही ज़्यादा होता है, जो किसी दूसरे क्षेत्र में मिलना मुश्किल होता जाता है। बहरहाल, जब हम निर्णय ले लें, तो हमें कठोर मेहनत करने के लिए तैयार रहना चाहिए। इसमें हमें शायद बरसों तब दोबारा अध्ययन करना

पड़ेगा, समय, धन व प्रयास के संदर्भ में त्याग करना पड़ेगा और अपने लक्ष्य को हासिल करने की राह में कई निराशाओं के लिए तैयार रहना पड़ेगा।

- करियर परामर्शदाता करियर बदलने की पूरी प्रक्रिया में हमारा मार्गदर्शन करने में मूल्यवान सहायता देते हैं।

- हमारा पहला क़दम अपनी पृष्ठभूमि का विश्लेषण करना है। सबसे पहले उन क्षेत्रों का अध्ययन करें, जिनमें हमारी रुचि हो सकती है। जब हम एक या अधिक पेशे चुन लें, तो हमारी पृष्ठभूमि के उन पहलुओं का पता लगाएँ, जो नए क्षेत्र में लाभ पहुँचा सकते हैं।

- नौकरी की सफलता में महत्त्वपूर्ण भूमिका निभाने वाले अमूर्त गुणों को अनदेखा नहीं करें : प्रेरणा, स्थायित्व, बुद्धिमत्ता और लगन।

- करियर बदलने में कई महीनों तक दोबारा प्रशिक्षण लेना और वित्तीय त्याग करना शामिल हो सकता है। निर्णय लेते वक़्त हमें करियर बदलने के लाभों और आने वाली मुश्किलों को तौलना चाहिए।

- विशिष्ट करियरों से संबंधित जानकारी हासिल करने में हम कई संसाधनों का इस्तेमाल कर सकते हैं। हम उस क्षेत्र के व्यापारिक जर्नल पढ़ सकते हैं, उस क्षेत्र में काम करने वाली कंपनियों की वेबसाइटों का अध्ययन कर सकते हैं और हमारी रुचि के पद या उद्योग में काम कर रहे लोगों से बात कर सकते हैं।

- कई बार करियर बदलने का सबसे अच्छा तरीक़ा यह होता है कि हम अपना ख़ुद का व्यवसाय शुरू कर दें। शायद हमारे पास कोई प्रॉडक्ट या विचार होता है, जिसे हम विकसित करना चाहते हैं या शायद हम बस अपने बॉस ख़ुद बनना चाहते हैं और एक स्वतंत्र व्यवसाय चलाना चाहते हैं।

- व्यवसाय का अर्थ है निवेश। सावधानी से विश्लेषण करें कि नए व्यवसाय में पूँजी, कामकाजी ख़र्च और आरक्षित निधि के संदर्भ में क्या आवश्यकताएँ हैं। यह भी विचार करें कि जब तक कारोबार अच्छी तरह जम नहीं जाता, तब तक शुरुआत में हमें कई महीनों तक आमदनी नहीं होगी। व्यवसाय में जोखिम भी शामिल होता है। अगर हम असफल

हो जाते हैं, तो ना सिर्फ़ हम उस अवधि के लिए अपनी आमदनी गँवा देते हैं, बल्कि संभवतः अपनी और अपने मददगारों की बचत भी गँवा देते हैं।

- दूसरी ओर, किसी नए व्यवसाय से बहुत भारी लाभ हो सकता है। ना सिर्फ़ हम बहुत सारा पैसा कमा सकते हैं, बल्कि हमें शेयर भी मिलते हैं, जिनसे हमारी जायदाद बनती है। अच्छे कारोबार को हमेशा लाभ के साथ बेचा जा सकता है।

- हम जिस क्षेत्र में दाख़िल होने की योजना बना रहे हैं, उसके बारे में शोध करें। संभावित उपभोक्ताओं या ग्राहकों से मिलें। पता लगाएँ कि बाज़ार की वर्तमान स्थिति क्या है। निर्णय लेने से पहले सभी तथ्य हासिल करें।

परिशिष्ट अ

डेल कारनेगी ऐंड असोसिएट्स के बारे में

1912 में स्थापित डेल कारनेगी ट्रेनिंग स्व-सुधार की शक्ति में एक व्यक्ति के विश्वास से विकसित होकर प्रदर्शन–आधारित प्रशिक्षण कंपनी बन चुकी है, जिसके पूरे संसार में ऑफ़िस हैं। यह व्यवसाय में कार्यरत लोगों को अपनी योग्यताएँ पैनी करने का अवसर देने और सकारात्मक, स्थायी व लाभकारी परिणाम पाने के लिए उनके प्रदर्शन को बेहतर बनाने पर ध्यान केंद्रित करती है।

डेल कारनेगी के ज्ञान के मौलिक भंडार को लगभग एक सदी के वास्तविक कारोबारी अनुभवों के ज़रिये लगातार अद्यतन किया गया है, व्यापक बनाया गया है और तराशा गया है। पूरे संसार में कार्यरत 160 डेल कारनेगी फ्रैंचाइज़ी अपने प्रशिक्षण व परामर्शदाता सेवाओं का उपयोग सभी व्यावसायिक क्षेत्रों में कार्यरत सभी आकार की कंपनियों के ज्ञान और प्रदर्शन बढ़ाने के लिए करते हैं। इस सामूहिक, वैश्विक अनुभव का परिणाम कारोबारी कुशाग्रता का व्यापक होता भंडार है, जिस पर हमारे ग्राहक व्यावसायिक परिणाम देने के लिए भरोसा कर सकते हैं।

डेल कारनेगी ट्रेनिंग का मुख्यालय हॉपॉग, न्यू यॉर्क में है और यह अमेरिका के सभी 50 राज्यों और 75 से अधिक देशों में कार्यरत है। 2,700 से ज़्यादा प्रशिक्षक 25 से अधिक भाषाओं में डेल कारनेगी ट्रेनिंग प्रोग्राम देते

हैं। डेल कारनेगी ट्रेनिंग पूरे विश्व के व्यावसायिक समुदाय की सेवा करने के प्रति समर्पित है। अब तक लगभग 70 लाख लोग डेल कारनेगी ट्रेनिंग ले चुके हैं।

डेल कारनेगी ट्रेनिंग ऐसे प्रोग्राम तैयार करके व्यावहारिक सिद्धांतों और प्रक्रियाओं पर ज़ोर देती है, जो लोगों को वह ज्ञान, योग्यताएँ और आदतें सिखाती है, जिनकी ज़रूरत उन्हें अपने व्यवसाय का मूल्य बढ़ाने के लिए होती है। आज़माए हुए समाधानों को असल संसार की चुनौतियों से जोड़ने की बदौलत डेल कारनेगी ट्रेनिंग को अंतरराष्ट्रीय रूप से लीडर माना जाता है, जो लोगों के सर्वश्रेष्ठ स्वरूप को उजागर करती है।

इन प्रोग्रामों में हिस्सा लेने वालों में बड़े कॉरपोरेशनों के सीईओ, हर आकार-प्रकार व वाणिज्यिक व औद्योगिक गतिविधि के व्यवसायों के मालिक व मैनेजर, शासन के विधायक और कार्यपालिका के अधिकारी तथा असंख्य व्यक्ति शामिल हैं, जिनका जीवन इस अनुभव से समृद्ध हुआ है।

ग्राहक संतुष्टि पर आयोजित वैश्विक सर्वे में डेल कारनेगी ट्रेनिंग के 99 प्रतिशत स्नातकों ने प्रशिक्षण से संतुष्टि व्यक्त की है।

परिशिष्ट ब

....

डेल कारनेगी के सिद्धांत

पहले से ज़्यादा दोस्ताना इंसान बनें

1. आलोचना नहीं करें, निंदा नहीं करें या शिकायत नहीं करें।

2. ईमानदार, सच्ची प्रशंसा दें।

3. सामने वाले व्यक्ति में उत्सुक इच्छा जगाएँ।

4. दूसरों में सच्ची रुचि लें।

5. मुस्कराएँ।

6. याद रखें कि किसी व्यक्ति का नाम उस व्यक्ति के लिए किसी भी भाषा का सबसे मधुर शब्द होता है।

7. अच्छे श्रोता बनें। दूसरों को उनके बारे में बात करने के लिए प्रोत्साहित करें।

8. सामने वाले की रुचियों के संदर्भ में बात करें।

9. सामने वाले को महत्त्वपूर्ण महसूस कराएँ – और इसे ईमानदारी से करें।

10. किसी भी बहस में जीतने के लिए – इससे बचें।

11. सामने वाले की राय के प्रति सम्मान दिखाएँ। कभी किसी व्यक्ति से यह नहीं कहें कि वह ग़लत है।

12. यदि आप ग़लत हैं, तो इसे तुरंत, ज़ोर देकर स्वीकार करें।

13. दोस्ताना अंदाज़ में शुरुआत करें।
14. सामने वाले व्यक्ति से तुरंत "हाँ" कहलवाएँ।
15. सामने वाले व्यक्ति को ज़्यादा बातचीत करने दें।
16. सामने वाले व्यक्ति को यह महसूस कराएँ कि यह विचार उसका है।
17. सामने वाले के दृष्टिकोण से स्थिति को देखने की ईमानदार कोशिश करें।
18. सामने वाले के विचारों और इच्छाओं के साथ सहानुभूति रखें।
19. ज़्यादा बड़े उद्देश्य बताकर आग्रह करें।
20. अपने विचारों का नाटकीयकरण करें।
21. चुनौती दें।
22. प्रशंसा और सच्ची क़द्र से शुरुआत करें।
23. लोगों की ग़लतियों की ओर अप्रत्यक्ष रूप से ध्यान दिलाएँ।
24. सामने वाले की आलोचना करने से पहले अपनी ख़ुद की ग़लतियों के बारे में बात करें।
25. सीधे आदेश देने के बजाय प्रश्न पूछें।
26. सामने वाले को अपनी लाज बचाने दें।
27. हल्के से सुधार की प्रशंसा करें और हर सुधार की प्रशंसा करें। "अपने अनुमोदन में दिलदार बनें और अपनी प्रशंसा में उदार बनें।"
28. सामने वाले को एक अच्छी प्रतिष्ठा दें, जिसे वह क़ायम रख सके।
29. प्रोत्साहन का इस्तेमाल करें। ऐसा दिखाएँ कि ग़लती को सुधारना आसान है।
30. सामने वाले व्यक्ति को वह चीज़ करने के बारे में ख़ुश बनाएँ, जिसका आप सुझाव देते हैं।

चिंता से उबरने के बुनियादी सिद्धांत

1. "डे-टाइट कम्पार्टमेंट" में जिएँ।
2. मुश्किल का सामना कैसे करें :
   ख़ुद से पूछें, "वह सबसे बुरा क्या है, जो संभवतः हो सकता है?"
3. सबसे बुरे को स्वीकार करने के लिए तैयार हो जाएँ।
4. सबसे बुरे को बेहतर बनाने की कोशिश करें।
5. ख़ुद को याद दिलाएँ कि अगर आप चिंता करते हैं, तो अपने स्वास्थ्य के संदर्भ में आपको कितनी भारी क़ीमत चुकानी पड़ सकती है।

चिंता का विश्लेषण करने की बुनियादी तकनीकें

1. सारे तथ्य इकट्ठे करें।
2. सभी तथ्यों को तौलें - फिर किसी निर्णय पर पहुँचें।
3. एक बार जब निर्णय पर पहुँच जाएँ, तो फिर काम करें!
4. नीचे दिए गए प्रश्नों को लिखें और उनका जवाब दें :
   - समस्या क्या है?
   - समस्या के कारण क्या हैं?
   - संभव समाधान क्या हैं?
   - सर्वश्रेष्ठ संभव समाधान क्या है?

31. चिंता की आदत को तोड़ें, इससे पहले कि यह आपको तोड़ दे।
32. व्यस्त रहें।
33. छोटी-छोटी बातों का बतंगड़ नहीं बनाएँ।
34. अपनी चिंताओं को दूर करने के लिए औसत के नियम का इस्तेमाल करें।
35. अवश्यंभावी के साथ सहयोग करें।
36. यह निर्णय लें कि किसी चीज़ के बारे में कितनी चिंता करनी चाहिए और उसके बारे में उससे ज़्यादा चिंता नहीं करें।

37. अतीत के बारे में चिंता नहीं करें।
38. एक ऐसा मानसिक नज़रिया विकसित करें, जो आपको शांति और ख़ुशी दे।
39. अपने दिमाग़ में शांति, साहस, स्वास्थ्य और आशा के विचार भर लें।
40. अपने शत्रुओं से बदला लेने की कोशिश नहीं करें।
41. कृतघ्नता की अपेक्षा करें।
42. अपनी मुश्किलों के बजाय अपने वरदान गिनें।
43. दूसरों की नक़ल नहीं करें।
44. अपने नुक़सानों से लाभ उठाने की कोशिश करें।
45. दूसरों को ख़ुशी दें।

अनुवादक के बारे में

डॉ. सुधीर दीक्षित *टाइम मैनेजमेंट, सफलता के सूत्र, 101 मशहूर ब्रांड्स* और *अमीरों के पाँच नियम* सहित सात लोकप्रिय पुस्तकों के लेखक हैं, जिनमें से कुछ के मराठी व गुजराती भाषाओं में अनुवाद हो चुके हैं। इसके अलावा उन्होंने हैरी पॉटर सीरीज़, चिकन सूप सीरीज़ तथा मिल्स ऐंड बून सीरीज़ सहित 150 से भी अधिक अंतर्राष्ट्रीय बेस्टसेलर्स का हिंदी अनुवाद किया है, जिनमें रॉन्डा बर्न, डेल कारनेगी, नॉर्मन विन्सेन्ट पील, स्टीफ़न कवी, रॉबर्ट कियोसाकी, जोसेफ़ मर्फ़ी, एडवर्ड डी बोनो, ब्रायन ट्रेसी आदि बेस्टसेलिंग लेखक शामिल हैं। उन्होंने मशहूर भारतीय क्रिकेट खिलाड़ी सचिन तेंदुलकर की आत्मकथा *प्लेइंग इट माय वे* का हिंदी अनुवाद भी किया है।

हिंदी साहित्य और अँग्रेज़ी साहित्य में स्नातक की उपाधि लेने के अतिरिक्त डॉ. दीक्षित अँग्रेज़ी साहित्य में एम.ए. तथा पीएच.डी. भी हैं। उनकी साहित्यिक अभिरुचि की शुरुआत हिंदी जासूसी उपन्यासों से हुई, जिसके बाद उन्होंने अँग्रेज़ी के सभी उपलब्ध जासूसी उपन्यास पढ़े। वे अगाथा क्रिस्टी और आर्थर कॉनन डॉयल के लगभग सभी उपन्यास व कहानियाँ पढ़ चुके हैं।

कॉलेज के दिनों में डेल कारनेगी की पुस्तकों का उन पर गहरा प्रभाव पड़ा। कॉलेज की शिक्षा पूरी करने के बाद डॉ. दीक्षित ने *दैनिक भास्कर, नई दुनिया, फ़्री प्रेस जर्नल, क्रॉनिकल, नैशनल मेल* आदि समाचार पत्रों में कला, नाटक एवं फ़िल्म समीक्षक के रूप में शौक़िया पत्रकारिता की। उन्हें म.प्र. फ़िल्म विकास निगम द्वारा फ़िल्म समीक्षा के लिए पुरस्कृत भी किया गया। चेतन भगत और डैन ब्राउन उनके प्रिय लेखक हैं। डॉ. दीक्षित को पाठक sdixit123@gmail.com पर फ़ीडबैक प्रदान कर सकते हैं।